Mascha Kauka

Kuchen *und* Torten

© 2000 NEUER HONOS VERLAG, Köln, und
RV-Officin, Moosburg
Redaktion: Mascha Kauka
Einführungskapitel: Dipl. oec. troph. Andrea Brenner
Fotos: Hans Döring, Károly Hemzö
Titelmotiv: StockFood / Caggiano Photography
Gesamtherstellung: NEUER HONOS VERLAG, Köln

Mascha Kauka

Kuchen
und Torten

INHALT

Vorwort	7
Die Zutaten und ihre offenen Geheimnisse	8
Mürbteig	28
Rührteig	62
Biskuit	90
Hefeteig	120
Blätterteig	140
Brandteig	154
Baiser	164
Quarkölteig, Strudel, Spezialitäten	174
Fachausdrücke von A–Z	188
Temperaturtabelle	189
Maße und Gewichte	189
Register	190

Seite 8 bis 27

Seite 28 bis 61

Seite 62 bis 89

Seite 90 bis 119

Seite 154 bis 163

Seite 120 bis 139

Seite 164 bis 173

Seite 140 bis 153

Seite 174 bis 187

VORWORT

Guter Kuchen läßt Kinderaugen größer werden, Männer nachts durch die Küche geistern und Frauen ihre Diät vergessen.

»Backe, backe Kuchen ...« singen schon die Jüngsten und stürzen einen wohlgeratenen Gugelhupf aus ihren Sandförmchen. Auf dem selbstgebackenen Geburtstagskuchen brennt Jahr für Jahr ein Lichtlein mehr; die mit üppiger Dekoration und guten Vorsätzen verbrämte Hochzeitstorte krönt die Festtafel, und die Liebe, jedenfalls zum Kuchen, hält ein ganzes Leben lang.

Kuchenbacken macht Arbeit. Aber ein schöner Kuchen ist eben mehr als im Arbeitsaufwand vergleichbare Produkte Ihrer Küche. Oder würden Sie Freunde mit Königsberger Klopsen beschenken? Kuchen hat Symbolcharakter im Sinne von Belohnen, Verwöhnen, Liebhaben. Ein guter Kuchen ist in sich vollkommen, eine wirklich runde Sache.

Der Unterschied zu anderen Speisen liegt wohl auch darin, daß Kuchenessen nicht zur notwendigen Nahrungsaufnahme zählt, sondern ein hübsches Extra ist, ein kleiner Luxus.

Die Rezepte und Tips in diesem Buch mögen dazu beitragen, daß Sie sich den kleinen Luxus guten Kuchens öfters gönnen und anderen damit Freude machen. Denn ein gelungener, zu Hause gebackener Kuchen schmeckt allemal feiner als jedes Backwerk aus den Konditoreifabriken.

Wesentliches Merkmal eines Kuchens ist sein Teig, und diesen Teig richtig zuzubereiten ist eine wichtige Voraussetzung für das Gelingen. Deshalb orientieren sich die Kapitel dieses Backbuches an den Teigen, die sich für die Hausbäckerei eignen. Erprobte Rezepte, genaue Anleitungen und Abbildungen von allen wichtigen Handgriffen verhelfen auch ungeübten Bäckern zum Erfolg; und für alle Hobby-Konditoren mit Spaß an der Sache möchte dieses Buch dazu beitragen, daß sie gute Kuchen noch besser backen.

DIE ZUTATEN UND IHRE OFFENEN GEHEIMNISSE

Das Bäcker- und Konditorhandwerk hat besonders in diesem Jahrhundert dazu beigetragen, daß das Angebot an süßen Schleckereien riesig groß geworden ist. Neben den Klassikern produziert jeder Landstrich und jeder einzelne Bäcker seine speziellen Torten, Kuchen und Kleingebäckstücke. Viele der leckeren Kleinigkeiten schmecken hausgemacht aber mindestens genausogut. Klassisches und Neues zum Ausprobieren finden Sie in diesem Buch in Hülle und Fülle. Zudem erfahren Sie auf den nächsten Seiten noch einige kleine Bäckergeheimnisse, beispielsweise über die Aufgaben der Zutaten Mehl, Fett, Eier oder der Lockerungsmittel im Teig.

Mehl – in tragender Rolle

Das Mehl ist Hauptbestandteil der meisten Teige. Die verschiedensten Getreidearten wie Weizen, Roggen, Hafer, Gerste oder auch die zum Backen seltener verwendeten Arten wie Hirse, Mais und Reis lassen sich zu Mehl vermahlen. Für feine Backwaren wird zumeist Weizenmehl verwendet, denn Weizen enthält als einziges Getreide das sogenannte »Klebereiweiß«. Dieses verleiht dem Teig besonders gute Backeigenschaften. Das Klebereiweiß befindet sich zusammen mit der Stärke im »Mehlkörper« des Korns. Er macht etwa 85 Prozent des gesamten Korngewichts aus. (Bild: Kornquerschnitt)

Kleber und Stärke – das Mehlduo

Kleber und Stärke sind verantwortlich für die Ausbildung der Struktur des Gebäcks, der Bäcker spricht hier von der Krume.

Der Kleber bildet mit Wasser und durch Kneten ein Gerüst aus, das den Teig elastisch und dehnbar macht. Dabei bindet der Kleber 200 bis 300 Prozent seines Eigengewichts an Wasser. Zudem umschließt das Klebergerüst die bei der Lockerung entstehenden Gase wie eine dünne Haut.

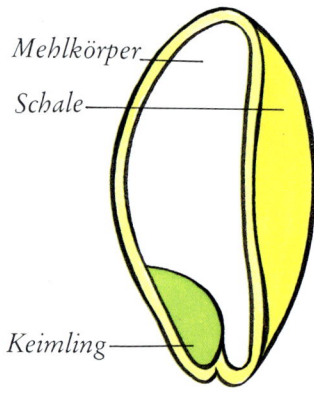

Wenn sich beim Backen die Gase durch die Hitze ausdehnen, verhält sich der Kleber wie eine Gummimembran, das Gebäck kann aufgehen. Wird die Temperatur höher, gibt der Kleber sein Wasser ab, gerinnt und erstarrt, wodurch die Struktur des Gebäcks gefestigt wird. Damit aber das Gebäck nicht trocken wird, tritt nun die Stärke in Aktion. Sie verkleistert durch die Hitzeeinwirkung und quillt, da sie das freiwerdende Wasser des Klebers aufnimmt. Durch dieses raffinierte Zusammenspiel erhalten also unsere Kuchen ihre typische Struktur.

Unterschiedliche Klebergehalte:
Um auch in den vollen Genuß dieser Erkenntnisse zu kommen, ist es wichtig zu wisen, welches Mehl viel Kleber enthält.

Grundsätzlich ist der Klebergehalt des Weizenkorns abhängig von Sorte, Witterungsverhältnissen und Düngung. Man spricht hier von kleberschwachen und kleberstarken Mehlen. Bäcker und Konditoren können sogar extra Klebereiweiß kaufen. Im Lebensmittelhandel verrät uns die Packungsaufschrift jedoch nichts über die Klebermenge. Meist erhalten wir Mischungen aus verschiedenen Sorten, die einen mittleren Klebergehalt aufweisen. Markenmehle sind meist von höherer Qualität. Griffige Mehle werden aus besonderen Weizensorten hergestellt, die mehr Kleber enthalten. Aber nicht alle Teigarten brauchen viel Kleber.

Welche Teige brauchen Kleber?
Der **Hefeteig** steht an erster Stelle, denn seine Elastizität und Formbarkeit ist in hohem Maße vom Kleberanteil abhängig. Zudem können die von der Hefe produzierten Gase nur durch das Klebergerüst gehalten werden.

Auch der **Strudelteig** benötigt Kleber, damit wir ihn hauchdünn ausziehen können, ohne daß er reißt. Diese beiden Teige gelingen Ihnen also besonders gut, wenn Sie griffiges Mehl verwenden.

Da sich das Klebergerüst erst bei ausreichendem Kneten bildet, reicht es nicht, die Zutaten nur zu vermischen. Sie sollten deshalb den Teig mindestens 5 Minuten bearbeiten.

Rührteig und **Biskuit** brauchen kein besonders starkes Klebergerüst. Biskuitteig erhält seine Struktur vor allem durch Eier.

Mürbteig kann mit kleberstarken Mehlen sogar zäh werden.

Brandteig erhält seine lockere Struktur auf eine ganz besondere Weise. Die Stärke wird durch das Abrösten verkleistert. Dadurch kann sie große Mengen Wasser binden. Beim Backen entsteht Wasserdampf, der den Teig lockert.

Für Rühr-, Biskuit-, Mürb- und Brandteig können Sie deshalb alle handelsüblichen Mehle verwenden.

Was bedeutet die Mehltype?
Mehltypen geben Auskunft über den Ausmahlungsgrad, der angibt, welche Bestandteile des Korns im Mehl enthalten sind. Wird das ganze Korn vermahlen, handelt es sich um Vollkornmehl. Es besitzt neben dem Mehlkörper auch die gesamten mineralstoffreichen Schalenbestandteile. Höher ausgemahlenes Mehl enthält geringere Anteile der Randschichten und damit eine niedrigere Typennummer.

MEHL

Der Mehltyp 405 ist am höchsten ausgemahlen, das Mehl besteht nur noch aus dem Mehlkörper. Die Typennummer ergibt sich aus dem Mineralstoffgehalt von 405 Milligramm in 100 Gramm Mehl. Typ 1050 enthält also wegen des größeren Schalenanteils 1050 Milligramm Mineralstoffe in 100 Gramm.

Unter dem gesundheitlichen Aspekt betrachtet, ist das Vollkornmehl zu bevorzugen, doch hat das »Weißmehl« bessere Backeigenschaften. Gebäck aus Weißmehl wird feinporiger, geht leichter auf und ist weniger empfindlich bei der Verarbeitung. Vergleichbare Eigenschaften hat aber auch eine Mischung aus Vollkornmehl mit einem guten Weißmehl. Das Vollkornmehl verleiht dem Gebäck einen leicht nussigen Geschmack und liefert uns zudem verdauungsfördernde Ballaststoffe und lebenswichtige Mineralstoffe.

Tip:
Ersetzen Sie doch einfach mal die Hälfte des Weißmehls durch Vollkornmehl. Da letzteres mehr Wasser aufsaugt, sollten Sie den Teig etwa 10 Minuten quellen lassen und eventuell noch ein wenig Flüssigkeit zufügen. Mit etwas Erfahrung und einigen Versuchen können Sie die Rezepte sogar in reine Vollkornrezepte umwandeln.

Nährstoffgehalt des Weizenkorns und der Weizenmehltypen pro 100 Gramm

	EW g	Fett g	KH g	BS g	Energie kcal	Eisen mg	Calcium mg	Vit. B$_1$ mg	Vit. B$_2$ mg
Weizenkorn	11,7	2,0	61,0	10,3	313	3,3	38	0,5	0,1
Vollkornmehl	11,4	2,4	59,5	10,0	309	3,4	32	0,5	0,2
Weizenmehl Typ 1050	11,2	1,8	67,2	5,2	334	2,9	14	0,4	0,1
Weizenmehl Typ 405	9,6	1,0	70,9	4,0	337	1,5	15	0,1	0,0

Erklärung der Abkürzungen: EW – Eiweiß; KH – Kohlenhydrate, BS – Ballaststoffe

Quelle: Bundeslebensmittelschlüssel

EIER

Eier – unentbehrlich und vielseitig

Eier sind allgemein beliebt, wegen ihres Cholesteringehaltes zwar in Verruf geraten, jedoch aus der Backstube nicht wegzudenken. Eier werden entweder als Ganzes oder getrennt in Eigelb und Eiweiß verarbeitet. Sie werden als Binde-, Emulgier-, Lockerungs- oder als Treibmittel verwendet.

EIER

Das Gelbe vom Ei

Eigelb verleiht den Backwaren nicht nur die schöne goldgelbe Farbe. Das Lecithin im Eigelb kann in seiner Eigenschaft als Emulgator fettlösliche und wasserlösliche Zutaten verbinden. Fetthaltige Teige werden so zu einer geschmeidigen Masse. Zudem trägt Eigelb zu gleichmäßiger Porenbildung im Gebäck bei, macht es saftiger und hält es länger frisch.

Wird Eigelb getrennt vom Eiweiß mit Zucker kräftig geschlagen, entsteht eine zähflüssige, schaumige Masse. Die dabei eingeschlagene Luft gibt dem Gebäck Halt und Volumen.

Zusammensetzung von Eiern pro 100 g verzehrbarem Anteil

	Vollei	Eigelb	Eiweiß
Kilokalorien	155	353	49
Wasser	74,1 g	50,0 g	87,3 g
Eiweiß	12,9 g	16,1 g	11,1 g
Fett	11,2 g	31,9 g	0,2 g
Kohlenhydrate	0,7 g	0,3 g	0,7 g
Mineralstoffe	1,1 g	1,7 g	0,7 g

Das Eiweiß

Eiweiß läßt sich durch Einschlagen von Luft in voluminösen Eischnee verwandeln. Dabei umhüllt ein dünner Eiweißfilm die Luft und hält sie in feinen Blasen fest. Während sich aus dem reinen Eischnee das Eiweiß nach einiger Zeit wieder als Flüssigkeit absetzt, bleibt die zuckerhaltige Schaummasse, wie etwa für Baiser, über längere Zeit stabil. Denn Zucker bindet einen Teil des Wassers aus dem Eiweiß, wodurch die Masse zähflüssig wird.

So gelingt schnittfester Schnee:
Die Eier müssen vorsichtig getrennt werden, denn bereits ein kleiner Tropfen des fetthaltigen Eigelbs kann verhindern, daß der Eischnee fest wird. Trennen Sie deshalb jedes Ei erst einzeln über einem kleinen Gefäß, bevor Sie das Eiweiß zum Aufschlagen in eine große Schüssel geben. Wenn doch einmal etwas Eigelb hineinrutscht, ist so nur ein Ei betroffen.

Tip:
Wenn nur wenig Eigelb in das Eiweiß gerät, können einige Tropfen Zitronensaft helfen. Das Eiweiß läßt sich doch noch steif schlagen.

Schlagen Sie das Eiweiß mit dem Handrührgerät zunächst kurz bei niedriger Geschwindigkeit. Nach einer kurzen Pause eine Prise Salz zugeben und bei hoher Geschwindigkeit weiterschlagen. Dadurch wird schnell ein gleichmäßiger, stabiler Schaum mit feinen Poren gebildet. Ein Einschnitt mit dem Messer bleibt deutlich sichtbar.
Die Luft im Eischnee dehnt sich beim Backen durch die Hitze aus, kann aber durch die Kruste des Gebäcks nicht entweichen. Dadurch treibt sie die Teigmasse nach oben.

Handels- und Gewichtsklassen:
Für das Gelingen des Gebäcks ist bei den meisten Teigen auch die Eigröße ausschlaggebend. Wenn in den Rezepten keine speziellen Angaben gemacht werden, sollten Sie Eier der Klasse M verwenden.

In den Geschäften erhalten Sie praktisch nur Eier der **Handelsklasse A**: Diese Bezeichnung tragen Eier, die frisch und sauber sind und deren Schale unverletzt ist. Sie dürfen weder gewaschen noch gereinigt sein.
Eier der **Klasse B** dürfen durch Kühlung oder andere technische Verfahren haltbar gemacht werden. Das muß auf jedem Ei aufgestempelt sein.
Die **Klasse C** bezeichnet Eier, die nur für die Verarbeitung in der Nahrungsmittelindustrie freigegeben sind.

Gewichtsklassen:
Klasse XL 73 g und mehr
Klasse L   63 bis unter 73 g
Klasse M   53 bis unter 63 g
Klasse S   unter 53 g

Lagern Sie Eier immer im Kühlschrank und verbrauchen Sie sie bald.

Der Frischetest
Ohne das Ei aufzuschlagen, hilft die Schwimmprobe: frisch gelegte Eier sinken im Wasser zu Boden und liegen fast waagrecht. Da die Luftkammer im Ei mit zunehmendem Alter immer größer wird, richtet es sich nach etwa einer Woche auf. Ein 2 bis 3 Wochen altes Ei steht senkrecht auf der Spitze, dann beginnt es zu schwimmen. Wenn Eier steigen, sollten sie nicht mehr verwendet werden.

Auch bei den aufgeschlagenen Eiern ist der Unterschied deutlich: Das frische Ei (7 Tage alt) hat ein kugelförmiges Eigelb, das von einem deutlich geformten Ring aus gallertartigem Eiweiß eingeschlossen ist. Bei einem 2 bis 3 Wochen alten Ei zerläuft das Eiweiß fast ganz, auch das Dotter hat weniger Spannung, wird flacher und kann eventuell zerlaufen.

FETTE

Fette – nicht nur Energieträger

Im Haushalt verwenden wir meist Butter oder Margarine und gelegentlich Öl. Da Fette bekanntermaßen Kalorienträger sind, würde sie mancher gern aus dem Teig verbannen oder Halbfettprodukte verwenden. Doch die sind wegen des hohen Wassergehaltes zumeist nicht zum Backen geeignet. Und Fett sorgt nicht nur für einen kräftigen, aromatischen Geschmack, sondern hat auch besondere Aufgaben.

Fett, ob Butter oder Margarine, verbessert die Klebeelastizität, wodurch der Teig geschmeidiger und leichter formbar wird. Außerdem verleiht Fett Gebäcken eine mürbe Struktur. Erst so kann der Mürbteig seinem Namen gerecht werden.

Man kann sich gut vorstellen, daß Fett Teige geschmeidig macht, zudem verbessert es aber auch die Durchmischung der Zutaten.

Ob ein leichter oder schwerer Hefeteig entsteht, ist abhängig von der eingearbeiteten Fettmenge. Viel Fett macht den Teig schwerer, seine Dehnbarkeit wird geringer. Der Weihnachtsstollen ist zum Beispiel aus einem schweren Hefeteig hergestellt. Er ist feinporig und dadurch in sich geschlossen. Aus diesem Grund wird die Feuchtigkeit langsamer abgegeben, der Stollen bleibt lange frisch.

Solche fettreichen Hefeteige sind aber auch empfindlicher als die leichten. Denn zum einen hat es die Hefe schwerer, da das Fett die Hefezellen umschließt und damit die lebensnotwendige Flüssigkeit abschirmt. Zum anderen isoliert zuviel Fett die teigbindenden Mehlbestandteile, Kleber und Stärke.

ZUCKER UND SALZ

Die Süßen

Zucker

Der Zucker macht die Backwaren zu den süßen Verführern, denen wir nicht widerstehen können. Der Geschmack ist aber nur eine der Eigenschaften des Zuckers, denn er hat auch wichtige Aufgaben beim Backvorgang.

Durch Zucker wird der Teig zähflüssiger, und Schaummassen stabilisiert er. Vor allem verleiht der Zucker aber dem Gebäck die schöne braune Kruste. Sie entsteht, da beim Backen das Wasser verdunstet, in dem der Zucker gelöst ist. Dadurch kristallisiert der Zucker auf der Oberfläche aus und karamelisiert.

Zucker dient der Hefe als Nahrung. Allerdings verträgt die Hefe keine zu großen Mengen Zucker, weil er der Hefe sonst den lebenswichtigen Zellsaft entzieht. Am schönsten geht Hefeteig bei einer Zugabe von 100 bis 150 g Zucker pro Kilogramm Mehl auf.

Wichtig bei allen Teigen ist, daß sich der Zucker vollständig im Teig gelöst hat. Deshalb sollte kein zu grober oder verklumpter Zucker verwendet werden. Für Spritzmürbteige empfehlen Bäcker sogar Puderzucker, da er besonders leicht löslich ist.

Zucker wird aber nicht nur in das Gebäck gemischt, sondern kann auch von außen für einen Augenschmaus sorgen. Puderzucker dient zum Bestäuben von Krapfen, Hefezöpfen oder ähnlichem oder, in etwas Flüssigkeit aufgelöst, als Glasur. Auch Hagelzucker wird auf Feinbackwaren gestreut, ebenso wie eine Vielzahl von bunten Varianten aus Zucker.

Honig anstatt Zucker?

Seit einiger Zeit hat der Honig als alternatives Süßungsmittel großen Aufschwung erlebt. Doch auch Honig besteht zu 75 Prozent aus Zucker und enthält nur geringe Mengen an Vitaminen und Mineralstoffen. Zudem werden die meisten Vitamine durch das Backen zerstört. Deshalb ist Gebäck mit Honig nicht gesünder als solches mit Zucker. Was die backtechnischen Eigenschaften von Honig angeht, kann er mit dem Zucker nicht mithalten. Da Honig bereits gelöst ist und 20 Prozent Wasser enthält, sind die wasserbindenden Eigenschaften schlechter. So läßt sich beispielsweise Eigelb mit Honig wesentlich schlechter aufschlagen als mit Zucker.

Besonders schmackhaft
Honig ist kein Ersatz für Zucker, sondern führt ein eigenständiges Dasein. Wegen seines einzigartigen Aromas wird Honig besonders in der Weihnachtsbäckerei geschätzt. In Lebkuchen und Honigkuchen kann er sich voll entfalten.

Goldgelb und glänzend präsentiert sich Honig zudem auf Bienenstich oder Florentinern.

Ähnlich wie Honig lassen sich andere Süßungsmittel wie Ahornsirup, Dicksäfte oder Rübensirup verwenden.

Salz

Ein weiterer kleiner Helfer bei der Teigzubereitung ist das Salz. Man braucht zwar nicht viel davon, doch ohne die Prise Salz kann Gebäck seine Form nicht halten. Salz hat wie Zucker die Eigenschaft, Wasser aufzunehmen. Daher erhöht es die Quellfähigkeit und die Löslichkeit des Klebereiweißes, wodurch die Kleberstruktur gefestigt wird. Ein Zuviel an Salz ist ebenfalls nicht wünschenswert, da dies zu feuchten Teigen und verzögerter Gärung führen kann. Besonders bei Hefe- und Strudelteig ist ein Salzanteil von höchstens 1 bis 2 Prozent zu empfehlen.

Milch und Co.

Milch ist nicht nur ein reiner Flüssigkeitslieferant, sondern erfüllt vielfältige Aufgaben im Teig.

Zusammensetzung der Milch in Prozent:	
Wasser	87,5 %
Eiweiß	3,3 %
Fett	3,8 %
Milchzucker	4,5 %
Mineralstoffe	0,7 %

Was die Milch im Teig bewirkt

Das **Milchfett** macht den Kleber geschmeidiger und elastischer. Zudem erhöht sich das Volumen des Gebäcks, und seine Struktur wird feiner. Der **Milchzucker** ist zwar von der Hefe nicht vergärbar, verbessert jedoch den Geschmack und läßt die Kruste appetitlich bräunen. Dem **Milcheiweiß** sagen die Bäcker nach, daß es den Teig »wolliger« macht, was bedeutet, daß er geschmeidiger wird. Die ideale Zusammensetzung der Milch runden die **Mineralstoffe** ab, die den Kleber festigen und für besseren Stand und feinporige Struktur sorgen. Nicht zuletzt sei an den hohen gesundheitlichen Wert der Milch erinnert.

Quark

Quark ist ein Frischkäse, der aus Milch durch Zugabe von Milchsäurebakterien hergestellt wird. Die produzierte Milchsäure läßt das Kasein der Milch gerinnen, die überflüssige Molke wird abgepreßt. Molke wird in manchen Spezialbroten verarbeitet. Quark findet seinen Einsatz vor allem als Füllung von Käsekuchen, Quarktaschen oder ähnlichen Leckereien. Er wird aber auch als fetteinsparende Zutat in Teigen verarbeitet, denen er eine fein säuerliche Note verleiht.

Joghurt

Joghurt wird aus pasteurisierter Milch durch Zugabe spezieller Säuerungskulturen gewonnen. Je nach Kultur entsteht ein milder oder stärker gesäuerter Joghurt. Er eignet sich in der Bäckerei vor allem zur Füllung von Torten und Feinbackwaren.

Schlagsahne

Schlagsahne enthält 30 Prozent Fett, wodurch die Sahne schlagfähig wird. Luftig aufgeschlagen, ist sie als feine Füllung von Torten, Windbeuteln oder Biskuitrouladen allseits beliebt.

Auch andere Milchprodukte, wie Buttermilch, Sauerrahm oder Dickmilch, werden gelegentlich unter den Teig geknetet. Allen sind die Eigenschaften der Milch und der leicht säuerliche Geschmack gemeinsam.

So kommt das Gebäck groß heraus

Teige aus Mehl, Wasser und Salz ergeben keine luftigen Gebäcke. Deshalb haben sich die Bäcker seit Gründung ihres Handwerks auf die Suche nach Zutaten gemacht, die Teige lockern. Die Eigenschaften der Hefe wurden schon sehr früh entdeckt und zum Brotbakken genutzt. Heute hat beim Brot der Sauerteig den Hefeteig weitgehend abgelöst. Dafür hat der Hefeteig seine Karriere als Blechkuchen, Gugelhupf und geformtes oder geflochtenes Gebäck fortgesetzt. Daneben entdeckte man auch die lockernde Wirkung von Hirschhornsalz, Pottasche und Natron. Heute stellt die Industrie Backpulver her, das uns das Backen besonders leicht macht.

Hefe will verwöhnt sein

Wer die Vorlieben der Hefe kennt und ihr die entsprechenden Bedingungen schafft, wird feststellen, daß ein Hefeteig eigentlich ganz einfach zuzubereiten ist.

Die Nahrung der Hefe
Die Hefe besteht aus Zellen, die sich durch Sprossung vermehren. Um sich zu teilen, muß sich die Hefe aber zunächst ernähren. Sie nimmt durch ihre Zellmembran lösliche Stoffe aus dem Teig auf. Den Zucker spalten die hefeeigenen Enzyme in Traubenzucker, der die eigentliche Nahrung darstellt. Die Hefe hat nun zwei Möglichkeiten, den Traubenzucker zu verarbeiten: Steht, wie bei der Bierherstellung, kein Sauerstoff zur Verfügung, produziert die Hefe Alkohol und Kohlensäure. Im Teig dagegen produziert die Hefe aus Traubenzucker und Sauerstoff Wasser und Kohlensäure.

Da sich die Hefe vermehrt, produziert eine Vielzahl von Zellen Kohlensäure, die den Teig aufgehen läßt.

TEIGLOCKERER UND GELIERMITTEL

Die ideale Temperatur
Richtig wohl fühlt sich die Hefe bei einer Temperatur von 25 bis 30° C. Damit sie sich schnell vermehrt, sollte das Mehl Zimmertemperatur haben und die Flüssigkeit lauwarm sein. Am besten ist es, auch Butter und Eier zimmerwarm zum Teig zu geben. Über 45° C wird die Hefe geschädigt, deshalb dürfen die Zutaten auch nicht zu warm zugegeben werden.

Damit die Hefe sich allmählich vermehren kann, wird meist ein Vorteig hergestellt. Wenn dieser zu schäumen beginnt, kann er mit den übrigen Zutaten zu einem Teig verknetet werden. Die Hefe braucht anschließend wieder etwas Zeit, damit die gewünschte Lockerung erzielt wird. Am besten ruht der Teig an einem warmen, zugfreien Ort. Anschließend sollte der Teig nochmals kräftig geknetet werden, die Bäcker nennen das »zusammenschlagen«. Dabei wird die Kohlensäure ausgestoßen und Sauerstoff eingeschlagen. Die Hefe erhält dabei wieder neuen Sauerstoff, so daß beim letzten Gehen auf dem Blech oder in der Form besonders viel Kohlensäure produziert werden kann. Wer den Hefeteig so behandelt, erhält ein wunderbar lockeres Gebäck mit gleichmäßigen Poren.

Andere Teiglockerer
Mürbteige und Rührteige brauchen ein wenig Unterstützung, um aufzugehen. Dazu eignen sich folgende Backzutaten:

Pottasche
Als Lockerungsmittel für Lebkuchen- und Honigkuchenteige wird Pottasche seit langer Zeit verwendet. Sie kann ihre lockernde Wirkung nur in Teigen entfalten, die mindestens über Nacht gelagert werden, denn während der Lagerung entstehen Teigsäuren, die die Pottasche angreifen. Erst dadurch kann Kohlensäure entstehen, die den Teig lockert. Die Pottasche eignet sich sonst nur für saure Teige, denen zum Beispiel Zitronensaft oder saure Milchprodukte beigemischt sind.

Hirschhornsalz
Damit das Hirschhornsalz Kohlensäure freisetzt, muß das Gebäck erhitzt werden. Allerdings entsteht dabei auch Ammoniak, der dem Gebäck einen unangenehmen Geschmack verleiht. Nur völlig trocken Gebackenes, wie Spekulatius, enthalten keinen Ammoniak mehr. Hirschhornsalz wird daher vorwiegend zum Plätzchenbacken verwendet.

Natron
Auch das Natron wird durch Hitze zersetzt. Enthält der Teig keine Säuren, bleibt Soda im Gebäck, das einen seifigen Geschmack verursacht. Natron wird hauptsächlich für Honig- oder Lebkuchengebäck verwendet, denen es seinen typischen Geschmack verleiht.

Backpulver
Um ein vielseitig verwendbares Lockerungsmittel ohne unerwünschten Beigeschmack zu erzielen, wird Natron mit sauren Salzen gemischt. Während man früher als säuerndes Mittel Weinstein beimischte, werden heute Natriumphosphate verwendet. Während das Natron die Funktion des Treibmittels übernimmt, verstärken die sauren Salze diese Wirkung und verhindern die Entstehung eines seifigen Beigeschmacks. Weiterhin enthält Backpulver Stärke als Trennmittel, die verhindert, daß das Backpulver feucht wird und die Bestandteile an Wirkung verlieren.

Geliermittel
Ob beim Profibäcker oder im Haushalt, bei der Herstellung von Cremes werden zur Festigung Stärke oder Gelatine benötigt. Beide geben den Cremes den nötigen Halt, damit sie nicht »davonlaufen«. Ihre Wirkung beruht auf der Bildung eines Gelnetzes, das die Cremes zusammenhält.

Stärke wird aus Mais oder Kartoffeln hergestellt und muß mit den Zutaten aufgekocht werden. Aus Maisstärke lassen sich zum Beispiel Puddings herstellen, die Grundlage für leichte Buttercremes oder Puddingfüllungen sind. Allerdings kann sich nach einiger Zeit etwas Flüssigkeit absetzen, da die Stärke ihre Bindungsfähigkeit allmählich wieder verliert.

Kartoffelstärke wird zu manchen Teigen gegeben und bewirkt eine besonders feine Porung und bessere Frischhaltung.

TEIGLOCKERER UND GELIERMITTEL

Blatt- und Pulvergelatine wird eingeweicht und eventuell aufgelöst, ehe man sie der Speise zugibt. Blattgelatine läßt man in reichlich kaltem Wasser 10 Minuten ausquellen.

15 g Pulvergelatine wird in mindestens ⅛ l kaltem Wasser eingeweicht, das sie schon in wenigen Minuten voll aufnimmt.

Sollen heiße Flüssigkeiten gebunden werden, gibt man die eingeweichte Gelatine direkt hinein (Blattgelatine gut ausdrücken) und löst sie unter Rühren auf.

Bei kalten Massen muß die Gelatine vorher aufgelöst und flüssig zugegeben werden. Die gequollene Pulver- oder Blattgelatine tropfnaß bei milder Hitze unter Rühren auflösen, nicht kochen lassen! Alle mit Gelatine gebundenen Speisen halten sich im Kühlschrank ohne Qualitätsverlust mindestens 24 Stunden und lassen sich einfrieren.

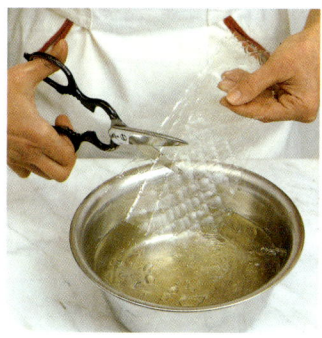

Gelatine besteht aus Collagen, das aus Knochen ausgekocht wird. Der Handel bietet das industriell gewonnene Produkt als Blätter oder gemahlen an. Gelatine muß in kaltem Wasser eingeweicht werden und kann anschließend in heiße Flüssigkeiten oder aber auch, bei kleiner Hitze aufgelöst, in kalte Cremes gerührt werden. Meistens sorgt die Gelatine für die nötige Festigkeit in Sahnecremes oder Füllungen mit Eischnee.

Obwohl Gelatine keinen Eigengeschmack hat, beeinträchtigt zuviel davon den Wohlgeschmack zarter Speisen. Man sollte also nicht mehr Gelatine als unbedingt notwendig nehmen.

Als Faustregel für klare Gelees, die nicht gestürzt werden, gilt: ½ l Flüssigkeit: 5 Blatt Gelatine, ca. 10 g.

Zum Stürzen: ½ l Flüssigkeit: 6 Blatt, ca. 12 g.

Für Cremespeisen genügen 4 Blätter auf ½ l Masse.

Achtung:
Verschiedene exotische Früchte wie Ananas, Kiwi, Mango und Papaya lassen sich roh nicht mit Gelatine binden. Sie enthalten ein Enzym, das die Gelatine wieder verflüssigt. Diese Früchte müssen für Geleespeisen vorher kurz blanchiert werden.

Würze, Süße und Pfiff

Ohne Gewürze, Trockenfrüchte, Nüsse oder Schokolade wäre unser Backwerk recht eintönig. Doch durch ihre große Vielfalt bieten sich die unterschiedlichsten Geschmacksvarianten von fein bis kräftig.

Gewürze und Essenzen

Vor allem in der Weihnachtsbäckerei wird eine Vielzahl von zumeist exotischen Gewürzen verwendet. So erhalten Anisplätzchen ihren typischen Geschmack vom Anis. Ebenso würde niemand Printen oder Spekulatius ohne Nelken als solche bezeichnen. Die Gewürze, ob Sternanis, Piment, Ingwer und Kardamom oder die bekannteren Nelken, Zimt und Vanille, alle verleihen dem Gebäck seine besondere Note. Für einige Gebäcksorten gibt es im Handel bereits Gewürzmischungen. Sinnvoll sind diese vor allem für selten gemachte Gebäcksorten, die viele Gewürze enthalten.

Gleich, welche Gewürze verwendet werden, für Bäcker gelten beim Würzen immer zwei Grundsätze:
1. Beim Genuß von Gebäkken soll man die Gewürze nur ahnen, sie dürfen nicht vorschmecken.
2. Die Gewürze sollen die Eigenart eines Gebäcks und seiner Rohstoffe betonen und nicht verfälschen.

WÜRZE, SÜSSE UND PFIFF

Als Gewürz wird auch die abgeriebene Zitronenschale verwendet. Wenn Sie Zitronen zu diesem Zweck kaufen, sollten Sie auf den Hinweis »unbehandelt« achten und die Früchte gründlich waschen. Wer weniger Arbeit haben möchte, dem bietet die Industrie bereits abgepackte Orangen- und Zitronenschale.

Einen angenehmen Geschmack verleihen auch Aromen in kleinen Fläschchen, wie Bittermandel-, Rum-, Zitronen- oder Orangenaroma. Da die Geschmacksstoffe hier sehr konzentriert sind, reichen schon wenige Tropfen aus.

Nüsse

Jede Nußsorte verleiht dem Gebäck einen anderen Geschmack. Meist werden sie unterschiedlich fein gemahlen oder gehackt unter die Teige gehoben und bewirken, daß der Teig gröber wird. Am häufigsten werden gemahlene Mandeln oder Haselnüsse verarbeitet. Ein typisches Nußgebäck sind die Makronen, die aus gemahlenen Nüssen oder Kokosflocken mit Eischnee und Zucker hergestellt werden. Feines Gebäck oder Pralinen werden mit Walnüssen oder Pistazien gefüllt.

Zudem verwendet man Nüsse, ganz oder geteilt, zur Garnierung.

Nüsse zerkleinern

Kaufen Sie zum Kochen und Backen immer ganze Nußkerne und mahlen oder hacken Sie die Nüsse selbst. Mandelkerne schneidet man mit einem schweren Messer der Länge nach in Stifte. Die Mandelmühle hat im Einfüllstutzen zwei Abteilungen, die eine zum Mahlen, die andere, um Scheiben/Blättchen zu schneiden. Selbstverständlich kann man auch alle anderen Nüsse in der Mandelmühle verarbeiten.

Mit dem Wiegemesser lassen sich alle weichen, flachen Nußkerne schön gleichmäßig hacken. Besonders harte oder runde Nußkerne wickelt man in ein Küchentuch und stößt sie mit dem Fleischklopfer.

Häuten und Rösten

Die Samenschale enthält zwar Ballaststoffe, aber bei manchen Nußsorten ist sie bitter, und an vielen Gerichten ist die braune Farbe unerwünscht. Mandeln werden mit kochendem Wasser überbrüht, bis sich die Kerne aus der Haut drücken lassen. Um das bittere Häutchen von Haselnüssen zu entfernen, röstet man die Kerne ca. 5 Minuten in der heißen Pfanne oder 10 Minuten bei 220 °C auf dem Blech im Backofen. Dann in einem Metallsieb so lange mit der Hand reiben, bis die Häutchen durchgefallen sind.
Achtung: Rösten verstärkt das Aroma fast aller Nüsse. Immer ohne Fett, also auf der trockenen, heißen Pfanne rösten!

NÜSSE

Cashew-Nuß
Der tropische Cashew-Baum trägt längliche »Äpfel«, die nur die fleischig verdickten Fruchtstiele der Cashew-Nüsse sind. Diese Steinfrucht sitzt herausragend am unteren Ende des Cashew-Apfels. Ihre ölhaltigen Samen kommen ausschließlich geschält und enthäutet als Cashew-Kerne in den Handel. Ihr Geschmack ist mandelähnlich, etwas süßlich.

Erdnuß
Wenn die niedrige Erdnußpflanze verblüht, krümmen sich die Blütenstiele abwärts und führen die junge Hülsenfrucht in den Boden, wo sie reift.

Diese billigsten aller Nüsse sind als »Affen«- oder »Fernsehfutter« etwas in Verruf geraten. Dabei läßt sich daraus unendlich vieles zubereiten, und ein dezenter Erdnußgeschmack rundet kräftige Aromen wie Schokolade oder Orange aufs Feinste ab.

Haselnuß
Sie kann als echte Nuß sogar vor Botanikern bestehen. Jeder kennt die Haselnußsträucher, die in unseren Breiten wild wachsen. Im Mittelmeerraum werden sie angebaut. Hauptlieferant für Haselnußkerne ist die Türkei, ganze Nüsse kommen aus Italien, Frankreich und den USA.

Es gibt viele Haselnußsorten, die sich in Form und Schalenfarbe voneinander unterscheiden. Wie alle Nüsse werden auch die Haselnüsse aber nicht nach Sorten, sondern nach Größensortierungen verkauft. Beliebt und bekannt sind Haselnüsse für alle Bäckereien und Süßspeisen, in Nougat und Krokant.

Kokosnuß
Die Frucht der Kokospalme ist eine Steinfrucht, von der wir im Handel nur noch den geschälten Kern finden.

In den Ursprungsländern ist das Wasser der unreifen Nüsse als Erfrischungsgetränk beliebt – immer direkt aus der Nuß. Erst beim Reifen wächst das Kernfleisch, und das Wasser trocknet weg. Experimentieren Sie mit Kokosraspel und Cream of Coconut (Fertigprodukt aus der Dose).

Mandel
Mandeln am Baum haben grünes behaartes Fruchtfleisch, das beim Reifen braun wird, aufplatzt und den hölzernen Kern freigibt, in dem der Samen – die Mandel – steckt. Es gibt süße und bittere Mandeln. Bei den Süßmandeln unterscheidet man die mit dem steinharten Kern, die Steinmandel, und die Krach- oder Knackmandel mit poröser, mürber Schale, die sich leicht aufbrechen läßt. Am besten schmecken spanische Mandeln.

Die Bittermandel enthält Blausäure, kann also roh nicht gegessen werden. Durch Kochen oder Backen wird das Gift jedoch zerstört. Bittermandel verwendet man in geringen Mengen zum Würzen von Gebäck, Süßspeisen und Konfekt.

Verwenden Sie Mandeln möglichst ungehäutet, so enthalten sie reichlich Ballaststoffe. In Reformhäusern gibt es das edle Mandelmus zur Herstellung von Gebäck und Konfekt. Und schließlich können Sie sich in der Eigenproduktion von Marzipan versuchen – es besteht aus Mandeln und Zucker.

Marone
Man würde zwar die Eßkastanie nie als Nuß bezeichnen, aber schließlich ist sie auch eine Steinfrucht wie viele andere in dieser Runde. Sie ist allerdings die einzige, die nicht roh gegessen werden kann.

Kastanienbäume (Edelkastanie, echte Kastanie) wachsen in Mittelmeerländern als Wald- und Fruchtbäume. Dort sind kandierte Maronen als Konfekt und Maronencreme für Süßspeisen und Torten beliebt.

Um die Marone zu »knakken«, kerbt man die Schale entweder rundherum ein oder kreuzweise an der gewölbten Seite. Beim anschließenden Kochen im Wasser und/oder Rösten im Backofen öffnet sich die Schale. Der Kern läßt sich leicht auslösen und abziehen.

Paranuß
Der Paranußbaum wächst wild im Amazonasgebiet. Er bildet kugelförmige Büschel, an denen durchschnittlich 30 Paranüsse hängen. Die dreikantige Nußschale ist sehr hart, den Kern umhüllt eine dünne braune Samenschale. Im Bruch sollte das Paranußfleisch milchigweiß sein.

Pecannuß
Diese Schalenfrucht ist bei uns noch relativ unbekannt. Importe kommen aus den USA, denn sie ist die Frucht des amerikanischen Walnußbaumes, dem Hickory. Von außen wirkt sie wie eine große, zu lang geratene Haselnuß, die Kerne ähneln länglichen Walnußkernen. Pecannüsse sind nicht gerade billig, aber ergiebig. Sehr feiner Nußgeschmack!

Pinienkerne
Wer je in Mittelmeerländern Urlaub machte, kennt die herrlichen großen Pinien mit ihren rundlichen Zapfen. In den Schuppen dieser Zapfen liegen jeweils zwei Samen, von einer harten dunklen Schale umgeben. Der stiftförmige Samenkern ist weiß und erinnert im Geschmack an Mandeln, nur weniger intensiv.

Pistazie
Die kleinen Steinfrüchte des Pistazienstrauches zählen zu den teuersten Nüssen.

Pistazien sind bis zu 2 cm lang, in der hellbraunen Samenschale steckt der hellgrüne, längliche, dreikantige Samenkern, der von einer bräunlich gefleckten Samenhaut bedeckt ist.

Hervorragender Geschmack, besonders auch nach dem Rösten.

Walnuß
Obwohl eine Steinfrucht, gilt sie als Nuß schlechthin. Wer nur »Nuß« sagt, meint Walnuß. Durch archäologische Funde weiß man, daß die Walnuß schon seit mehreren tausend Jahren in Europa und Asien verbreitet ist.

Am Baum ist die Walnuß von festem grünem Fruchtfleisch mit glatter Haut umhüllt. Helle Walnüsse sind meist gewaschen und gebleicht. Eine dunkle, unansehnliche Schale weist auf wildwachsende Nüsse und Nüsse aus biologischem Anbau hin. Von September bis November sind Schälnüsse auf dem Markt. Die weiche, sehr bittere Haut der ungetrockneten Walnüsse läßt sich vom Kern leicht abziehen.

WÜRZE, SÜSSE UND PFIFF

Kokosmilch
Damit ist nicht nur die Flüssigkeit in den unreifen Nüssen gemeint! Kokosmilch, zum Beispiel für Cremes, bereitet man wie folgt zu: 100 g Kokosraspel (frisch oder getrocknet) mit ¼ l kochendem Wasser oder Milch (je nach Rezept) übergießen. Bis auf Handwärme abkühlen lassen und durchkneten. Ein Sieb mit einem Passiertuch auslegen, die Masse hineingießen und gründlich auspressen.

Tip:
Frische Nüsse sind schwer, der Kern füllt die Schale aus. Je älter die Nuß ist, desto leichter wird sie, und der geschrumpfte Kern klappert in der Schale.

Da alle Nußkerne sehr viel Fett enthalten, werden sie schnell ranzig. Achten Sie auf das Mindesthaltbarkeitsdatum. Es beträgt, vom Abpacktag an gerechnet, ein Jahr. Lagern Sie Nußkerne kühl und luftig, am besten fest verschlossen im Kühlschrank.

Man kann Nüsse auch für einige Monate einfrieren.
Nüsse sind ebenso gesund wie kalorienreich! 100 g enthalten je nach Sorte zwischen 400 und 700 Kalorien. Dem gegenüber stehen wertvolle Fettsäuren, Eiweiß, die Vitamine A, B, C und E, Mineral- und Ballaststoffe.

Marzipanrohmasse wird aus geschälten Mandeln hergestellt. Grob zerkleinert werden sie mit Zucker vermahlen, und die Masse wird unter Erhitzen getrocknet. Um aus dieser Rohmasse Marzipan zu erhalten, muß die gleiche Menge Puderzucker eingeknetet werden.

Persipan wird wie Marzipan hergestellt. Anstelle der Mandeln werden entbitterte Aprikosen- oder Pfirsichkerne oder Bittermandeln verwendet. Durch »Entbittern« kann in den Kernen keine Blausäure mehr gebildet werden, die für den Menschen in größerer Dosis tödlich wäre.

Bittermandeln dürfen wegen des Blausäuregehalts nicht roh verzehrt werden. Beim Backen kann die Blausäure allerdings entweichen. Die Bittermandeln werden wegen ihres Geschmacks wie ein Gewürz verwendet.

Nougat besteht aus geschälten, gerösteten Haselnußkernen oder Mandeln und Zucker. Außerdem werden Schokolade oder Kakaoerzeugnisse beigemischt.

Krokant wird aus karamelisiertem Zucker sowie zerkleinerten und gerösteten Mandeln oder Nüssen hergestellt. Meist wird Krokant zur Dekoration von Torten verwendet.

Früchte

Frische Früchte in jeder Variation bilden den saftigen Belag von Obstkuchen und -torten. Getrocknete oder kandierte Früchte werden dagegen wegen Geschmack und natürlicher Süße in den Teig geknetet.

Als Trockenfrüchte erhalten wir im Handel vor allem Äpfel, Aprikosen, Pflaumen und Birnen. Da sich die Früchte beim Trocknen an der Luft braun verfärben, werden sie meist geschwefelt. Gesünder sind jedoch mit Sicherheit die nicht so ansehnlichen ungeschwefelten Produkte.

Selbstverständlich zählen auch getrocknete Weintrauben zu dieser Kategorie. Die landläufig als Rosinen bezeichneten schrumpeligen Früchtchen gehören zum Backen wie das Mehl und die Eier.

Der Unterschied:
– Echte **Rosinen** enthalten Kerne. Sie sind Zuchtsorten des edlen Weinstocks und wachsen vor allem in Australien, Afrika, Spanien und Zypern.
– **Sultaninen** sind stets kernlos und stammen aus den hellhäutigen Trauben des Sultana-Rebstocks.
– **Korinthen** erkennt man sofort an ihrer violettschwarzen Farbe. Sie sind die kleinsten Vertreter unter den Trockenbeeren. Korinthen dürfen nicht geschwefelt werden.

Kandierte Früchte: Zum Kandieren werden die rohen Früchte zunächst in ein Salzbad getaucht, wodurch ihre Zellen aufnahmefähiger für Zucker sind. Dann werden die Früchte wiederholt in verschieden konzentrierte Zuckerlösungen eingelegt.

Auf diese Weise werden Orangeat und Zitronat hergestellt, die vor allem für die Weihnachtsbäckerei beliebt sind, zum Beispiel für Stollen und Lebkuchen. Das Zitronat, auch Sukkade genannt, wird aus den dicken Schalen der Cedratzitrone hergestellt. Die kandierten Schalenhälften werden getrocknet und gewürfelt. Ähnlich entsteht Orangeat aus den Schalen der Pomeranze, die äußerlich der Orange gleicht.

Tip:
Alle Früchte, die unter den Teig gemischt werden, sollten Sie zuerst leicht in Mehl wenden. Dadurch können sie sich gleichmäßig im Teig halten und sinken während des Backens nicht nach unten.

Kakao und Schokolade

Um Kakao zu gewinnen, werden aus der kürbisartigen Frucht des Kakaobaums die Kerne mit dem Fruchtfleisch herausgelöst. Durch Gärung (Fermentation) entsteht das typische Kakaoaroma. Im Anschluß daran werden die Kakaobohnen getrocknet, gereinigt und geröstet. Nach dieser Behandlung muß die kleine Bohne noch zerkleinert und gewalzt werden. Es entsteht eine feste Kakaomasse, aus der durch Mahlen und Entölen letztlich das **Kakaopulver** entsteht.

Mit Kakaopulver wird zum Beispiel der Teig des Marmorkuchens gefärbt, oder es wird verziert aufgestäubt die Oberfläche von Gebäckstücken.

Um **Schokolade** herzustellen, wird die Kakaomasse mit Zucker, Kakaobutter und eventuell anderen Zutaten vermischt und einem aufwendigen Verarbeitungsverfahren unterzogen.

Kuvertüre wird durch ihren höheren Kakaobutteranteil beim Erwärmen sehr dünnflüssig. Daher ist sie besonders gut für Glasuren geeignet.

Fettglasuren enthalten anstelle von Kakaobutter pflanzliche Fette wie Kokos- oder Erdnußfett. Sie eignen sich ebenfalls zum Überziehen von Kuchen und Torten.

Glasuren verleihen dem Gebäck nicht nur ein leckeres, glänzendes Aussehen, sondern bewahren es auch vor dem Austrocknen.

CREMES ZUM FÜLLEN UND GARNIEREN

Buttercreme

80 g Zucker
50 ml Wasser
4 Eigelb
200 g Butter

Zucker und Wasser in einer Stielkasserolle klarkochen und noch 1 Minute sprudelnd kochen lassen. Vom Herd nehmen.

Das Eigelb sehr schaumig schlagen und den Zuckersirup einrühren.

Die Butter stückchenweise in die handwarme Eimasse schlagen.

Für Buttercreme mit Schokoladengeschmack 40 g Kakaopulver mit Eigelb und Sirup schlagen.

Einfache Buttercreme

2 Eigelb
100 g Puderzucker
200 g Butter

Das Eigelb in eine Schüssel geben und den Puderzucker darüber sieben, beides zu einer schaumigen weißen Creme schlagen.

In einer zweiten Schüssel die zimmerwarme Butter schaumig rühren. Dann die Eicreme unter ständigem Rühren mit der Butter vermischen.

Alle Zutaten zum Aromatisieren oder Färben müssen kalt sein und werden zusammen mit der Butter aufgeschlagen.

Buttercreme, mit Grenadine gefärbt

Buttercreme

Konditorcreme mit Nougat

Buttercreme, mit Grenadine gefärbt

1 Menge »einfache Buttercreme«

6–8 EL Grenadine-Likör

Für die Buttercreme wie beschrieben Eigelb und Puderzucker schaumig schlagen.

Den Grenadine-Likör eßlöffelweise in die weiche Butter schlagen. Der Likör muß jeweils von der Butter aufgenommen sein, ehe der nächste Eßlöffel voll zugegeben wird.

Konditorcreme mit Nougat

½ l Milch

½ Vanilleschote

6 Eigelb

125 g Zucker

50 g Mehl

150 g Nougat

etwas Puderzucker

Von der Milch ⅛ l abnehmen, den Rest mit der aufgeschlitzten und ausgekratzten Vanilleschote und ihrem Mark aufkochen.

Eigelb mit Zucker sehr schaumig schlagen, das Mehl einsieben und ⅛ l kalte Milch in die Eimasse rühren.

Die aufgekochte Vanillemilch vom Herd nehmen, die Schote entfernen und den Nougat in der heißen Milch auflösen. Die Eimasse in die Milch rühren und den Topf wieder auf den Herd stellen. Die Masse bei mittlerer Hitze und unter ständigem Rühren zwei- bis dreimal aufwallen lassen. Die Creme vom Herd nehmen, in eine Schüssel umfüllen und zum Auskühlen mit etwas Puderzucker bestreuen, damit sich keine Haut bildet.

Ohne die Beigabe von Nougat ist diese klassische Konditorcreme, französisch »Crème pâtissière«, auch als einfache Vanillecreme bekannt. Sie ist die Grundcreme für viele Tortenfüllungen und kann zum Beispiel mit Schlagsahne, schaumiger Butter oder mit Baisermasse aufgeschlagen und abgewandelt werden.

Damit die kalte, feste Vanillecreme wieder geschmeidig wird, streicht man sie durch ein Sieb und rührt sie dann kräftig mit dem Schneebesen.

CREMES ZUM FÜLLEN UND GARNIEREN

Vanille-Flammeri

Käsesahne

Vanille-Flammeri

½ l Milch
½ Vanilleschote
2 Eier, getrennt
100 g Zucker
45 g Speisestärke
3 Blatt Gelatine
etwas Puderzucker

Von der Milch etwa ⅛ l abnehmen und beiseite stellen. Die restliche Milch mit der aufgeschlitzten und ausgekratzten Vanilleschote und ihrem Mark aufkochen.

Eigelb und Zucker schaumig schlagen, die Speisestärke einsieben und die restliche Milch einrühren.

3 Blatt Gelatine in etwas kaltem Wasser einweichen.

Die Milch vom Herd nehmen und die Vanilleschote entfernen. Die Eimasse in die Milch rühren, den Topf wieder auf den Herd stellen und die Creme bei mittlerer Hitze und unter ständigem Rühren zwei- bis dreimal aufwallen lassen.

Den Topf vom Herd nehmen, die eingeweichte und ausgedrückte Gelatine in den heißen Brei geben und unter Rühren darin auflösen.

Den Flammeri in eine Schüssel umfüllen. Die 2 Eiweiß zu sehr steifem Schnee schlagen und unter den heißen Flammeri ziehen. Mit Puderzucker bestäubt auskühlen lassen.

Statt des Eischnees können zum Beispiel auch 6 cl Eierlikör in den heißen Flammeri gerührt werden.

Käsesahne

¼ l Milch
200 g Zucker
4 Eigelb
abgeriebene Schale von 1 unbehandelten Zitrone
7 Blatt Gelatine
4 cl Kirschwasser
500 g Quark
500 g Schlagsahne

Die Milch aufkochen. Zucker, Eigelb und Zitronenschale sehr schaumig schlagen.

Die Gelatine in etwas kaltem Wasser einweichen.

Schokosahne

Schokosahne

| 500 g Zartbitter-Kuvertüre oder je 250 g zartbitter und halbbitter |
| 500 g Schlagsahne |
| 1 EL Cognac |

Die Grundmasse bereitet man am besten am Tag vor der Verwendung zu oder mindestens 4 Stunden vorher.

Kuvertüre hacken.

Schlagsahne einmal aufkochen, vom Herd nehmen und die Kuvertüre unter Rühren darin auflösen. Den Cognac einrühren.

Diese Masse abkühlen lassen und dann in den Kühlschrank stellen.

Zur Verwendung die Schokosahne in der Küchenmaschine oder mit dem elektrischen Handrührgerät schaumig aufschlagen.

Mit Cremes garnieren

Buttercreme, Konditorcreme und Schokosahne sind ideal zum Füllen und Garnieren von Torten. Um Verzierungen zu spritzen, arbeiten Sie am besten mit einem Dressiersack (Spritzbeutel) und mit verschieden feinen Loch- oder Sterntüllen.

Die Tülle fest in die Öffnung an der Spitze des Dressiersacks drücken. Den Sack mit einer Hand in der Mitte greifen und das obere Ende über die Hand stülpen. Den Sack zu ¾ mit der Creme füllen und das Ende darüber zudrehen. Den Sack schütteln und etwas Creme abspritzen, damit in der Creme keine Luftblasen bleiben.

Die aufgekochte Milch vom Herd nehmen und die Limasse einrühren. Den Topf wieder auf den Herd stellen und die Creme bei schwacher Hitze und unter ständigem Rühren »zur Rose abziehen«, das heißt die Creme knapp unter dem Siedepunkt eindicken lassen. Einen Löffelrücken durch die Creme ziehen und daraufblasen. Die Creme ist richtig, wenn sich beim Blasen das Muster einer Rosenblüte bildet.

Den Topf vom Herd nehmen, das Kirschwasser und die ausgedrückte Gelatine einrühren.

Den Quark durch ein Sieb streichen und in die Creme rühren.

Die Sahne steif schlagen und unter die Creme heben, bevor sie fest wird.

Zum Garnieren den Dressiersack mit einer Hand halten und leicht drücken, mit der anderen Hand die Spitze führen.

Tip:
Wenn es schnell gehen soll, können Sie zum Garnieren fertige Nußnougatcreme aus dem Frühstücksglas verwenden und durch eine feine Loch- oder Sterntülle spritzen.

MÜRBTEIG

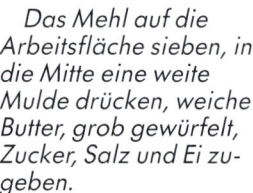

Das Mehl auf die Arbeitsfläche sieben, in die Mitte eine weite Mulde drücken, weiche Butter, grob gewürfelt, Zucker, Salz und Ei zugeben.

Mit den Fingerspitzen die Zutaten in der Mulde verarbeiten, dabei vor allem die Butter zerdrücken. Nach und nach das Mehl einarbeiten.

Den Teig rasch kneten. Je schneller das geht, um so geschmeidiger wird der Teig. Sollte er trotzdem rissig werden, zur Rettung wenig kaltes Eiweiß oder Wasser einarbeiten.

Den fertigen Teig zu einer Kugel formen (das verkleinert die Oberfläche) und in Klarsicht- oder Alufolie wickeln (schützt vor Austrocknen und fremden Gerüchen). Im Kühlschrank mindestens 30 Minuten ruhen lassen.

Hacken ersetzt einen Teil des Knetens, und die Zutaten kommen nicht länger als notwendig mit den warmen Händen in Berührung. Wie oben beginnen und die Zutaten gleichmäßig kreuz und quer hacken, dann die Streusel rasch verkneten.

Mürbteig, einfach und gut

Zart und trotzdem robust, knusprig und zugleich schmelzend, das ist Mürbteig. Ein guter Boden, eine feine Decke oder mürbe Plätzchen – mit diesem Teig gelingen auch erste Konditorversuche!

Mürbteig zubereiten

Ob der Teig mehr oder weniger süß oder salzig zubereitet wird, hängt von der Füllung ab. Die Arbeitsweise, das Kneten mit oder ohne Hacken, ist immer dieselbe. Für süßes Gebäck empfehlen sich folgende zwei Grundrezepte:

Wenig gezuckerter Mürbteig eignet sich als Boden unter süßen Cremetorten, Käse- oder Obstkuchen.

500 g Mehl	
220 g Butter	
2 EL Zucker	
½ TL Salz	
2 Eier	

(Manche Rezepte geben statt des zweiten Eis 2 bis 3 Eßlöffel Milch an.)

Süßer Mürbteig für Boden und Decke von Kuchen mit leicht säuerlicher Fruchtfüllung:

500 g Mehl
250 g Butter
170 g Puderzucker
1 Prise Salz
1 Ei

Gewürzter Mürbteig
Den süßen Mürbteig kann man zusätzlich mit Vanille, Zimt, abgeriebener Zitronenschale, Nelken oder Kardamom würzen oder einen Teil des Mehls durch geriebene Mandeln oder Nüsse ersetzen.

Geriebener Teig
Eine andere Methode ist die unseren Großmüttern geläufige Zubereitung eines geriebenen Teiges. Er heißt so, weil man Mehl und Fett mit den Händen bröselig abreibt, bevor alle anderen Zutaten eingearbeitet werden.

Mürbteig backen

Der Teig enthält so viel Fett, daß es nicht nötig ist, das Blech oder die Form zusätzlich zu buttern. Die Temperatur für Torteletts oder blindgebackenen Mürbteigboden beträgt ca. 200 °C.
  Belegter Mürbteig wird bei 180 °C gebacken. Manchmal wird auch heiß (200 °C) angebacken und dann die Hitze reduziert.
  Hier zwei Beispiele für Kuchen mit rohem bzw. vorgebackenem Teigboden:

Das Mehl auf die Arbeitsfläche sieben, Butter in kleinen Stückchen darauf verteilen. Beides sorgfältig mit den Händen zerbröseln, so daß sich Mehl und Fett grob miteinander verbinden.

In den Krümelberg eine Mulde drücken und alle restlichen Zutaten hineingeben. Von außen nach innen arbeiten und die Krümel nach und nach mit den feuchten Bestandteilen vermischen.

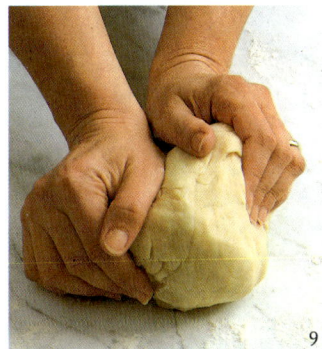

Den Teig mit den Händen schnell zu einem Kloß formen und verkneten – je schneller das geht, desto geschmeidiger wird er.

Tip:
Zutaten, Hände und Raumtemperatur sollen kühl sein, denn Mürbteig mag keine Wärme. Er wird dann klebrig, weich und bricht bzw. kommt steinhart aus dem Ofen.
  Noch sichtbare Butterspuren im Teig machen nichts. Lieber zu wenig als zu lange kneten!
  Der fertige Teig soll vor dem Verarbeiten mindestens 30 Minuten, besser 1 Stunde oder länger, **im Kühlschrank** oder an einem wirklich kühlen Ort (10 bis 12 °C) ruhen. So hat das Mehl Zeit, seinen Kleber zu entwickeln. Der Teig wird wieder fest und läßt sich leichter verarbeiten.
  Mürbteig ist bestens zum Einfrieren geeignet! Möglichst im Kühlschrank auftauen lassen, damit er nicht zu weich wird. Im Kühlschrank hält sich Mürbteig, in Folie gewickelt, gut 1 Woche. Auch gebackener Mürbteig hält sich gut. Vorgebackene Torteletts zum Beispiel kann man in fest schließenden Blechdosen 3 bis 4 Wochen aufheben.

MÜRBTEIG

Gedeckter Rhabarberkuchen

12 Stück

Teig:
500 g Mehl und Mehl zum Ausrollen
250 g Butter
170 g Puderzucker
1 Prise Salz
1 Ei

Füllung:
200 g Marzipanrohmasse
120 g Puderzucker
500 g Rhabarber
80 g Zucker

Außerdem:
1 Eigelb
2 EL Sahne

Den Mürbteig wie beschrieben zubereiten und mindestens 30 Minuten kühl stellen.

Die Marzipanrohmasse mit dem Puderzucker glatt verkneten, zur Kugel geformt beiseite stellen.

Den Rhabarber waschen, putzen und schälen. In 1 cm dicke Stücke schneiden, in einer Schüssel mit dem Zucker mischen und marinieren lassen.

Den Teig auf bemehlter Arbeitsfläche 3 mm dick ausrollen, mit der umgedrehten Springform 2 Teigplatten ausstechen, eventuell mit einem Messer nachschneiden.

Eine Teigplatte auf die Teigrolle legen und auf den Boden der Form abrollen.

Aus den Teigresten einen langen Streifen formen, zur Schnecke aufrollen und in die Form heben. Daraus den Teigrand rundherum formen und am Boden gut andrükken.

Den Boden mehrmals mit einer Gabel einstechen.

Das Marzipan ebenfalls ausrollen und in der Größe der Springform ausschneiden. Wie den Teig auf die Teigrolle heben und auf den Boden legen.

Den Rhabarber ohne den Saft in der Form gleichmäßig verteilen.

Die zweite Teigplatte darauflegen und die Ränder andrücken. Die Teigdecke einstechen. Eventuell zur Verzierung Teigreste ausstechen, mit etwas Eiweiß aufkleben.

Das Eigelb mit der Sahne verquirlen, die Oberfläche des Kuchens damit bepinseln.

In den auf 200 °C vorgeheizten Backofen auf die mittlere Schiene stellen. Nach 20 Minuten die Hitze auf 180 °C reduzieren, weitere 20 Minuten backen (Garprobe).

In der Form abkühlen lassen, dann auf eine Tortenplatte heben.

Nährwerte pro Portion/Stück	
Kilokalorien	550
Kilojoule	2300
Eiweiß/g	8
Kohlenhydrate/g	68
Fett/g	25
Ballaststoffe/g	2,9

1

5

2

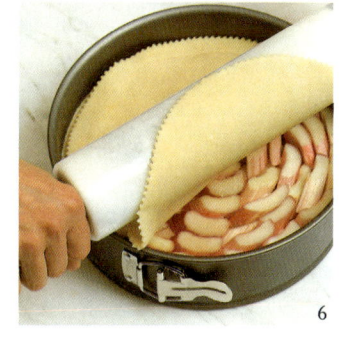
6

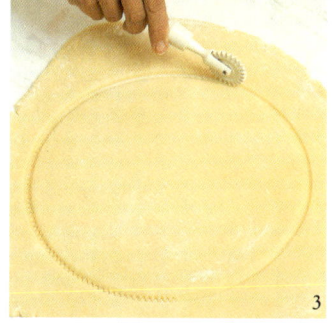
3

7

4

8

Den Teig am besten auf einer bemehlten Marmorplatte 3 mm dick ausrollen und die Backform darauf abdrücken.

Die Teigplatte ausschneiden, über die bemehlte Teigrolle legen und über die Form heben. Teig auf den Boden der Form abrollen lassen.

Aus den Teigresten eine lange Wurst formen. Zur Schnecke aufgerollt, läßt sie sich gut in die Form heben. Den Teigrand rundum andrücken und den Boden mehrmals mit einer Gabel einstechen.

Den Kuchen bis knapp unter den Teigrand füllen. Die zweite Teigplatte darauflegen und die Ränder andrücken.

Die Teigdecke einstechen. Verzierungen aus Teigresten stechen und mit Eiweiß aufkleben. Die Decke mit der Eigelb-Sahnemischung bepinseln.

MÜRBTEIG

Damit der Boden nicht durchweicht, wird er 10 Minuten vorgebacken. Die Fruchtfüllung auf den etwas abgekühlten Boden verteilen.

Mit einem Gitter aus Teigresten verzieren und weitere 40 Minuten bei 180 °C fertig backen.

Mangokuchen

12 Stück

Teig:
500 g Mehl und Mehl zum Ausrollen
250 g Butter
170 g Puderzucker
1 Prise Salz
1 Ei

Füllung:
2 reife Mangos, etwa 800 g
1 Stück frischer Ingwer, etwa 2 cm
200 g Apfelmus
2 EL Honig
50 g Pistazienkerne, gehackt

Den Mürbteig wie beschrieben zubereiten und mindestens 30 Minuten kühl stellen.

Inzwischen die Mangos schälen und halbieren, dabei den Kern entfernen. Die Mangohälften in 2 cm große Würfel schneiden.

Den Ingwer schälen und fein hacken. Die Mangostücke mit Ingwer, Apfelmus, Honig und Pistazien in einer Schüssel mischen, ziehen lassen.

⅔ des Teiges auf bemehlter Arbeitsfläche etwa ½ cm dick ausrollen, mit der umgedrehten Springform 1 Teigplatte ausstechen, eventuell mit einem Messer nachschneiden.

Teigplatte auf die Teigrolle legen, auf den Boden der Form abrollen.

Aus den Teigresten einen langen Streifen formen, zur Schnecke aufrollen und in die Form heben. Daraus den Teigrand rundherum formen und am Boden gut andrücken.

Den Boden mehrmals mit einer Gabel einstechen.

In dem auf 200 °C vorgeheizten Backofen auf der mittleren Schiene 10 Minuten vorbacken.

Inzwischen den restlichen Teig auf bemehlter Arbeitsfläche ausrollen und mit einem gezackten Teigrädchen 14 Streifen für das Gitter schneiden.

Die Springform aus dem Ofen nehmen, Hitze auf 180 °C reduzieren. Den Boden 2 Minuten abkühlen lassen, Mangofüllung darauf verteilen.

Aus den Teigstreifen ein Gitter auf die Oberfläche legen und den Kuchen weitere 40 Minuten backen.

In der Form abkühlen lassen, dann auf eine Tortenplatte heben.

Nährwerte pro Portion/Stück	
Kilokalorien	430
Kilojoule	1810
Eiweiß/g	5
Kohlenhydrate/g	58
Fett/g	18
Ballaststoffe/g	1,8

Blindbacken

Blindbacken ist der Fachausdruck, wenn Teigböden oder -hüllen leer gebacken werden. Entweder bäckt man sie fertig und belegt sie nach dem Auskühlen mit einer Füllung, die nicht mehr gebacken werden muß (Obst, Beeren, Kompottfrüchte, Creme), oder der Teig wird kurz vorgebacken, um unter einer feuchten Füllung nicht durchzuweichen (Beispiel: Mangokuchen).

Damit sich der Teig nicht wirft, schrumpft oder vom Rand der Form herabgleitet, wird der Boden mit einer Ersatzfüllung gebacken. Dazu eignen sich getrocknete Hülsenfrüchte, die man mehrmals verwenden kann.

Das Beispiel blindgebackener Torteletts verdeutlicht den Vorgang: Eine Teigplatte ausschneiden, die für Boden plus Rand plus Saum reicht. In die Form legen und mit einer bemehlten Teigquaste andrücken. Überstehenden Teigrand mit einem großen Messer oder der Palette abdrücken. Boden einstechen. Teigplatte mit dünnem Pergamentpapier oder mit Backpapier belegen und die Form mit Hülsenfrüchten füllen. Torteletts bei 200 °C 10 Minuten hell vorbacken oder in 15 Minuten fertig backen. Papier samt Hülsenfrüchten abheben, Torteletts aus den Förmchen lösen und auf einem Kuchengitter abkühlen lassen.

Deutlicher Unterschied bei gleichem Teig und gleichem Förmchen: oben mit Hülsenfrüchten blindgebacken, unten ohne Ersatzfüllung gebacken.

MÜRBTEIG

Mürbteig, mal drunter, mal drüber:

Tarte

Die französische Kuchenspezialität heißt »Tarte« und kann sowohl süß als auch pikant belegt sein. Der flache Teigboden (dünn mit wenig Rand) wird roh belegt oder blindgebacken, oder man bedeckt die Früchte mit Teig und stürzt die Tarte nach dem Backen (Tarte Tatin).

Mit der Füllung gebackene Tartes werden meist lauwarm als Dessert serviert. Früchte auf blindgebackenem Boden werden mit Gelee oder Tortenguß glasiert.

Mürbteigboden, in einer Tarteform blindgebacken

Den Teig nach dem Ruhen auf der bemehlten Arbeitsfläche ausrollen. Die Teigplatte soll etwas größer als die Tarteform sein. Teig über die Rolle legen und über der ungefetteten, trockenen Form wieder abrollen.

Aus einem Rest eine kleine Teigquaste formen, in Mehl tauchen und damit den Teig innen am Rand entlang andrücken, so vermeiden Sie, den Teig mit den Fingern einzureißen. Dann mit der Rolle einmal kräftig über den Rand der Form fahren, um den überstehenden Teigrand gleichmäßig abzudrücken.

Den Boden mehrmals mit einer Gabel einstechen und mit passendem Backtrennpapier oder mit Alufolie auslegen. Linsen oder Erbsen (mindestens 500 g) einfüllen, damit sich der Boden beim Backen nicht hebt. Den Gitterrost auf den Boden des vorgeheizten Backofens legen und den Mürbteig bei 200 °C backen.

Nach 15 Minuten blindbacken das Papier mit den Linsen abnehmen und den Boden weitere 5 Minuten durchbacken.

Vor dem Belegen sollte der Teigboden ausgekühlt sein!

Pflaumentarte

12 Stück

Teig:
250 g Mehl und Mehl zum Ausrollen
110 g kalte Butter
2 EL Zucker
1 Prise Salz
1 Ei

Belag:
300 g Pflaumen oder Zwetschgen
50 g Johannisbeergelee
2 EL Rum
2 EL Puderzucker

Den Mürbteig wie beschrieben zubereiten und mindestens 30 Minuten kühlen.

Inzwischen die Pflaumen entsteinen. Dazu die Früchte längs einschneiden, den Kern entfernen oder einen Entsteiner benutzen.

Den Teig auf bemehlter Arbeitsfläche zu einem Kreis in der Größe der Tarteform ausrollen.

Teig über die Teigrolle legen und über dem Boden der Form abrollen. Den Teigrand leicht andrücken und mit dem gezackten Teigrad geradeschneiden.

Den Boden mit einer Gabel mehrmals einstechen und dachziegelartig von außen nach innen mit den Pflaumen belegen.

In dem auf 180 °C vorgeheizten Backofen auf der mittleren Schiene 30 bis 35 Minuten backen.

Das Johannisbeergelee erhitzen, mit dem Rum verrühren und die heiße Tarte gleichmäßig damit beträufeln.

Abkühlen lassen, mit Puderzucker bestreut lauwarm in der Form servieren oder kalt aus der Form nehmen und auf eine Platte setzen.

Nährwerte pro Portion/Stück	
Kilokalorien	*200*
Kilojoule	*830*
Eiweiß/g	*3*
Kohlenhydrate/g	*25*
Fett/g	*8*
Ballaststoffe/g	*1*

Tarte Tatin

6 Stück

Teig:
250 g Mehl
110 g Butter
50 g Puderzucker
1 Prise Salz
1 Ei
Füllung:
1 kg Äpfel
60 g Butter
120 g Zucker

Aus den genannten Zutaten einen Mürbteig wie beschrieben zubereiten und mindestens 30 Minuten im Kühlschrank ruhen lassen.

Die Äpfel schälen, vierteln oder in kleinere gleichmäßige Spalten schneiden und entkernen.

Den Boden einer Tarteform mit 24 cm Durchmesser mit der Butter ausstreichen, mit 60 g Zucker ausstreuen und die Apfelstücke im Kreis darin anordnen. Mit den restlichen 60 g Zucker bestreuen.

Den Mürbteig auf der bemehlten Arbeitsfläche ca. 3 mm dick ausrollen und rund ausschneiden mit einem Durchmesser von ca. 28 cm. Die Mürbteigplatte mit Hilfe der Teigrolle auf die Äpfel legen und den Teigrand zwischen Äpfeln und Form nach unten schieben, so daß die Früchte vom Teigdeckel umschlossen sind. Den Teig mehrmals einstechen.

Tarte Tatin im vorgeheizten Backofen bei 230 °C auf der mittleren Schiene ca. 35 Minuten backen.

Dann sofort eine Servierplatte auf die Form legen und die Tarte stürzen. Die Form abheben: Je nachdem, aus welchem Material die Form ist, karamelisiert der Zucker mehr oder weniger.

Servieren Sie Tarte Tatin am besten lauwarm mit Crème fraîche.

Nährwerte pro Portion/Stück	
Kilokalorien	*550*
Kilojoule	*2320*
Eiweiß/g	*6*
Kohlenhydrate/g	*71*
Fett/g	*25*
Ballaststoffe/g	*4*

MÜRBTEIG

So weicht der Boden nicht durch

Am Beispiel dieser vorgebackenen Toreletts werden die verschiedenen Möglichkeiten gezeigt, Mürbteigboden so zu isolieren, daß er auch mit feuchtem Belag einige Stunden hält.

Die Beispiele zeigen von links unten nach rechts unten im Uhrzeigersinn:
Blindgebackener Mürbteig: Wenn die Füllung nicht sehr feucht ist, genügt es, den Mürbteig leer vorzubacken.
Eine Schicht Gelee: Es sollte geschmacklich zur Füllung passen. Das Gelee erwärmen, den gebackenen Teigboden damit bestreichen und mit dem Belegen warten, bis das Gelee fest geworden ist (Kühlschrank!).
Mit Butter ausstreichen: Weiche Butter auf den gebackenen Teig streichen und im Kühlschrank fest werden lassen, ehe der Belag daraufkommt.
Ein Schokoladenboden: Den gebackenen Mürbteig mit flüssiger Kuvertüre überziehen. Auch sie sollte vor dem Belegen fest sein.
Mit Puddingcreme gefüllt: Vanillepudding kochen und abgekühlt mit etwas Butter verrühren. Die Creme über den Boden verteilen, belegen und gut kühlen. Kaltgerührter Vanillepudding (Fertigprodukt) eignet sich nicht gut, er gibt zu schnell Flüssigkeit ab.
Ein Bett aus Krümeln: Kuchen- oder Biskuitbrösel, zerkrümelter Zwieback, Semmelbrösel oder gemahlene Nüsse und Mandeln können Feuchtigkeit aus dem Belag aufnehmen.

Marzipan isoliert und schmeckt: Eine kühle Arbeitsfläche mit Puderzukker bestäuben, etwas Marzipanrohmasse dünn ausrollen und auf den gebackenen Teigboden legen.

So kann isolierter Mürbteig belegt werden

Die Beispiele zeigen von links unten nach rechts unten im Uhrzeigersinn:

Johannisbeer-Baiser: Ein Teil der Beeren und der Baisermasse wurden vermengt und auf den vorgebakkenen Mürbteigboden gehäuft. Das restliche Baiser ist dekorativ aufgespritzt und mit Johannisbeeren bestreut. Auf höchster Stufe im vorgeheizten Backofen oder unter dem Grill Farbe annehmen lassen.

Sauerkirschen mit Haselnußkrokant: Das Gelee darunter hält den Kirschsaft vom Mürbteigboden ab.

Rhabarber-Baiser auf Butter: Gedünstete und abgetropfte Rhabarberstückchen füllen das Tortelett. Das aufgespritzte Baisergitter wurde einen Augenblick unter dem vorgeheizten Infragrill abgeflämmt.

Frische Erdbeeren sitzen auf der Kuvertüre. Für den Rand wurde weichgerührtes Marzipan durch eine kleine Sterntülle gespritzt.

Rohe Früchte liegen und schmecken gut auf Puddingcreme. Mit klarem Tortenguß überziehen.

Gedünstete Apfelscheiben liegen auf Biskuitbröseln. Darüber klarer Tortenguß, in Rum mazerierte Sultaninen und Sahnerosette.

Pochierter Pfirsich, gehäutet und in Spalten geschnitten, liegt auf Marzipan. Mit klarem Tortenguß überzogen, Mandelblättchen am Rand.

MÜRBTEIG

Nährwerte pro Portion/Stück	
Kilokalorien	370
Kilojoule	1570
Eiweiß/g	7
Kohlenhydrate/g	27
Fett/g	24
Ballaststoffe/g	4

Gefüllter Mandelkuchen

12 Stück

Teig:
200 g Mehl und Mehl zum Ausrollen
80 g kalte Butter
70 g Zucker
1 Prise Salz
1 Ei
abgeriebene Schale von ½ Zitrone

Füllung:
450 g Sauerkirschen aus dem Glas
65 g Butter
80 g Zucker
90 g Schlagsahne
250 g geschälte, gemahlene Mandeln
2 EL Kirschwasser

Das Mehl in eine Schüssel geben, Butter in Flöckchen darüber verteilen. Mit einem Messer krümelig hacken.

Mit Zucker, Salz, Ei und Zitronenschale schnell zu einem glatten Teig verkneten. Eine Kugel formen, in Folie gewickelt mindestens 30 Minuten kühl stellen.

Inzwischen die Kirschen in einem Sieb abtropfen lassen.

Die Butter in einem kleinen Topf schmelzen, Zucker und Sahne zugeben. Bei milder Hitze 5 Minuten köcheln lassen. Vom Herd nehmen, die Mandeln einrühren und abkühlen lassen.

Den Mürbteig auf bemehlter Arbeitsfläche 1 cm dick ausrollen. Eine Springform mit 24 cm Durchmesser darauf abdrücken. Die runde Teigplatte ausschneiden und auf den Boden der Springform legen.

Den restlichen Teig zu einem langen Streifen ausrollen, den Rand der Springform damit auslegen. Am Teigboden gut andrücken.

Die abgetropften Kirschen auf dem Boden verteilen.

Das Kirschwasser in die Mandelmasse rühren, auf die Kirschen streichen.

In dem auf 220 °C vorgeheizten Backofen auf der mittleren Schiene 30 Minuten backen (Garprobe).

Den Kuchen aus der Form nehmen und auf einem Kuchengitter auskühlen lassen.

Mandel-Orangenkuchen

12 Stück

Teig:
200 g weiche Butter und Fett für die Form
200 g Zucker
1 Ei
1 Ei, getrennt
250 g Mehl und Mehl für die Form
250 g gemahlene Mandeln
1 TL Backpulver
1 Prise Salz
1 TL Zimt
abgeriebene Schale von 1 Zitrone

Außerdem:
150 g Orangenmarmelade
1 EL Kondensmilch
30 g Mandelblättchen

Die Butter und den Zucker schaumig rühren. 1 ganzes Ei und 1 Eiweiß zugeben, weiterrühren.

Das Mehl, Mandeln, Backpulver, Salz, Zimt und Zitronenschale mischen, auf die Butter-Eimasse geben und locker unterheben.

Eine Springform mit 26 cm Durchmesser fetten und mit Mehl ausstäuben. Zwei Drittel des Teiges hineinfüllen, dabei einen breiten Rand formen, so daß die Mitte des Kuchens etwa 1 cm niedriger ist.

Die Orangenmarmelade in der Vertiefung verteilen. Den restlichen Teig in einen Spritzbeutel mit Lochtülle füllen und damit ein Gitter auf die Marmelade spritzen.

Das übriggebliebene Eigelb mit der Kondensmilch verrühren, das Teiggitter damit bepinseln. Mandelblättchen auf den Rand streuen.

In dem auf 175 °C vorgeheizten Backofen etwa 75 Minuten backen (Garprobe). Sollte die Oberfläche zu dunkel werden, den Kuchen mit Alufolie abdecken.

Kuchen auf einem Kuchengitter abkühlen lassen.

Nährwerte pro Portion/Stück	
Kilokalorien	460
Kilojoule	1940
Eiweiß/g	8
Kohlenhydrate/g	42
Fett/g	28
Ballaststoffe/g	3,8

MÜRBTEIG

Himbeer-Vanille-torte

12 Stück

Mürbteig:
100 g Mehl
35 g Zucker
70 g Butter
1 Prise Salz
abgeriebene Schale von ½ Zitrone
1 Eigelb
Butter für die Form

Biskuitboden:
3 Eier
1 Eigelb
100 g Zucker
35 g Butter
110 g Mehl
100 g Himbeermarmelade
1,2 kg Himbeeren

Vanillecreme:
200 ml Milch
40 g Zucker
2 Eigelb
½ Vanilleschote
20 g Speisestärke
1 Päckchen roter Tortenguß
50 g Mandelblätter

Für den Mürbteig Mehl auf die Arbeitsplatte sieben, in die Mitte eine Mulde drücken. Zucker, zimmerwarme Butter, Salz, die abgeriebene Zitronenschale und 1 Eigelb in die Mulde geben. Alles zu einem Teig verkneten und einige Zeit kühl stellen.

Eine Springform mit einem Durchmesser von 28 cm ausbuttern. Den Teig ausrollen, in die Form geben und mehrmals einstechen.

In den vorgeheizten Backofen auf die mittlere Schiene stellen und bei 180 °C 10 Minuten backen. Danach auf einem Kuchengitter auskühlen lassen.

Für den Biskuitboden Eier, das Eigelb und Zucker in einer Schüssel im heißen Wasserbad mit dem Schneebesen schaumig schlagen, bis die Masse warm ist. Schüssel aus dem Wasserbad nehmen und weiterrühren, bis die Masse kalt ist.

Butter in einem kleinen Topf schmelzen.

Nach und nach das Mehl mit einem Kochlöffel unter die aufgeschlagene Eimasse heben, zum Schluß die flüssige Butter dazugeben. Den Biskuitteig in die Springform füllen und glattstreichen. Im vorgeheizten Backofen auf der mittleren Schiene 12 Minuten bei 180 °C backen.

Mit einem spitzen Messer den Biskuitboden vom Rand der Springform lösen, den Boden auf ein Kuchengitter stürzen und abkühlen lassen.

Den Mürbteigboden dünn mit Marmelade bestreichen, den Biskuitboden darauflegen und den Ring der Springform vorsichtig darumlegen.

Die Himbeeren verlesen.

In einer Kasserolle für die Creme Milch, Zucker, Eigelb, das Mark von ½ Vanilleschote und die Speisestärke unter ständigem Rühren erhitzen und einmal kurz aufkochen. Die heiße Creme auf den Biskuitboden streichen. Etwas abkühlen lassen und anschließend mit den Himbeeren belegen.

Einen Tortenguß herstellen und gleichmäßig über den Kuchen verteilen. Wenn der Guß fest geworden ist, den Springformring wieder wegnehmen und den Rand des Kuchens mit Mandelblättern verzieren.

Nährwerte pro Portion/Stück	
Kilokalorien	340
Kilojoule	1420
Eiweiß/g	7
Kohlenhydrate/g	42
Fett/g	14
Ballaststoffe/g	8,3

43

MÜRBTEIG

Himbeerkuchen

12 Stück

Teig:
150 g Mehl
1 Ei
1 Prise Salz
50 g Butter
50 g Zucker
abgeriebene Schale von ½ Zitrone
Butter für die Form

Belag:
750 g Himbeeren
80 g Zucker
30 g Semmelbrösel
2 Eier
40 g Zucker
1 EL Butter
20 g geriebene Mandeln
1 EL Himbeergeist
30 g Puderzucker

Das Mehl auf die Arbeitsfläche sieben und in die Mitte eine Mulde drücken. Ei, Salz, zimmerwarme Butter, Zucker und die abgeriebene Schale von ½ Zitrone in die Mitte geben und alles schnell zu einem Teig verkneten. Den Teig etwa 1 Stunde an einem kühlen Ort ruhen lassen.

Eine Springform mit einem Durchmesser von 24 cm ausbuttern.

Den Teig in der Größe der Springform ausrollen, in die Form geben und am Rand etwas hochdrücken. Im vorgeheizten Backofen auf der mittleren Schiene 15 Minuten bei 220 °C backen.

Die Himbeeren verlesen und die 25 schönsten Früchte für die Dekoration beiseite stellen, die anderen in eine Schüssel geben und mit 80 g Zucker überstreuen.

Den Kuchenboden aus dem Backofen nehmen, etwas abkühlen lassen und mit den Semmelbröseln bestreuen. Dann die gezuckerten Himbeeren gleichmäßig darauf verteilen.

Eier trennen und in einer Schüssel das Eigelb mit Zucker schaumig schlagen.

Butter in einem kleinen Topf schmelzen. Die flüssige, nicht mehr heiße Butter zum Eischaum geben. Geriebene Mandeln und Himbeergeist unterrühren.

Das Eiweiß sehr steif schlagen und vorsichtig unter die Masse heben. Über die Himbeeren verteilen und glattstreichen.

Den Kuchen im vorgeheizten Backofen auf der mittleren Schiene nochmals 15 Minuten bei 200 °C backen.

Nach dem Backen auf einem Kuchengitter auskühlen lassen.

Kurz vor dem Servieren den Kuchen mit Puderzucker bestäuben und mit den restlichen Himbeeren dekorieren.

Nährwerte pro Portion/Stück	
Kilokalorien	220
Kilojoule	910
Eiweiß/g	4
Kohlenhydrate/g	31
Fett/g	7
Ballaststoffe/g	4,8

Kernbeißer Quarktorte

12 Stück

Teig:

180 g Mehl
120 g eiskalte Butter, Fett für die Form
70 g Zucker
1 Päckchen Vanillinzucker
1 Eigelb
1 Prise Salz

Füllung:

50 g Haselnuß- oder Mandelmakronen
400 g Speisequark, 20 % Fett
2 Eier, getrennt, und
1 Eiweiß
80 g Zucker
50 g gemahlene Walnußkerne und 13 Hälften zum Verzieren
50 g gemahlene Haselnußkerne oder Mandeln
50 g Sultaninen
1 Prise Salz

Verzierung:

100 g Aprikosenmarmelade
3 EL Aprikosenlikör

Mehl in eine Schüssel geben, Butter in Flöckchen darüber verteilen und mit einem Messer krümelig hacken. Zucker, Vanillinzucker, Eigelb und Salz zugeben und schnell zu einem glatten Teig verarbeiten.

Eine flache, runde Form mit gewelltem Rand (Tarteform) fetten und mit Mehl ausstreuen.

Zwei Drittel des Teiges auf einer bemehlten Arbeitsfläche ausrollen und den Boden der Form damit auslegen.

Restlichen Teig zu einem schmalen Streifen ausrollen und damit den Rand der Form auslegen. Rand am Boden gut andrücken.

Makronen in einen Plastikbeutel geben und mit der Teigrolle krümelig walzen. Brösel auf den Teig streuen und kalt stellen.

Für die Füllung Quark in einem Küchentuch ausdrücken und mit Eigelb und Zucker gut verrühren. Die gemahlenen Nüsse und die Sultaninen untermischen.

Das Eiweiß mit Salz zu steifem Schnee schlagen und vorsichtig unter die Quarkcreme heben.

Creme in die Form füllen und in dem auf 200 °C vorgeheizten Backofen auf der unteren Schiene etwa 40 Minuten backen.

Kuchen in der Form abkühlen lassen, bis er lauwarm ist, vorsichtig herausnehmen und auf eine Kuchenplatte legen (oder in der Form servieren).

Aprikosenmarmelade mit dem Likör glattrühren, die Torte damit bestreichen und mit Walnußhälften verzieren.

Tip:
Mindestens 4 bis 5 Stunden vor dem Verzehr zubereiten, am besten am Vortag.

Nährwerte pro Portion/Stück	
Kilokalorien	*360*
Kilojoule	*1500*
Eiweiß/g	*9*
Kohlenhydrate/g	*38*
Fett/g	*17*
Ballaststoffe/g	*1,5*

MÜRBTEIG

Florentiner Kirschkuchen

16 Stück

1,2 kg Kirschen
Mürbteig:
300 g Mehl
100 g Zucker
200 g Butter
1 Prise Salz
½ Vanilleschote
abgeriebene Schale von ½ Zitrone
1 Eigelb
Butter für die Form
Biskuitböden:
7 Eier
210 g Zucker
70 g Butter
220 g Mehl
100 g geriebene Haselnüsse
1 TL Zimt
1 TL Kakaopulver
100 g Sauerkirschmarmelade
Florentiner Masse:
150 g Butter
150 g Zucker
90 g Bienenhonig
60 ml Milch
170 g Mandelblätter

Kirschen waschen und entsteinen. Für den Mürbteig das Mehl auf die Arbeitsfläche sieben, in die Mitte eine Vertiefung drücken. Zucker, zimmerwarme Butter in kleinen Stückchen, Salz, das Mark der Vanilleschote, die geriebene Zitronenschale und das Eigelb in die Mulde geben. Alle Zutaten von außen nach innen schnell zu einem Teig verkneten. Zugedeckt für mindestens 30 Minuten an einem kühlen Ort ruhen lassen.

Eine Springform mit einem Durchmesser von 28 bis 30 cm ausbuttern. Den Mürbteig ausrollen, in die Form legen und am Rand hochziehen.

Im vorgeheizten Backofen bei 180 °C auf der mittleren Schiene 10 Minuten backen.

Für die Biskuitmasse Eier und Zucker in einer Schüssel im heißen Wasserbad mit dem Schneebesen schaumig schlagen, bis die Masse warm ist. Aus dem Wasserbad nehmen und weiterrühren, bis die Eicreme erkaltet ist.

Butter in einem kleinen Topf schmelzen.

Nach und nach mit einem Kochlöffel das Mehl unter die aufgeschlagene Eimasse heben, zum Schluß die flüssige Butter dazugeben.

Ein Backpapier in der Größe der Springform ausschneiden. ⅓ des Biskuitteiges daraufstreichen. Im vorgeheizten Backofen auf der mittleren Schiene 10 Minuten bei 180 °C zart backen.

Geriebene Haselnüsse, Zimt und Kakao unter die restliche Biskuitmasse heben. Den Teig gleichmäßig auf den angebackenen Mürbteig streichen. Die entsteinten Kirschen darauf verteilen. Im heißen Backofen bei 180 °C weitere 13 Minuten backen. Aus dem Ofen nehmen, in der Springform etwas abkühlen lassen und dünn mit der Marmelade bestreichen.

In einer Kasserolle Butter, Zucker, Honig und Milch für die Mandeldecke aufkochen, anschließend die Mandelblätter dazugeben. Die Masse auf den dünnen Biskuitboden streichen und bei 180 °C im Backofen backen, bis die Mandeln goldbraun sind. Aus dem Backofen nehmen, vorsichtig mit einer Palette vom Backpapier lösen und als Deckel auf den Kuchen legen.

Nährwerte pro Portion/Stück	
Kilokalorien	660
Kilojoule	2760
Eiweiß/g	10
Kohlenhydrate/g	70
Fett/g	35
Ballaststoffe/g	3,4

47

MÜRBTEIG

Moldauische Quarktorte

12 Stück

Linzer Teig:

80 g Mehl und Mehl zum Ausrollen
50 g Butter
30 g Puderzucker
1 Prise Salz
50 g gemahlene Mandeln
1 Eigelb
je 1 Messerspitze gemahlene Nelken und Zimt
½ Vanilleschote
etwas abgeriebene Zitronenschale

Biskuitteig:

3 Eier, getrennt
90 g feiner Zucker
abgeriebene Schale von ½ Zitrone
1 EL Zitronensaft
75 g Mehl

Füllung und Creme:

60 g Aprikosenmarmelade
200 g Ananas in Stücken aus der Dose
6 Blatt weiße Gelatine
400 g Speisequark, 20 % Fett
100 g Puderzucker
1 Päckchen Vanillinzucker
4 Eigelb
abgeriebene Schale von 1 Zitrone
3 EL Milch
300 g Schlagsahne
3 EL Puderzucker zum Verzieren

Den Linzer Teig wie auf Seite 58 beschrieben zubereiten und etwa 1 Stunde kalt stellen.

Inzwischen den Biskuitteig wie auf Seite 93 beschrieben zubereiten, in dem auf 200 °C vorgeheizten Backofen in einer Springform mit 26 cm Durchmesser etwa 20 Minuten backen und in der Form auskühlen lassen.

Auf einer bemehlten Arbeitsfläche den Linzer Teig zu einer runden Platte ausrollen, die etwas größer ist als die Springform. Die Teigplatte auf einem mit Backpapier ausgelegten Backblech in dem auf 180 °C vorgeheizten Backofen auf der mittleren Schiene 15 Minuten goldgelb backen.

Auf den noch lauwarmen Linzer Boden die Springform legen, Teig ringsherum abschneiden. Auf den Boden der Springform legen und dünn mit der Marmelade bestreichen.

Ananas in einem Sieb abtropfen lassen. Biskuitboden in der Höhe einmal durchschneiden und eine Biskuithälfte auf den Linzer Boden legen.

Gelatine 5 Minuten in kaltem Wasser einweichen.

Quark in einem Küchentuch ausdrücken und in einer Schüssel mit Puderzucker, Vanillinzucker, Eigelb und Zitronenschale verrühren.

Die Milch erhitzen, vom Herd nehmen, die leicht ausgedrückte Gelatine darin auflösen und mit dem Quark mischen.

Die Sahne steif schlagen und zusammen mit den Ananasstücken (einige zum Verzieren übriglassen) vorsichtig unter die Quarkmasse heben.

In die Springform füllen, glattstreichen, Biskuit daraufsetzen und 2 bis 3 Stunden kühl stellen.

Vor dem Servieren auf eine Tortenplatte heben, mit Puderzucker bestäuben und mit Ananasstücken verzieren.

Nährwerte pro Portion/Stück	
Kilokalorien	390
Kilojoule	1650
Eiweiß/g	11
Kohlenhydrate/g	41
Fett/g	19
Ballaststoffe/g	1,2

MÜRBTEIG

Käsekuchen mit Kirschen

12 Stück

Teig:
300 g Mehl
100 g Zucker
200 g Butter
1 Prise Salz
½ Vanilleschote
abgeriebene Schale von
½ Zitrone
1 Eigelb
Butter für die Form
250 g entsteinte Kirschen

Quarkmasse:
750 g Magerquark
80 g Butter
2 Eier
200 g Zucker
30 g Vanillepuddingpulver
½ Vanilleschote
350 ml Milch

Streusel:
50 g Butter
50 g Zucker
1 Messerspitze Zimt
75 g Mehl

Für den Mürbteig Mehl auf ein Backbrett sieben. In die Mitte eine Mulde drücken. Zucker, Butter in Stückchen, Salz, das Mark von ½ Vanilleschote, die abgeriebene Schale von ½ Zitrone und das Eigelb in die Mulde geben. Alles schnell zu einem Teig verkneten und ihn für ca. 1 Stunde an einem kühlen Platz ruhen lassen.

Eine flache Kuchenform mit einem Durchmesser von 30 cm ausbuttern.

Die entsteinten Kirschen in einem Sieb gut abtropfen lassen.

Den Teig ausrollen, die Form samt Rand damit auslegen und mehrfach einstechen.

Magerquark in einem sauberen Tuch ausdrücken.

In einem kleinen Topf Butter für die Quarkcreme schmelzen.

Quark, Eier, Zucker, Puddingpulver, das Mark von ½ Vanilleschote und die Milch in einer Schüssel glattrühren. Die flüssige, nicht zu heiße Butter dazugeben. Die Quarkmasse in die Kuchenform streichen, Kirschen darauf verteilen.

Für die Streusel in einer Schüssel Butter, Zucker und Zimt schaumig rühren. Die Masse zusammen mit dem Mehl zwischen den Handflächen zu Streuseln verreiben. Streusel über den Kuchen streuen.

Den Kuchen im vorgeheizten Backofen auf der mittleren Schiene bei 180 °C etwa 40 Minuten backen.

Nährwerte pro Portion/Stück	
Kilokalorien	550
Kilojoule	2310
Eiweiß/g	14
Kohlenhydrate/g	61
Fett/g	26
Ballaststoffe/g	1

Rhabarber-Baiserkuchen

20 Stück

Teig:	
500 g Mehl und Mehl zum Ausrollen	
250 g Butter	
170 g Puderzucker	
1 Prise Salz	
1 Ei	

Belag:	
2 kg Rhabarber	
100 g Zucker	
8 Eiweiß	
240 g Puderzucker	
½ TL Zimt	
100 g Mandelblättchen	

Einen süßen Mürbteig wie auf Seite 31 beschrieben zubereiten und mindestens 30 Minuten kühl stellen.

Den Rhabarber waschen, putzen und schälen. Die Stangen in etwa 4 cm lange Stücke schneiden, in einer Schüssel mit dem Zucker mischen, beiseite stellen.

Den Mürbteig auf bemehlter Arbeitsfläche zu einem Rechteck ausrollen. Über die Teigrolle legen, auf dem Blech abrollen. Der Blechgröße angleichen.

Einen kleinen Rand formen, mit der Gabel Rippen eindrücken. Den Teigboden mehrmals einstechen.

Auf der mittleren Schiene des auf 220 °C vorgeheizten Backofens 10 Minuten vorbacken.

Inzwischen den Rhabarber in einem Sieb abtropfen lassen.

Das Eiweiß mit dem Puderzucker zu einem dicken Baiser aufschlagen.

Das Backblech aus dem Backofen nehmen, die Rhabarberstücke in Reihen nebeneinander auf den Boden legen. Das Zimtpulver darüberstäuben.

Die Baisermasse mit einem Teigschaber auf dem Rhabarber gleichmäßig verteilen, mit den Mandelblättchen bestreuen.

Weitere 12 bis 15 Minuten backen, bis die Baiserdecke goldbraun ist. Auf dem Blech auskühlen lassen, dann in Stücke schneiden.

Nährwerte pro Portion/Stück	
Kilokalorien	340
Kilojoule	1430
Eiweiß/g	6
Kohlenhydrate/g	45
Fett/g	14
Ballaststoffe/g	3,4

MÜRBTEIG

Beeren im goldenen Käfig

Wenn Sie die beiden Tortenböden bereits am Vortag zubereiten oder fertig kaufen, ist der saftige Beerenkuchen schnell fertig.

12 Stück

Mürbteig:

| 250 g Mehl |
| 110 g Butter |
| 1 EL Zucker |
| 1 Prise Salz |
| 1 Ei |

Biskuitteig:

| 3 Eier, getrennt |
| 90 g Zucker |
| abgeriebene Schale von ½ Zitrone |
| 1 EL Zitronensaft |
| 75 g Mehl |

Belag:

| 200 g Johannisbeergelee |
| 600 g tiefgekühlte Beerenmischung |
| 2 Päckchen Sahnesteif |
| 1 Päckchen roter Tortenguß |
| 70 g Mandelblättchen |
| 3 Eiweiß |
| 50 g feiner Zucker |
| 50 g Puderzucker |

Den Mürbteig wie auf Seite 30 beschrieben zubereiten. Gekühlten Teig kreisförmig ausrollen, in eine Springform mit 26 cm Durchmesser geben. In dem auf 200 °C vorgeheizten Backofen auf der mittleren Schiene 15 Minuten backen, aus der Form nehmen und auskühlen lassen.

Den Biskuitteig wie auf Seite 93 beschrieben zubereiten. In dem auf 200 °C vorgeheizten Backofen in derselben Springform etwa 20 Minuten backen, in der Form auskühlen lassen.

Die Mürbteigplatte auf den Boden der Springform legen. Ein Drittel des Johannisbeergelees gleichmäßig darauf verteilen. Biskuitboden daraufsetzen, ebenfalls mit einem Drittel des Johannisbeergelees bestreichen.

Springformring aufsetzen. Die gefrorenen Beeren mit dem Sahnesteif mischen, gleichmäßig auf dem Tortenboden verteilen und etwas andrücken. Den Kuchen in den Kühlschrank stellen.

Den Tortenguß nach Packungsanleitung zubereiten, nach Geschmack süßen. Mit einem Löffel gleichmäßig über die Beeren träufeln, kühl stellen.

Inzwischen die Mandelblättchen in einer Pfanne ohne Fett unter Rühren goldgelb rösten.

Wenn der Guß fest ist, den Springformring entfernen. Den Teigrand mit dem restlichen Johannisbeergelee bestreichen, die Mandelblättchen andrücken.

Für das Baiser Eiweiß und Zucker zu steifem Schnee schlagen, Puderzucker unterziehen.

Die Masse in einen Spritzbeutel mit Sterntülle füllen, Rand und Gitter auf den Kuchen spritzen.

Den Kuchen in den auf 250 °C vorgeheizten Backofen auf die obere Schiene stellen. Etwa 2 Minuten überbacken, bis das Baiser leicht gebräunt ist.

Auf eine Tortenplatte heben, servieren.

Nährwerte pro Portion/Stück	
Kilokalorien	430
Kilojoule	1820
Eiweiß/g	8
Kohlenhydrate/g	66
Fett/g	13
Ballaststoffe/g	4,7

53

MÜRBTEIG

Quarkkuchen à la Rákóczi

Benannt wurde dieser saftige Kuchen nicht nach dem berühmten Fürsten von Siebenbürgen, sondern nach einem bekannten ungarischen Konditor.

20 Stück

Teig:
240 g Mehl
1 Päckchen Backpulver, 20 g
120 g kalte Butter
60 g Zucker
1 Eigelb
100 g saure Sahne
1 Prise Salz
abgeriebene Schale von
1 Zitrone

Füllung:
3 Eier, getrennt
100 g Zucker
500 g Speisequark, 20 % Fett
1 Prise Salz
50 g Sultaninen
2 EL Semmelbrösel

Garnierung:
3 Eiweiß
120 g Puderzucker
100 g Aprikosengelee

Für den Teig das Mehl mit Backpulver in einer Schüssel mischen. Butter in Flöckchen darüber verteilen, Zucker zugeben. Mit einem Messer alles hacken, bis der Teig bröselig ist.

Eigelb, saure Sahne, Salz und Zitronenschale zugeben und mit kalten Händen schnell zu einem glatten Teig kneten. Eine Kugel formen und in Folie gewickelt mindestens 1 Stunde kühl stellen.

Den Teig auf einem mit Backpapier ausgelegten Backblech gleichmäßig ausrollen und in dem auf 180 °C vorgeheizten Backofen 15 Minuten vorbacken.

Inzwischen für die Füllung das Eigelb mit Zucker schaumig rühren.

Den Quark in einem Küchentuch gut ausdrücken und dazumischen.

Eiweiß mit Salz steif schlagen und zusammen mit den Sultaninen unter die Quark-Eigelbmasse heben.

Den vorgebackenen Boden mit Semmelbröseln bestreuen, Füllung darauf verteilen und glattstreichen. Weitere 20 Minuten backen.

Für die Garnierung das Eiweiß 1 Minute auf mittlerer Stufe schaumig schlagen, Puderzucker einrieseln lassen, auf höchster Stufe zu einer zähen Masse aufschlagen und in einen Spritzbeutel füllen.

Kuchen aus dem Backofen nehmen und sofort dünn mit dem Aprikosengelee bestreichen.

Mit dem Eischnee ein Gitter daraufspritzen und nochmals 10 Minuten backen.

Kuchen auf dem Blech erkalten lassen und mit einem nassen Messer in Quadrate schneiden.

Nährwerte pro Portion/Stück	
Kilokalorien	230
Kilojoule	970
Eiweiß/g	6
Kohlenhydrate/g	29
Fett/g	9
Ballaststoffe/g	0,6

Aprikosenkuchen mit Guß

12 Stück

Teig:

250 g Mehl	
125 g Butter	
60 g Zucker	
1 Prise Salz	
2 Eigelb	
60 ml Milch	
1,2 kg Aprikosen	
Butter für die Form	
50 g Löffelbiskuits	
30 g Mandelstifte	

Sahnesauce:

400 g Schlagsahne	
50 g Zucker	
2 Eier	
2 Eigelb	
20 g Speisestärke	
abgeriebene Schale von ½ Zitrone	

Mehl und Butter mit den Handflächen zu Streuseln verreiben. Auf einer Arbeitsplatte auslegen, in die Mitte eine Mulde drücken.

Zucker, Salz, das Eigelb und die Milch in die Mulde geben und mit den Streuseln zu einem Teig verkneten. Zugedeckt rund 30 Minuten an einem kühlen Platz ruhen lassen.

In der Zwischenzeit die Aprikosen waschen, trockentupfen, halbieren und die Kerne entfernen.

Eine flache Kuchenform mit 30 cm Durchmesser ausbuttern. Den Teig sehr dünn ausrollen und die Form damit auslegen. Mit einer Gabel den Teig am Rand festdrücken und den Boden einstechen. Auf den Teigboden die Löffelbiskuits bröseln. Die Aprikosenhälften darauflegen, Mandelsplitter darüberstreuen.

Für die Sahnesauce in einer Schüssel die Sahne, Zucker, Eier, das Eigelb, Speisestärke und die abgeriebene Schale von ½ Zitrone glattrühren und über den Kuchen gießen.

Im vorgeheizten Backofen auf der mittleren Schiene bei 180 °C ca. 35 Minuten backen.

Nährwerte pro Portion/Stück	
Kilokalorien	420
Kilojoule	1740
Eiweiß/g	7
Kohlenhydrate/g	38
Fett/g	24
Ballaststoffe/g	2,8

MÜRBTEIG

Schwäbischer Apfelkuchen

12 Stück

Teig:
300 g Mehl
100 g Zucker
200 g Butter
1 Prise Salz
½ Vanilleschote
abgeriebene Schale von ½ Zitrone
1 Eigelb
Butter für die Form

Belag:
1,25 kg Äpfel
100 g Löffelbiskuits
100 g Butter
40 g Sultaninen

Guß:
2 Eier
2 Eigelb
400 g Schlagsahne
40 g Zucker
30 g Speisestärke
abgeriebene Schale von ½ Zitrone
1 Päckchen klarer Tortenguß
1 Schuß Calvados

Das Mehl auf die Arbeitsfläche sieben und in die Mitte eine Mulde drücken. Zucker, Butter in Stückchen, 1 Prise Salz und das Mark von ½ Vanilleschote, die abgeriebene Schale von ½ Zitrone und 1 Eigelb in die Mulde geben. Alles rasch zu einem Teig verkneten. Zugedeckt für 1 Stunde an einen kühlen Platz stellen.

Eine Springform mit 30 cm Durchmesser ausfetten.

Die Äpfel schälen, halbieren und das Kerngehäuse entfernen. Die Apfelhälften auf der Oberseite mehrmals längs etwa ½ cm tief einschneiden.

Den Teig ausrollen und die Form damit auslegen, dabei den Teig am Rand hochziehen, andrücken und einstechen. Die Löffelbiskuits dicht aneinander auf den Kuchenboden legen. Apfelhälften darauf verteilen.

In einer kleinen Kasserolle 100 g Butter schmelzen. Mit der heißen Butter die Äpfel bestreichen, Sultaninen darüberstreuen.

Eier, das Eigelb, die Sahne, Zucker, die Speisestärke und die abgeriebene Schale von ½ Zitrone in einer Schüssel glattrühren. Die Sauce über die Äpfel gießen.

Den Apfelkuchen im vorgeheizten Backofen auf der mittleren Schiene etwa 50 Minuten bei 180 °C backen.

Einen klaren Tortenguß herstellen, mit einem Schuß Calvados abschmecken und den fertigen, abgekühlten Kuchen damit glasieren.

Den Apfelkuchen in der Form völlig auskühlen lassen. Dann mit einem scharfen Messer rundum vom Rand lösen, den Formrand abnehmen und den Kuchen auf eine Platte setzen.

Nährwerte pro Portion/Stück	
Kilokalorien	550
Kilojoule	2300
Eiweiß/g	6
Kohlenhydrate/g	47
Fett/g	35
Ballaststoffe/g	3,3

MÜRBTEIG

Linzer Torte

16 Stück

420 g Mehl
360 g Butter
240 g Puderzucker
1 Prise Salz
360 g gemahlene, ungeschälte Mandeln
3 Eigelb
3 Gewürznelken
1 Messerspitze Zimt
abgeriebene Schale von
1 Zitrone
1 Vanilleschote
Butter für die Form
1 große Backoblate
200 g Johannisbeermarmelade
1 Eigelb zum Bestreichen
1 EL Sahne
30 g Mandelblätter

Mehl auf das Backbrett oder die Arbeitsfläche sieben, in die Mitte eine große Mulde drücken. Butter in dünnen Scheiben hineinschneiden. Den gesiebten Puderzucker, Salz, die gemahlenen Mandeln und das Eigelb dazugeben.

Die Gewürznelken mit der Teigrolle zerdrücken. Zusammen mit dem Zimt, der abgeriebenen Schale von 1 Zitrone und dem Mark der Vanilleschote ebenfalls in die Mulde geben. Alle Zutaten schnell zu einem Teig verkneten. Den Mürbteig zugedeckt an einem kühlen Ort für 1 Stunde ruhen lassen.

Den Ring einer Springform mit einem Durchmesser von 26 cm ausbuttern.

Ein Backblech mit Backpapier auslegen. Den Teig darauf ca. 1 cm dick ausrollen. Mit dem Ring der Springform eine Teigplatte ausstechen. Den Teigboden mehrmals einstechen. Aus dem restlichen Teig außerhalb des Springformrings Teigstränge für den Kuchenrand und das Gitter rollen. Mit einem Strang den Ring auslegen, den Teig leicht andrücken.

Die Backoblate so zurechtschneiden, daß sie auf den Teigboden als Isolierschicht paßt und der Teigrand noch hervorschaut.

Marmelade in einer kleinen Schüssel verrühren und den Tortenboden damit dick bestreichen. Dabei darauf achten, daß die Marmelade nicht über den Teigrand gerät.

Die Torte mit den restlichen Teigsträngen gitterartig belegen. Eigelb mit Sahne verquirlen und Teiggitter und Rand damit bestreichen. Mandelblätter am Tortenrand entlang verteilen.

Torte auf der unteren Schiene im vorgeheizten Backofen bei 180 °C 1 Stunde backen.

Aus dem Backofen nehmen und mit einem spitzen Messer den Kuchen vom Springformrand lösen. Die Torte zum Abkühlen vorsichtig auf ein Kuchengitter gleiten lassen.

Nährwerte pro Portion/Stück	
Kilokalorien	530
Kilojoule	2220
Eiweiß/g	8
Kohlenhydrate/g	44
Fett/g	34
Ballaststoffe/g	4

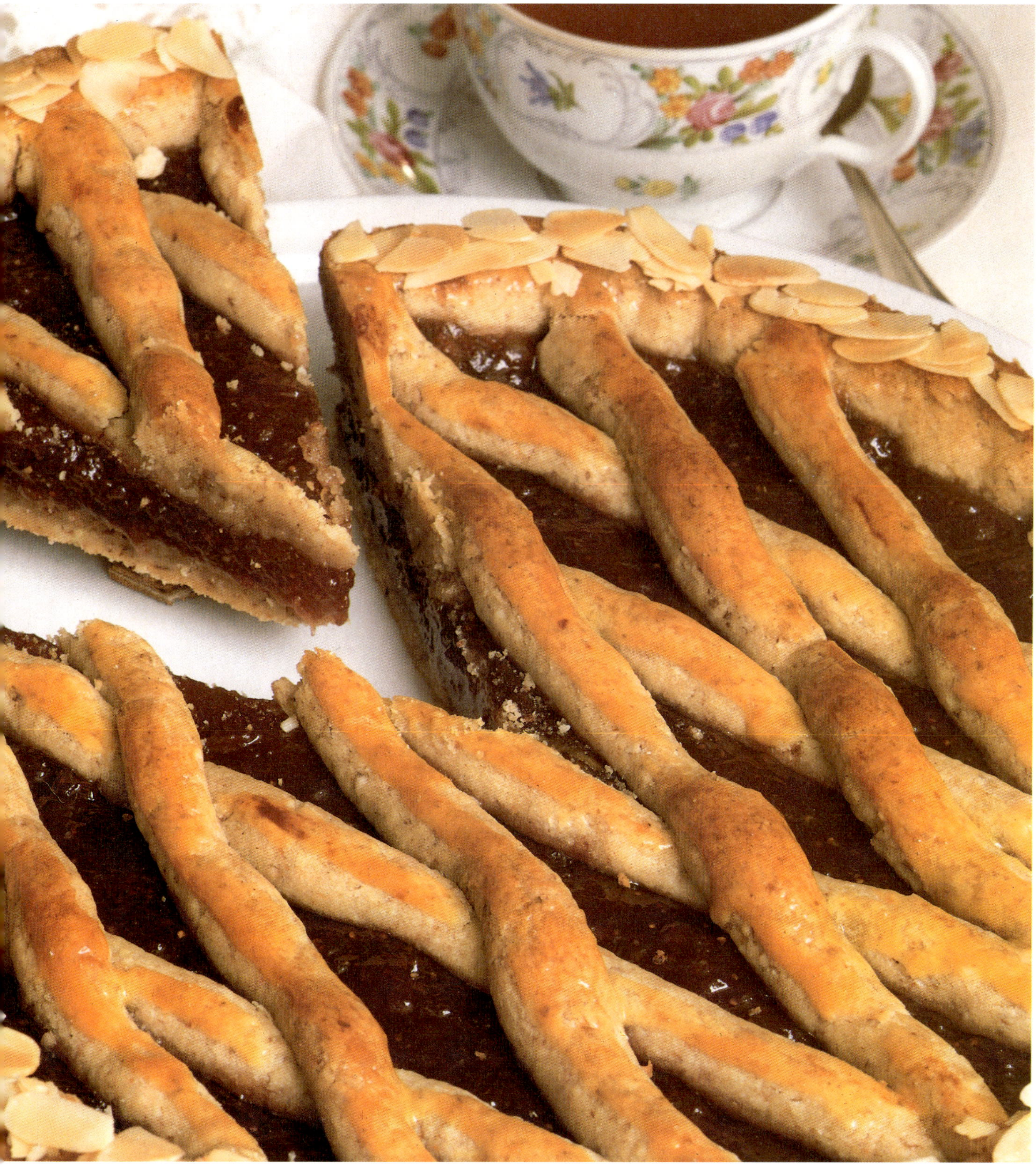

MÜRBTEIG

Engadiner Nußtorte

12 Stück

Teig:
160 g Butter
130 g Puderzucker
1 Prise Salz
1 Ei
300 g Mehl

Belag:
400 g Zucker
50 g Rübensirup
2 EL Zitronensaft
150 g Schlagsahne
25 g Butter
50 g Bienenhonig
300 g Walnußkerne
Butter für die Form
1 Eigelb zum Bestreichen

Aus Butter, Puderzucker, Salz, Ei und dem Mehl einen Mürbteig kneten. Teig zudecken und im Kühlschrank etwa 1 Stunde ruhen lassen.

In der Zwischenzeit 200 g Zucker, Rübensirup und den Zitronensaft in einer Kasserolle zu einer hellen Karamelmasse schmelzen lassen.

In einem zweiten Topf die Sahne, 200 g Zucker, die Butter und den Honig erhitzen, kurz aufkochen und unter die Karamelmasse rühren. Nochmals aufkochen und vom Herd nehmen.

Die Walnüsse bis auf einen Kern, der für die Dekoration gebraucht wird, grob hacken, unter den Karamel geben und die Masse erkalten lassen.

Eine leicht konische Kuchenform mit 26 cm Durchmesser ausbuttern.

Ananaskuchen

12 Stück

Teig:

180 g Mehl und Mehl zum Ausrollen

100 g kalte Butter

40 g Zucker

1 Prise Salz

1 Ei

Füllung:

100 g Marzipanrohmasse

abgeriebene Schale von ½ Zitrone

1 Ei

1 große Dose Ananasscheiben

2 Blatt weiße Gelatine

1 EL Zitronensaft

Einen Mürbteig wie auf Seite 30 beschrieben zubereiten und mindestens 30 Minuten kühl stellen.

Eine Kastenform mit Backpapier auslegen.

Den Teig auf bemehlter Arbeitsfläche ausrollen. Eine Teigplatte in der Größe der Form ausschneiden und auf den Boden legen.

Aus dem restlichen Teig zwei lange und zwei kurze Streifen für die Ränder ausschneiden. Die Form soll bis zur halben Höhe mit Teig ausgelegt sein. Nahtstellen gut festdrücken.

Die Marzipanrohmasse grob zerteilen, mit der Zitronenschale und dem Ei mit dem Handrührgerät verkneten.

Die Masse auf dem Teigboden glattstreichen.

Die Ananasscheiben in einem Sieb abtropfen lassen, dabei den Saft auffangen.

Ananas in etwa 2 cm große Stücke schneiden. Mit der Spitze nach unten in den Teig stecken.

In dem auf 200 °C vorgeheizten Backofen auf der mittleren Schiene 30 Minuten backen. In der Form abkühlen lassen.

Die Gelatine 5 Minuten in kaltem Wasser einweichen.

Inzwischen 100 ml des abgetropften Ananassaftes in einem kleinen Topf erhitzen. Vom Herd nehmen, Zitronensaft zugeben und Gelatine unter Rühren darin auflösen.

Kühl stellen, bis der Saft zu gelieren beginnt, dann gleichmäßig über den kalten Kuchen gießen.

Im Kühlschrank vollständig gelieren lassen. Vor dem Servieren den Kuchen mit Hilfe des Backpapiers aus der Form heben.

⅔ des Mürbteigs ca. 3 mm dünn ausrollen. Die Form damit so auslegen, daß der Teig am Rand etwas übersteht. Den Boden mehrmals einstechen. Die Nußfüllung darauf verteilen und den Teigrand darüberklappen.

1 Eigelb verquirlen und den Teigrand damit bestreichen.

Den restlichen Mürbteig ausrollen und als Deckel auf die Füllung legen. Den Rand leicht andrücken und den überstehenden Teig mit einem scharfen Messer abschneiden. Den Kuchen mit dem restlichen Eigelb bestreichen und mit dem Rücken einer Gabel ein Muster einritzen. In die Kuchenmitte als Verzierung den Walnußkern setzen.

Bei 200 °C im vorgeheizten Backofen auf der mittleren Schiene 30 bis 40 Minuten backen.

Nährwerte pro Portion/Stück	
Kilokalorien	*480*
Kilojoule	*2010*
Eiweiß/g	*7*
Kohlenhydrate/g	*71*
Fett/g	*17*
Ballaststoffe/g	*2*

Nährwerte pro Portion/Stück	
Kilokalorien	*220*
Kilojoule	*900*
Eiweiß/g	*4*
Kohlenhydrate/g	*23*
Fett/g	*11*
Ballaststoffe/g	*1,4*

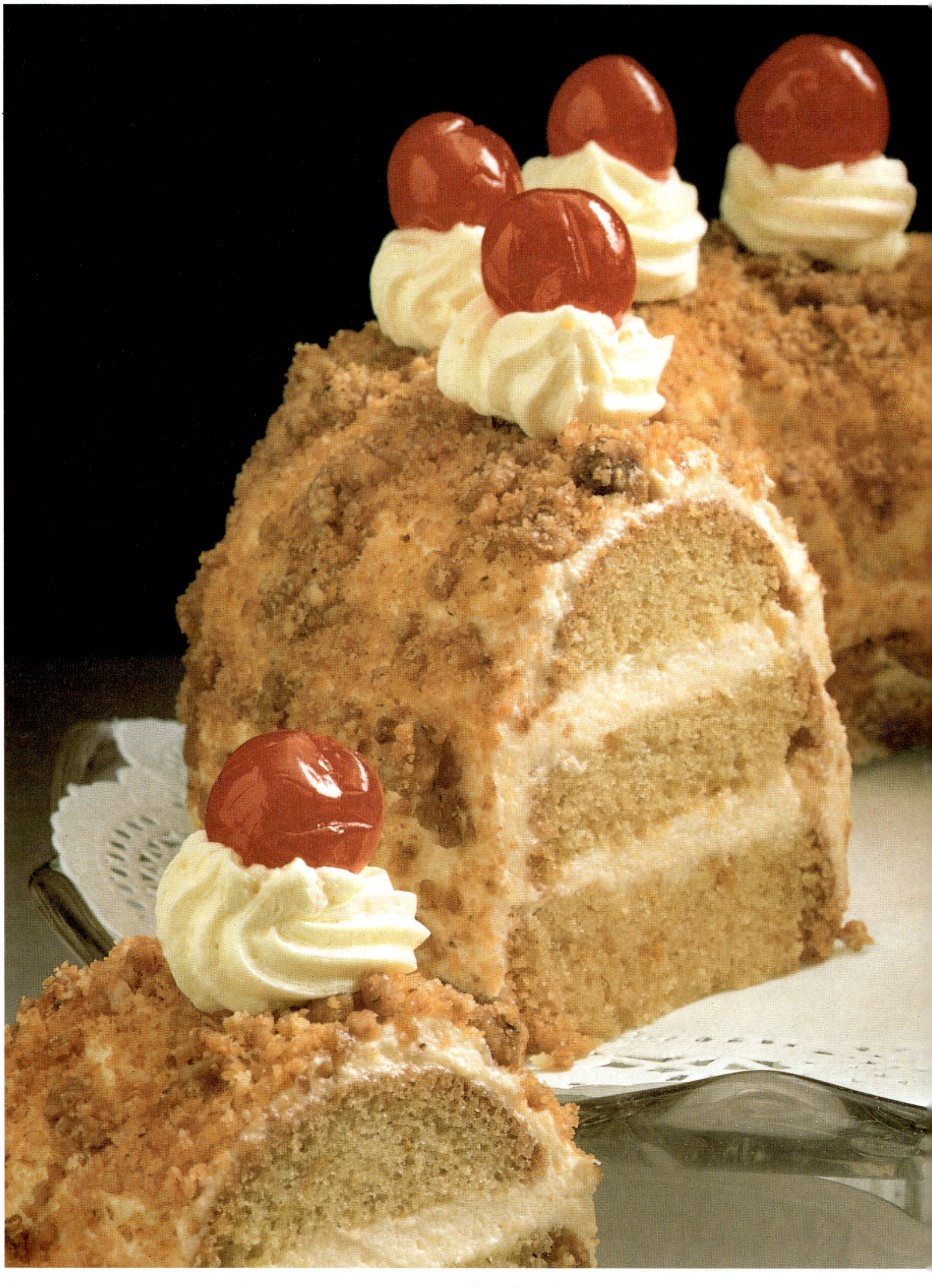

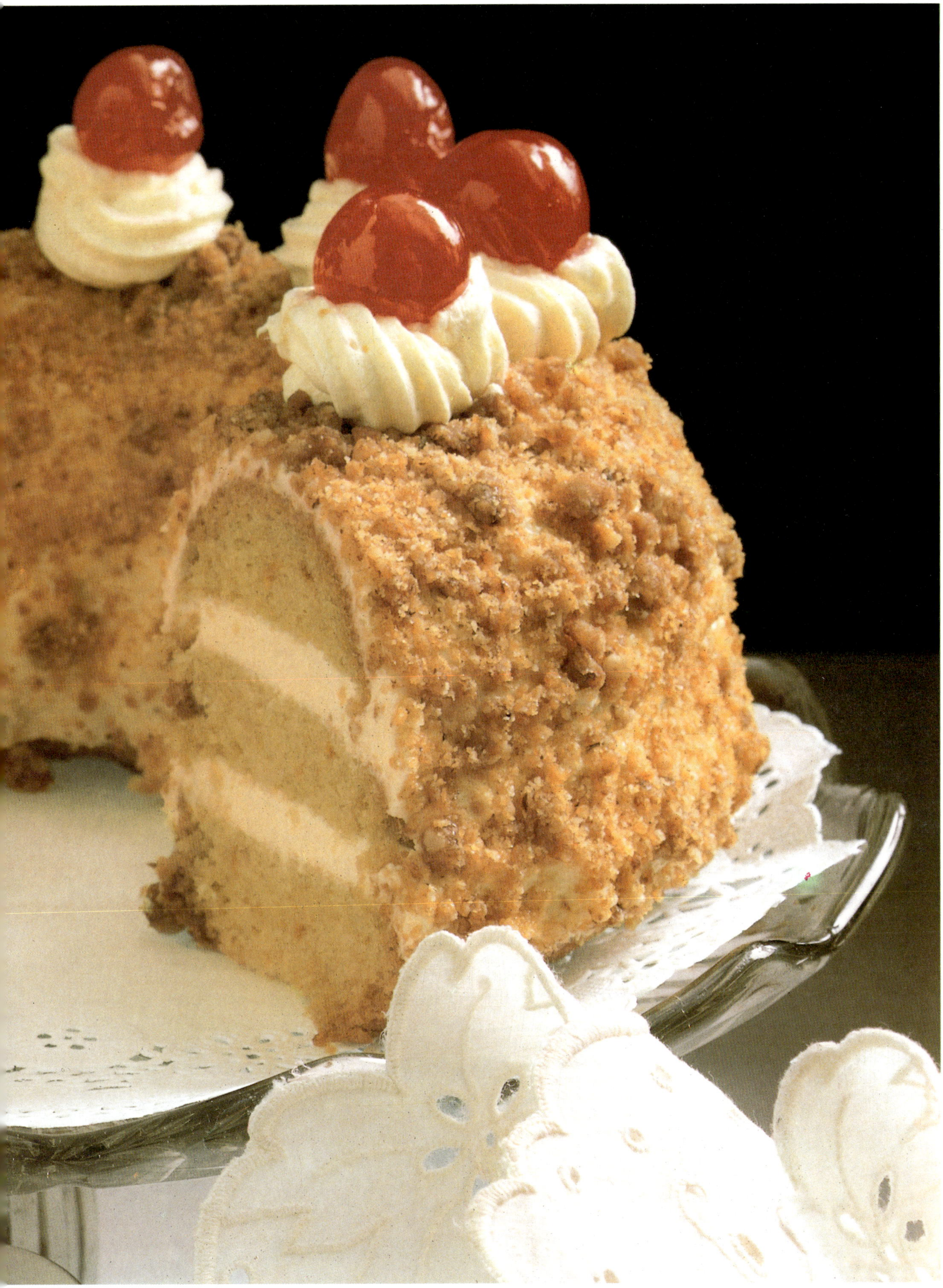

RÜHRTEIG

Rotkäppchens Kuchen für die Großmutter war bestimmt ein Rührkuchen in Gugelhupfform mit Rosinen drin. Genau der gleiche Kuchen landet auf dem »Tischlein-deck-dich«.

Ob Kinderbuchillustration oder Firmenschild eines Konditors – der Napfkuchen aus Rührteig hat Symbolcharakter.

Marmor-, Sand- oder Königskuchen, Rehrücken, Frankfurter Kranz oder Sachertorte, sie alle gehören zur großen Familie der Rührkuchen.

Einen Sandkuchen aus der Kastenform oder einen Marmorkuchen als Gugelhupf hat wohl jeder, der überhaupt bäckt, schon einmal fabriziert. Das ist ja auch ganz einfach, zumal mit Rührmaschine und Backpulver.

Richtig, so geht es auch! Aber genau an diesem Punkt scheiden sich die Geister, denn Rührkuchen ist natürlich nicht gleich Rührkuchen. Die feinsten werden immer noch von Hand gerührt – ganz ohne künstliche Treibmittel.

Es gibt verschiedene Möglichkeiten, Rührteig von Hand zuzubereiten. Wundern Sie sich also nicht über teils recht unterschiedliche Rezeptanleitungen.

Schwere, gehaltvolle Rührkuchen brauchen ein künstliches Treibmittel. Früchte und Nüsse werden meist mit Mehl und Stärke zusammen unter die Butter-Eimasse gehoben. Marzipanrohmasse hingegen wird gleich zu Beginn mit Butter und Zucker schaumig gerührt.

Im Hausgebrauch heißt Rührteig auch Eischwerteig, weil man die Menge der Zutaten nach dem Gewicht der Eier bemißt: Butter, Zucker und Mehl – jeweils im gleichen Gewicht wie die Eier.

Rührteig

Grundrezept

| 300 g weiche Butter |
| 300 g Zucker |
| 5 Eier |
| 300 g Mehl |
| Butter und Semmelbrösel für die Form |

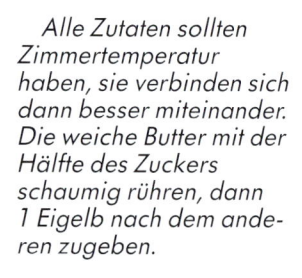

Alle Zutaten sollten Zimmertemperatur haben, sie verbinden sich dann besser miteinander. Die weiche Butter mit der Hälfte des Zuckers schaumig rühren, dann 1 Eigelb nach dem anderen zugeben.

Das Eiweiß steif schlagen und dabei den restlichen Zucker einrieseln lassen. Durch Eischnee wird der Kuchen locker. Etwa ein Drittel des Schnees mit dem Holzspatel vorsichtig unter die Butter-Eigelbmasse heben und vollständig vermischen.

Dann den restlichen Eischnee zusammen mit dem gesiebten Mehl vorsichtig unterheben. Gründliches Rühren ist für das Gelingen des Kuchens zwar wichtig, aber wenn das Mehl zugefügt wurde, darf nicht mehr gerührt werden, sonst wird der Teig klebrig.

Formen vorbereiten: Am einfachsten ist es, die Formen einzufetten und zusätzlich auszustreuen (Mehl, Semmelbrösel, gemahlene Mandeln). Auch das Auslegen mit Backpapier ist einfach (geeignet für Spring- und Kastenformen sowie Backbleche).

Den Rührteig einfüllen und die Oberfläche mit dem Teigschaber glattstreichen. Nach Vorschrift backen, meist bei 180° bis 200 °C. Am Ende der angegebenen Backzeit mit einem Holzstäbchen die Garprobe machen.

Rührteig ohne besondere Zutaten ist in durchschnittlich 1 Stunde gar. Den fertigen Kuchen herausholen, nach 10 Minuten auf ein Kuchengitter stürzen und vor dem Anschneiden mindestens 1 Stunde auskühlen lassen.

Marmorkuchen

16 Stück

Teig:
300 g weiche Butter und Fett für die Form
300 g Zucker
5 Eier
300 g Mehl
3 EL Kakaopulver
Semmelbrösel für die Form

Außerdem:
2 EL Puderzucker

Einen Rührteig wie im Grundrezept beschrieben zubereiten. Die Hälfte des Teiges abnehmen, das Kakaopulver gründlich untermischen.

Eine Napfkuchenform fetten und mit Semmelbröseln ausstreuen. Den hellen Teig hineinfüllen.

Den Schokoladenteig gleichmäßig darauf verteilen.

Mit einer Gabel spiralförmig durch den Teig ziehen, um die Teige miteinander zu marmorieren. Die Oberfläche mit einem Teigschaber glattstreichen.

Auf der unteren Schiene des auf 180 °C vorgeheizten Backofens 50 bis 60 Minuten backen (Garprobe an der höchsten Stelle).

10 Minuten in der Form abkühlen lassen, auf ein Kuchengitter stürzen und auskühlen lassen. Mit Puderzucker bestäubt servieren.

Nährwerte pro Portion/Stück	
Kilokalorien	320
Kilojoule	1350
Eiweiß/g	4
Kohlenhydrate/g	34
Fett/g	18
Ballaststoffe/g	0,6

RÜHRTEIG

Versunkene Früchte

Bei Verwendung von Rührteig liegen die Früchte nicht obenauf, sondern versinken im Teig und werden mitgebacken. Der Teig wird dabei herrlich saftig. Um aber trotzdem stabil und locker zu bleiben, braucht er etwas mehr Mehl und zusätzlich Backpulver.

Sauerkirschkuchen

Üblicherweise läßt man Kirschen oder Äpfel im Teig versinken. Es eignen sich aber auch Aprikosen, Stachelbeeren, Johannisbeeren oder Zwetschgen.

12 Stück

Teig:

150 g weiche Butter und Fett für die Form

150 g Zucker

2 Päckchen Vanillinzucker

3 Eier

200 g Mehl und Mehl für die Form

1 TL Backpulver

1 Prise Salz

abgeriebene Schale von

1 Zitrone

2 cl Kirschwasser

Belag:

800 g entsteinte Sauerkirschen

50 g gemahlene Haselnüsse

50 g Zucker

½ TL Zimt

50 g Butter

Die Butter mit Zucker und Vanillinzucker schaumig schlagen. Die Eier zugeben und weiterschlagen, bis der Zucker sich gelöst hat.

Das Mehl, Backpulver und Salz mischen, löffelweise unter die Butter-Eimasse rühren.

Zitronenschale und Kirschwasser untermischen.

Eine Springform mit 26 cm Durchmesser fetten und mit Mehl ausstreuen, den Teig hineinfüllen. Mit den Sauerkirschen belegen.

Auf die mittlere Schiene des auf 180 °C vorgeheizten Backofens schieben, 40 Minuten backen.

Inzwischen die Haselnüsse, Zucker und Zimt mischen. Die Butter in einem kleinen Topf schmelzen lassen.

Den Kuchen kurz aus dem Backofen nehmen, mit der Nußmischung bestreuen und mit der Butter beträufeln. Weitere 10 bis 15 Minuten backen (Garprobe).

Kirschkuchen mit halbsteif geschlagener Sahne servieren.

Nährwerte pro Portion/Stück	
Kilokalorien	350
Kilojoule	1480
Eiweiß/g	5
Kohlenhydrate/g	38
Fett/g	18
Ballaststoffe/g	1,3

Der ganz schnelle Rührteig

mit Küchenmaschine und Backpulver:

Backofen vorheizen – sonst steht der fertige Teig unnötig lang herum.

400 g Mehl

1 Päckchen Backpulver

250 g Butter

250 g Zucker

1 Prise Salz

4 Eier

abgeriebene Schale von

1 Zitrone

⅛ l Milch

Zutaten in die Schüssel der Küchenmaschine geben. Bei höchster Drehzahl 1 Minute rühren, den Teig mit dem Schaber vom Rand lösen und nochmals ca. 2 Minuten bei höchster Geschwindigkeit rühren. Nüsse oder Früchte werden zuletzt bei niedrigster Geschwindigkeit untergemischt.

RÜHRTEIG

Ein leichter Rührkuchen ohne Butter

und fast ohne Mehl: Die Funktionen von Fett und Mehl werden teilweise von den gemahlenen Walnüssen übernommen, trotzdem ist der Kuchen besonders leicht.

Walnuß-Rehrücken

Am besten schmeckt dieser Kuchen, wenn er einen Tag geruht hat, dann läßt er sich auch leichter schneiden.

16 Stück

100 g Rosinen
50 ml Rum
170 g Walnußkerne
5 Eigelb
120 g Puderzucker
3 EL Mehl
Fett für die Form
Semmelbrösel für die Form
3 Eiweiß
1 Prise Salz
Garnierung:
200 g Zartbitter-Kuvertüre
10 halbe Walnußkerne

Die Rosinen mindestens 1 Stunde im Rum mazerieren.

150 g Walnußkerne mahlen, den Rest grob hacken.

Das Eigelb und den Puderzucker mit dem Handrührgerät zu einer dicklichen weißen Creme aufschlagen.

Die Rosinen in einem Sieb abtropfen lassen, mit den Walnüssen im Mehl wenden, beides unter den Teig heben.

Eine Rehrückenform fetten und mit Semmelbröseln ausstreuen.

Das Eiweiß mit dem Salz zu steifem Schnee schlagen, vorsichtig unter den Teig heben. In die Form füllen.

Auf die mittlere Schiene des auf 200 °C vorgeheizten Backofens schieben, 30 bis 35 Minuten backen.

In der Form 10 Minuten abkühlen lassen. Auf ein Kuchengitter stürzen und völlig auskühlen lassen.

Die Kuvertüre im Wasserbad schmelzen, über den Kuchen träufeln, mit einem Pinsel gleichmäßig verstreichen. Mit Walnußhälften garnieren.

Nährwerte pro Portion	
Kilokalorien	150
Kilojoule	620
Eiweiß/g	4
Kohlenhydrate/g	20
Fett/g	5
Ballaststoffe/g	1,5

Pflaumenkuchen

20 Stück

500 g Pflaumen
200 g weiche Butter
200 g Puderzucker und
1 EL zum Verzieren
5 Eier, getrennt
1 Päckchen Vanillinzucker
3 EL Rum
1 Prise Salz
200 g Mehl
½ TL Zimtpulver

Pflaumen waschen, trocknen und entsteinen. Butter oder Margarine und Zucker schaumig rühren, Eigelb einzeln dazugeben. Vanillinzucker und Rum unterrühren.

Eiweiß mit Salz zu steifem Schnee schlagen und abwechselnd mit dem Mehl vorsichtig unter die Eimasse heben.

Ein Backblech mit Backpapier auslegen, Teig darauf gleichmäßig verteilen und mit den Pflaumenhälften belegen. In dem auf 200 °C vorgeheizten Backofen auf der mittleren Schiene etwa 25 Minuten backen.

Nach dem Erkalten Puderzucker mit Zimt mischen, den Kuchen damit bestreuen und in Rechtecke schneiden.

Tip:
Mit dem obigen Teig können die verschiedensten Obstkuchen gebacken werden. Sie können zum Beispiel Äpfel, Aprikosen, Kirschen oder auch Konservenobst als saftigen Belag verwenden.

Nährwerte pro Portion/Stück	
Kilokalorien	190
Kilojoule	800
Eiweiß/g	3
Kohlenhydrate/g	21
Fett/g	10
Ballaststoffe/g	0,6

RÜHRTEIG

Frankfurter Kranz

12 Stück

Teig:
125 g Butter
150 g Zucker
1 Prise Salz
abgeriebene Schale von 1 Zitrone
4 Eier
2 EL Rum
150 g Mehl
50 g Speisestärke
1 TL Backpulver
Fett für die Form

Vanille-Buttercreme:
1 Päckchen Vanillepuddingpulver
1 Prise Salz
80 g Zucker
½ l Milch

Krokant:
1 EL Butter
50 g Zucker
100 g gehackte Mandeln
Öl zum Einfetten
200 g Butter
12 große Cocktailkirschen

In einer Schüssel Butter und Zucker schaumig schlagen. Salz, die abgeriebene Schale von 1 Zitrone, Eier und Rum unterrühren.

Mehl, Speisestärke und Backpulver mischen. Nach und nach mit einem Kochlöffel unter die Eimasse rühren, bis ein glatter Teig entsteht.

Eine Kranzform ausfetten und den Teig einfüllen.

Im vorgeheizten Backofen auf der mittleren Schiene bei 180 °C etwa 40 Minuten backen.

Nach dem Backen den Kranz auf ein Kuchengitter stürzen und auskühlen lassen.

Puddingpulver mit Salz, Zucker und einigen Eßlöffeln der Milch glattrühren.

Die restliche Milch in einem Topf zum Kochen bringen. Puddingpulver unterrühren und noch einmal einige Minuten aufkochen. Vom Herd nehmen und unter gelegentlichem Rühren erkalten lassen.

Für den Krokant in einer Pfanne Butter zerlassen und den Zucker unterrühren. So lange weiterrühren, bis sich der Zucker goldbraun färbt. Dann die Mandeln untermischen.

Ein großes Stück Alufolie oder ein Backblech mit Öl einfetten. Den Krokant darauf verteilen und erkalten lassen. Krokantstücke mit einem Tuch abdecken und mit der Teigrolle fein zerstoßen.

Butter in einer Schüssel schaumig schlagen, den kalten Vanillepudding löffelweise dazugeben und glattrühren.

Den Teigkranz waagrecht zweimal durchschneiden. Auf den Boden ein Viertel der Vanille-Buttercreme streichen, dann den zweiten Teigring darauflegen, ein weiteres Viertel der Creme darauf verteilen und den letzten Teigkranz daraufsetzen. Mit einem Teil der restlichen Creme den Kranz außen bestreichen und mit dem Krokant bestreuen.

Den Rest der Buttercreme in einen Spritzbeutel mit Sterntülle füllen, auf den Kranz 12 Tupfen setzen und mit je einer Kirsche garnieren. Bis zum Servieren kühl stellen.

Nährwerte pro Portion/Stück	
Kilokalorien	500
Kilojoule	2110
Eiweiß/g	7
Kohlenhydrate/g	45
Fett/g	32
Ballaststoffe/g	1,6

Gefüllter Honigkuchen

20 Stück

Teig:	
50 g Butter	
100 g Puderzucker	
80 g Honig	
2 Eier	
400 g Mehl	
1 TL Natron	

Creme und Glasur:	
½ l Milch	
120 g Mehl	
200 g Butter	
200 g Puderzucker	
1 Päckchen Vanillinzucker	
1 Ei	
150 g Schokoladenglasur	
2 EL gehackte, kandierte Früchte	

Butter, Puderzucker und Honig im Wasserbad schmelzen, Eier daruntermischen und unter ständigem Rühren zu einer dicklichen Creme aufschlagen.

Mehl und Natron mischen und mit der noch warmen Creme verkneten. Teig in drei gleich große Portionen teilen.

Portionsweise auf einem mit Backpapier ausgelegten Backblech dünn ausrollen und in dem auf 180 °C vorgeheizten Backofen auf der mittleren Schiene jeweils 10 bis 12 Minuten goldgelb backen. Auf einem Kuchengitter abkühlen lassen.

Für die Creme die Milch mit dem Mehl glattrühren und in einem Topf bei schwacher Hitze unter Rühren aufkochen. Vom Herd nehmen und abkühlen lassen, dabei gelegentlich umrühren, damit sich keine Haut bildet.

Butter mit dem Puderzucker, Vanillinzucker und dem Ei schaumig schlagen und löffelweise unter die erkaltete Creme mischen.

Die Hälfte der Creme auf einem Boden verteilen. Den zweiten Boden daraufsetzen, restliche Creme darauf verteilen und mit dem letzten Boden abschließen.

Schokoladenglasur schmelzen und den Kuchen damit überziehen. Mit einem Messer Rauten vorzeichnen, jeweils einen Fruchtwürfel in die Mitte setzen. Am besten über Nacht kühl stellen, bis die Glasur und die Creme fest sind, dann erst in Rauten schneiden.

Nährwerte pro Portion/Stück	
Kilokalorien	300
Kilojoule	1270
Eiweiß/g	5
Kohlenhydrate/g	34
Fett/g	15
Ballaststoffe/g	0,7

RÜHRTEIG

Schlesischer Mohnkranz

12 Stück

Teig:

350 g Butter
350 g Zucker
½ Vanilleschote
7 Eier
100 g Mohn
300 g Mehl
100 g Speisestärke
50 g Sultaninen
2 gestrichene TL Backpulver
Butter für die Form
50 g gemahlene Mandeln

Rumsauce:

200 g Schlagsahne
¼ l Milch
50 g Zucker
3 Eigelb
1 EL Speisestärke
2 EL Rum

Für den Teig Butter, Zucker und das Mark von ½ Vanilleschote in einer Schüssel schaumig schlagen. Nach und nach die Eier dazugeben.

Den Mohn mahlen und in einer zweiten Schüssel mit dem durchgesiebten Mehl, der Speisestärke, den Sultaninen und dem Backpulver vermischen. Mit einem Kochlöffel portionsweise unter die Eischaummasse heben.

Eine Kranzform fetten und mit den gemahlenen Mandeln ausstreuen. Den Teig einfüllen.

Im vorgeheizten Backofen auf der mittleren Schiene bei 180 °C 50 Minuten backen. Mohnkranz aus dem Ofen nehmen und zum Abkühlen auf ein Kuchengitter stürzen.

Für die Sauce die Sahne, Milch, Zucker, das Eigelb und die Speisestärke in einen Topf geben. Im Wasserbad unter ständigem Rühren mit dem Schneebesen erhitzen, bis die Creme dickflüssig und heiß ist. Vom Herd nehmen und abkühlen lassen. Danach den Rum unterrühren.

Vor dem Servieren die Rumsauce über den Mohnkranz gießen.

Nährwerte pro Portion/Stück	
Kilokalorien	710
Kilojoule	2960
Eiweiß/g	11
Kohlenhydrate/g	66
Fett/g	42
Ballaststoffe/g	1,8

Fruchtiger Zimtkuchen

16 Stück

Teig:

225 g weiche Butter und Fett für die Form
225 g Zucker
4 Eier
450 g Mehl
1 Päckchen Backpulver
2 EL Zimt
600 g Äpfel
150 g Preiselbeeren
Semmelbrösel für die Form

Außerdem:

30 g Mandelblättchen

Die Butter mit dem Zucker schaumig rühren. Die Eier nach und nach unter Rühren zufügen.

Das Mehl mit Backpulver und Zimt mischen und in die Butter-Eimasse rühren.

Die Äpfel schälen, vierteln und entkernen, dann achteln und in dünne Scheiben schneiden. Zusammen mit den Preiselbeeren unter den Teig heben.

Eine Springform (26 cm Durchmesser) mit Napfkucheneinsatz fetten und mit den Semmelbröseln ausstreuen. Den Teig einfüllen, glattstreichen und die Mandelblättchen darüberstreuen. In den auf 175 °C vorgeheizten Backofen auf die mittlere Schiene stellen und 50 Minuten backen (Garprobe). Auf einem Kuchengitter auskühlen lassen.

Nährwerte pro Portion/Stück	
Kilokalorien	320
Kilojoule	1330
Eiweiß/g	5
Kohlenhydrate/g	39
Fett/g	15
Ballaststoffe/g	2,1

RÜHRTEIG

Eierlikörgugelhupf

16 Stück

5 Eier
220 g Puderzucker
1 Päckchen Vanillinzucker
¼ l Öl und Fett für die Form
¼ l Eierlikör
125 g Mehl
125 g Speisestärke
1 Päckchen Backpulver
1 Prise Salz
Semmelbrösel für die Form
Guß:
125 g Puderzucker
3–4 EL Zitronensaft
50 g Kokosraspel

Die Eier mit dem Puderzucker und dem Vanillinzucker zu einer dicklich weißen Creme aufschlagen.

Das Öl nach und nach unter Rühren zugeben.

Dann langsam den Eierlikör zugießen, rühren, bis sich alle Zutaten gleichmäßig vermischt haben.

Das Mehl, Speisestärke, Backpulver und Salz mischen und löffelweise unter den Teig rühren.

Eine Gugelhupfform fetten und mit Semmelbröseln ausstreuen.

Den Teig in die Form füllen, mit einem Teigschaber glattstreichen.

In dem auf 200 °C vorgeheizten Backofen auf der unteren Schiene 30 Minuten backen. Die Hitze auf 180 °C reduzieren und weitere 30 Minuten backen (Garprobe an der dicksten Stelle).

Den Gugelhupf kurz in der Form abkühlen lassen, auf ein Kuchengitter stürzen und auskühlen lassen.

Den Puderzucker mit Zitronensaft zu einem zähflüssigen Guß verrühren, über den Gugelhupf träufeln und mit einem Pinsel glatt verstreichen.

Guß 10 Minuten antrocknen lassen, Kokosraspel daraufstreuen. Guß mindestens 2 Stunden trocknen lassen.

Nährwerte pro Portion/Stück	
Kilokalorien	370
Kilojoule	1530
Eiweiß/g	4
Kohlenhydrate/g	38
Fett/g	19
Ballaststoffe/g	0,6

Sachertorte

12 Stück

Teig:
100 g dunkle Kuvertüre
300 g Butter
8 Eier
300 g Zucker
50 g Löffelbiskuits
2 EL Kakaopulver
300 g Mehl
Butter und Mehl für die Form
Belag und Füllung:
250 g Aprikosenkonfitüre
200 g dunkle Kuvertüre

Für den Teig die gehackte Kuvertüre im heißen Wasserbad schmelzen. Dann im kalten Wasserbad abkühlen lassen, dabei darauf achten, daß sie weich bleibt.

In einer Schüssel die Butter schaumig schlagen. Die Eier trennen und das Eigelb, die geschmolzene Kuvertüre und 200 g Zucker zugeben. Alles etwa 5 Minuten mit dem elektrischen Handrührgerät schlagen, bis eine dicke Creme entsteht.

Löffelbiskuits sehr fein zerstoßen, mit Kakaopulver und Mehl mischen, auf die Schokoladenmasse sieben und untermischen.

Das Eiweiß sehr steif schlagen und die restlichen 100 g Zucker zufügen.

Eischnee locker unter die Teigmasse heben.

Eine Springform mit 24 cm Durchmesser ausbuttern und mit Mehl einstäuben. Den Teig vorsichtig in die Form füllen und glattstreichen.

Im vorgeheizten Backofen auf der unteren Schiene rund 70 Minuten bei 180 °C backen.

Kuchen in der Form erkalten lassen. Dann mit einem spitzen Messer vorsichtig den Rand lösen. Den Springformrand abnehmen und die Torte auf ein Kuchengitter stürzen. 1 Stunde auskühlen lassen.

In der Zwischenzeit die Aprikosenkonfitüre in einer Schüssel mit dem Schneebesen glattrühren.

100 g gehackte Kuvertüre im heißen Wasserbad schmelzen und warm halten.

Die Torte zweimal waagrecht durchschneiden. Die drei Kuchenplatten mit der Aprikosenkonfitüre bestreichen und wieder zusammensetzen.

Die restliche Kuvertüre in kleine Stücke hacken und unter die noch warme, gelöste Kuvertüre rühren, bis sich alles glatt verbunden hat.

Gut die Hälfte der Schokoladenkuvertüre auf die Torte gießen und mit einer Palette glattstreichen. Mit der restlichen Kuvertüre den Tortenrand gleichmäßig bestreichen.

Die Glasur erkalten lassen. Ein langes Messer in heißes Wasser tauchen, abtrocknen und damit auf der Torte 12 Stücke in der Glasur markieren, damit sie beim Aufschneiden später nicht springt.

Nährwerte pro Portion/Stück	
Kilokalorien	660
Kilojoule	2780
Eiweiß/g	10
Kohlenhydrate/g	72
Fett/g	35
Ballaststoffe/g	3,4

RÜHRTEIG

Glasierter Apfelkuchen

12 Stück

Teig:

250 g weiche Butter und Fett für die Form

200 g Zucker

1 Päckchen Vanillinzucker

5 Eier

250 g Mehl

2 TL Backpulver

Semmelbrösel für die Form

Füllung:

800 g Äpfel

Außerdem:

2 EL Aprikosenmarmelade

75 g Puderzucker

2 EL Rum oder Zitronensaft

Die Butter in einer Schüssel mit dem Handrührgerät schaumig rühren, den Zucker und Vanillinzucker nach und nach unterrühren.

Die Eier einzeln zugeben und schaumig schlagen, bis sich der Zucker gelöst hat.

Das Mehl mit Backpulver mischen und eßlöffelweise unter die Eier-Buttermasse rühren.

Die Äpfel schälen, achteln und entkernen.

Eine Springform mit 26 cm Durchmesser fetten und mit Semmelbröseln ausstreuen.

Die Hälfte des Teiges in die Form füllen, mit einem Teigschaber glattstreichen. Die Apfelschnitze in zwei Lagen darauflegen, den restlichen Teig darauf verteilen und glattstreichen.

Auf der mittleren Schiene des auf 180 °C vorgeheizten Backofens 50 bis 60 Minuten backen (Garprobe).

Den Kuchen aus der Form nehmen, auf ein Kuchengitter stellen. Die Aprikosenmarmelade in einem kleinen Topf mit 1 Eßlöffel Wasser verrühren, einmal aufkochen. Den heißen Kuchen damit bestreichen, dann auskühlen lassen.

Für die Glasur den Puderzucker sieben, mit Rum oder Zitronensaft glattrühren. Auf den Kuchen träufeln, mit einem Pinsel gleichmäßig verstreichen.

Nährwerte pro Portion/Stück	
Kilokalorien	410
Kilojoule	1720
Eiweiß/g	5
Kohlenhydrate/g	47
Fett/g	20
Ballaststoffe/g	2

Festtagskuchen

16 Stück

Teig:

100 g weiche Butter und Fett für die Form

150 g Zucker

1 Päckchen Vanillinzucker

6 Eier, getrennt

2 EL Rum

2 TL Pulverkaffee

100 g Löffelbiskuits

100 g gemahlene Mandeln oder Haselnüsse und Nüsse für die Form

80 g gehackte kandierte Früchte

1 EL Mehl

1 Prise Salz

Außerdem:

2 EL Aprikosenmarmelade

100 g Puderzucker

2 EL Zitronensaft

bunte kandierte Früchte zum Verzieren

Die Butter, Zucker und Vanillinzucker schaumig rühren. Das Eigelb nach und nach zugeben, mit dem Rum und dem Kaffeepulver verrühren, bis der Zucker sich gelöst hat.

Die Löffelbiskuits in eine Plastiktüte geben, mit der Teigrolle fein zerkrümeln. Zusammen mit den Nüssen zum Teig geben.

Eine Kastenform fetten und mit Nüssen ausstreuen.

Die kandierten Früchte im Mehl wälzen und unterheben.

Das Eiweiß mit dem Salz zu steifem Schnee schlagen und vorsichtig mit einem Löffel unter den Teig heben. In die Form füllen, glattstreichen.

In den auf 160 °C vorgeheizten Backofen auf die mittlere Schiene stellen und etwa 90 Minuten backen (Garprobe).

Die Aprikosenmarmelade mit 1 Eßlöffel heißem Wasser glattrühren. Den Kuchen auf ein Kuchengitter stürzen, noch heiß mit der Marmelade bestreichen.

Den Kuchen auskühlen lassen. Puderzucker mit Zitronensaft glatt verrühren, Oberfläche und Seiten des Kuchens damit bestreichen. Mit den kandierten Früchten verzieren, Glasur fest werden lassen.

Nährwerte pro Portion/Stück	
Kilokalorien	230
Kilojoule	960
Eiweiß/g	4
Kohlenhydrate/g	27
Fett/g	11
Ballaststoffe/g	1

RÜHRTEIG

Pistazien-Kakaotorte

12 Stück

100 g Sultaninen	
3 EL Rum	
100 g Butter und Fett für die Form	
200 g Puderzucker	
2 Eier, getrennt	
1 Päckchen Backpulver	
2 EL Kakaopulver	
200 g Mehl und 1 EL	
3 EL Milch	
100 g Pistazienkerne	
1 Prise Salz	
2 EL Puderzucker	

Sultaninen in einer kleinen Schüssel mit dem Rum etwa 30 Minuten mazerieren.

Butter mit dem Puderzucker schaumig rühren, das Eigelb einzeln dazugeben. Backpulver und Kakao mit dem Mehl mischen, zusammen mit der Milch nach und nach zur Butter-Eimasse geben und alles zu einem Teig rühren.

Pistazienkerne grob hacken (13 Kerne zum Verzieren übriglassen). Sultaninen gut abtropfen lassen und in Mehl wenden. Beides unter den Teig mischen.

Eine Springform mit 26 cm Durchmesser fetten und mit Mehl ausstäuben.

Eiweiß mit einer Prise Salz zu steifem Schnee schlagen und vorsichtig unter den Teig ziehen.

Teig in die Form füllen, glattstreichen und in dem auf 180 °C vorgeheizten Backofen auf der mittleren Schiene etwa 40 Minuten backen.

In der Form auskühlen lassen, mit Puderzucker bestäuben und mit Pistazienkernen verzieren. Besonders attraktiv sieht die Torte aus, wenn Sie eine Musterschablone (gekauft oder selbstgemacht) auf den Kuchen legen und ihn dann mit Puderzucker bestäuben.

Nährwerte pro Portion/Stück	
Kilokalorien	*290*
Kilojoule	*1230*
Eiweiß/g	*5*
Kohlenhydrate/g	*38*
Fett/g	*13*
Ballaststoffe/g	*1,6*

Großmutters Apfeltorte

12 Stück

250 g Butter und Fett für die Form
250 g Zucker
4 Eier, getrennt
1 Eigelb
250 g Mehl und Mehl für die Form
½ TL Zimtpulver
abgeriebene Schale von 1 Zitrone
2 Äpfel
1 Prise Salz

Die Butter und den Zucker in einer großen Schüssel schaumig rühren. 5 Eigelb nacheinander unterrühren, mit dem Handrührgerät schlagen, bis sich der Zucker gelöst hat.

Das Mehl, Zimtpulver und Zitronenschale mischen, löffelweise unter die Zucker-Eiermasse rühren.

Die Äpfel schälen, vierteln und entkernen. Die Apfelviertel in etwa 1 cm große Würfel schneiden, unter den Teig mischen.

Eine Springform mit 26 cm Durchmesser fetten und mit Mehl ausstäuben.

Das Eiweiß mit dem Salz zu steifem Schnee schlagen und mit einem Löffel vorsichtig unter den Teig heben.

In die Springform füllen und auf die mittlere Schiene des auf 200 °C vorgeheizten Backofens schieben. 35 bis 40 Minuten backen (Garprobe).

Kuchen kurz abkühlen lassen, aus der Form nehmen und auf einem Kuchengitter völlig auskühlen lassen.

Nährwerte pro Portion/Stück	
Kilokalorien	360
Kilojoule	1530
Eiweiß/g	5
Kohlenhydrate/g	38
Fett/g	20
Ballaststoffe/g	1

RÜHRTEIG

Mandarinen-Haselnußtorte

12 Stück

Teig:
| 5 Eier |
| 175 g Zucker |
| 1 TL Zimt |
| 200 g gemahlene Haselnüsse |
| 3 EL Mehl und Mehl für die Form |
| 2 TL Backpulver |
| Fett für die Form |

Füllung und Belag:
| 2 große Dosen Mandarinen |
| 200 g Schlagsahne |
| 2 EL Zucker |
| einige Haselnußkerne zum Garnieren |

Die Eier mit Zucker und Zimt etwa 5 Minuten schaumig rühren.

Die Haselnüsse, Mehl und Backpulver mischen und löffelweise unter die Zucker-Eimasse rühren.

Eine Springform mit 26 cm Durchmesser fetten und mit Mehl ausstreuen.

Den Teig in die Form füllen und mit einem Teigschaber glattstreichen. In dem auf 180 °C vorgeheizten Backofen auf der mittleren Schiene 50 Minuten backen (Garprobe).

Die Mandarinen in einem Sieb abtropfen lassen.

Kuchen auskühlen lassen, dann einmal in der Höhe durchschneiden.

Einen Tortenboden auf eine Kuchenplatte legen. Mit den Mandarinenspalten zwei Kreise darauflegen.

Die Sahne mit dem Zucker steif schlagen, in einen Spritzbeutel füllen und kreisförmig zwischen die Mandarinen spritzen.

Die zweite Teigplatte daraufsetzen. Dachziegelartig mit den restlichen Mandarinen belegen.

Mit der restlichen Sahne und den Haselnußkernen dekorieren.

Nährwerte pro Portion/Stück	
Kilokalorien	350
Kilojoule	1440
Eiweiß/g	6
Kohlenhydrate/g	34
Fett/g	19
Ballaststoffe/g	2

Schneidertorte

Diese gehaltvolle Torte benötigt zwar keine lange Zubereitungszeit, doch eine Ruhezeit von 1 bis 2 Tagen. Sie müssen deshalb rechtzeitig an Ihre Einladung denken, haben aber keine Arbeit mehr am Tag der Feier.

12 Stück

Teig:
| 270 g Blockschokolade |
| 270 g Butter und Fett für die Form |
| 270 g Zucker |
| 9 Eier, getrennt |
| Mehl für die Form |
| 1 Prise Salz |

Außerdem:
| 250 g Schlagsahne |
| 2 EL Schokoladenraspeln |

Die Blockschokolade grob zerteilen und im Wasserbad unter Rühren schmelzen.

Die Butter und den Zucker schaumig rühren. Nach und nach das Eigelb unterrühren. Mit dem Handrührgerät zu einer schaumigen Creme schlagen.

Eine Springform mit 26 cm Durchmesser fetten und mit Mehl ausstreuen.

Die abgekühlte, aber noch flüssige Schokolade einrühren.

Das Eiweiß mit Salz zu steifem Schnee schlagen und vorsichtig mit einem Löffel unter die Eigelb-Schokoladenmasse heben.

Die Hälfte des Teigs in die Form füllen, die andere Hälfte kalt stellen.

In dem auf 200 °C vorgeheizten Backofen auf der mittleren Schiene 30 Minuten backen (Garprobe). In der Form auskühlen lassen.

Wenn der Teig im Durchmesser geschrumpft ist, aus Alufolie einen etwa 8 cm breiten Rand formen und als Tortenring fest um den Tortenboden wickeln.

Den restlichen Teig auf dem Boden glattstreichen, Torte zugedeckt 1 bis 2 Tage im Kühlschrank ruhen lassen.

Vor dem Servieren die Torte auf eine Kuchenplatte setzen. Die Sahne steif schlagen und auf die Oberfläche und die Seiten der Torte streichen. Mit Schokoladenraspel bestreuen.

Nährwerte pro Portion/Stück	
Kilokalorien	*520*
Kilojoule	*2170*
Eiweiß/g	*7*
Kohlenhydrate/g	*39*
Fett/g	*36*
Ballaststoffe/g	*1,3*

RÜHRTEIG

Ingwerstamm

12 Stück

200 g Ingwer in Sirup
120 g Äpfel
150 g Walnußkerne
Teig:
250 g Mehl
2 gestrichene TL Backpulver
⅛ l Milch
125 g Butter
180 g Zucker
2 Eier
1 Eigelb
Butter für die Form
300 g Puderzucker
4 EL weißer Rum
kandierter Ingwer

Den Ingwer in dünne Streifen schneiden. Äpfel schälen, vierteln, das Kerngehäuse entfernen und fein schneiden. 90 g Walnußkerne hacken, die restlichen Kerne für die Garnitur beiseite stellen.

Mehl in eine Schüssel sieben. Mit Backpulver, Ingwer, Äpfeln und den gehackten Nüssen mischen.

Die Milch in einem kleinen Topf leicht erwärmen.

Zimmerwarme Butter mit dem Zucker in einer zweiten Schüssel mit dem Schneebesen schaumig rühren. Eier, Eigelb und die lauwarme Milch nach und nach zugeben. Mit einem Kochlöffel die Mehl-Früchtemischung unterheben.

Eine Rehrücken- oder Baumstammform von 32 cm Länge ausbuttern und den Teig hineinfüllen.

Im vorgeheizten Backofen bei 180 °C etwa 50 Minuten backen (Garprobe).

Puderzucker und Rum verrühren. Ingwerkuchen aus dem Backofen nehmen und zum Auskühlen auf ein Kuchengitter stürzen. Den noch warmen Kuchen mit der Rumglasur bepinseln und mit den restlichen Walnußkernen und einigen Stückchen kandiertem Ingwer dekorieren.

Nährwerte pro Portion/Stück	
Kilokalorien	420
Kilojoule	1770
Eiweiß/g	6
Kohlenhydrate/g	65
Fett/g	13
Ballaststoffe/g	1,5

Gewürztorte

12 Stück

Teig:
200 g weiche Butter und Fett für die Form
200 g Zucker
5 Eier
2 EL Milch
150 g gemahlene Haselnußkerne und 15 ganze zum Verzieren
300 g Mehl
2 TL Backpulver
1 Prise Salz
3 EL Kakaopulver
½ TL gemahlener Zimt
je 1 Messerspitze gemahlene Nelken, Muskatnuß und Kardamom

Füllung und Glasur:
3 EL Weinbrand
1 Glas Preiselbeeren, etwa 300 g
150 g Kakaoglasur (Fertigprodukt)
1 EL Hagelzucker

Butter und Zucker schaumig rühren. Eier nach und nach zugeben und schlagen, bis sich der Zucker aufgelöst hat.

Milch und Haselnüsse unterrühren.

Mehl mit Backpulver, Salz, Kakao und den Gewürzen gründlich mischen und mit der gerührten Masse vermengen.

Eine Springform mit 26 cm Durchmesser fetten und mit Mehl ausstreuen. Teig in die Form füllen, glattstreichen und in dem auf 200 °C vorgeheizten Backofen auf der mittleren Schiene etwa 35 Minuten backen (Garprobe).

Kuchen auf einem Gitter auskühlen lassen und in der Höhe zweimal durchschneiden.

Ersten Boden auf eine Tortenplatte setzen, mit der Hälfte des Weinbrands beträufeln und mit der Hälfte der Preiselbeeren bestreichen.

Den zweiten Boden daraufsetzen und wie bei der ersten Schicht verfahren. Letzten Boden daraufsetzen.

Glasur nach Packungsanleitung schmelzen, über die Torte gießen und Oberfläche und Seiten damit glatt bestreichen.

Glasur etwas erkalten lassen, mit Haselnüssen und Hagelzucker verzieren. Die Glasur mindestens 4 Stunden fest werden lassen.

Tip:
Damit die Schokoladenglasur beim Schneiden einer Torte nicht bricht, werden Schnittstellen in die Glasur wie folgt eingekerbt: Wenn die frische Glasur auf der Torte fest zu werden beginnt, eine lange Palette oder ein Messer auf dem Herd erhitzen und gleichmäßig, aber zügig über die Glasur ziehen, am besten in Sternform: zunächst die Oberfläche vierteln, dann achteln und dann in 12 oder 16 Segmente teilen.

Nährwerte pro Portion/Stück	
Kilokalorien	540
Kilojoule	2250
Eiweiß/g	8
Kohlenhydrate/g	52
Fett/g	30
Ballaststoffe/g	2

RÜHRTEIG

Früchtekuchen

Die Früchte sollten 2 Stunden in Rum mazerieren.

16 Scheiben

125 g Zitronat
125 g Orangeat
250 g getrocknete Feigen
400 g getrocknete Datteln
200 g getrocknete Aprikosen
500 g Sultaninen
1 dl Rum
500 g ungeschälte Haselnußkerne
Teig:
3 Eier
125 g Zucker
1 TL Zimt
½ TL gestoßene Nelken
½ TL gestoßener Kardamom
abgeriebene Schale von 1 Zitrone
abgeriebene Schale von 1 Orange
200 g Mehl
1 Päckchen Backpulver

Zitronat und Orangeat fein hacken. Die Feigen, Datteln und Aprikosen halbieren. Die Früchte und Sultaninen in Rum legen und mindestens 2 Stunden mazerieren lassen. Die Haselnußkerne grob zerteilen.

Eier und Zucker mindestens 5 Minuten lang schaumig schlagen, Gewürze und Zitrusschalen einrühren. Das Mehl mit dem Backpulver vermischen und nach und nach unter die Masse mischen. Die Früchte samt dem Rum und die Nüsse dazugeben.

Eine mindestens 30 cm lange Kastenform mit Butterbrot- oder Backtrennpapier auslegen und den Teig einfüllen. Den Früchtekuchen im vorgeheizten Backofen bei 180 °C auf der untersten Schiene ca. 75 Minuten backen.

Den fertigen Kuchen sofort auf ein Kuchengitter stürzen, die Form abnehmen und auch das Papier noch vom warmen Kuchen abziehen.

Den völlig ausgekühlten Kuchen in eine Zellophantüte oder in Folie packen. Er soll mindestens 1 bis 2 Wochen ruhen. Wird er zu Weihnachten gewünscht, kann der Früchtekuchen 3 bis 4 Wochen vorher gebacken werden.

Tip:
Es lohnt sich, gleich zwei Kuchen von der doppelten Menge herzustellen.

Nährwerte pro Portion/Stück	
Kilokalorien	590
Kilojoule	2490
Eiweiß/g	10
Kohlenhydrate/g	84
Fett/g	21
Ballaststoffe/g	10

85

RÜHRTEIG

Gefüllter Kokoskuchen

10 Stück
1 Rehrückenform, 28 cm lang
Butter für die Form

Teig:
| 110 g weiche Butter |
| 150 g Puderzucker |
| 1 Prise Salz |
| 3 Eier |
| 225 g Mehl |
| 3 TL Backpulver |
| 180 g Joghurt |
| 150 g Kokosraspel |

Buttercreme:
| ¼ l Milch |
| ½ Vanilleschote |
| 3 Eigelb |
| 70 g Zucker |
| 20 g Mehl |
| 125 g weiche Butter |

Garnierung:
| 100 g Aprikosenkonfitüre |
| 200 g Zartbitter-Kuvertüre |
| 1 Stück frische Kokosnuß |

Die Backform mit Butter auspinseln.

Butter, Puderzucker und Salz in einer Schüssel schaumig weiß schlagen. Jeweils nur 1 Ei zugeben und vollständig verrühren, ehe das nächste Ei zugegeben wird.

Mehl und Backpulver vermischen, in die Schüssel sieben und mit der Eicreme verrühren. Dann Joghurt und Kokosraspel zugeben und dabei laufend weiterrühren.

Den Teig in die Form füllen und im vorgeheizten Backofen bei 175 °C ca. 1 Stunde backen. Zum Auskühlen auf ein Kuchengitter stürzen.

Für die Buttercreme die Milch mit der aufgeschlitzten Vanilleschote kochen. Eigelb und Zucker schaumig weiß schlagen und das Mehl einrühren. Die Schote aus der Milch entfernen und die heiße Milch in die Eimasse rühren. Die Creme zurück in den Topf füllen und auf kleiner Hitze unter ständigem Schlagen einmal aufwallen lassen. Die Vanillecreme in eine Schüssel umfüllen und abkühlen lassen, dabei immer wieder umrühren.

Zum Vermischen von Vanillecreme und Butter müssen beide möglichst dieselbe Temperatur (Zimmertemperatur) haben. Die weiche Butter in eine Rührschüssel geben und mit dem elektrischen Handrührer auf höchster Stufe zu dickem weißen Schaum aufschlagen. Die ausgekühlte Vanillecreme löffelweise zugeben und unter die Butter rühren. Die Buttercreme bis zum Füllen bei Zimmertemperatur stehenlassen, damit sie spritzfähig bleibt.

Den ausgekühlten Kokoskuchen waagrecht aufschneiden und den Rücken auf ein Gitter legen. Die Aprikosenkonfitüre glattrühren und auf den Rücken streichen. Die Kuvertüre grob hacken, in eine Stielkasserolle geben und im warmen – nicht kochenden – Wasserbad unter Rühren schmelzen. Den Rücken mit der Kuvertüre gleichmäßig überziehen.

Die Buttercreme in einen Spritzbeutel mit großer Sterntülle füllen und gleichmäßig auf den Kuchenboden spritzen. Den glasierten Rücken vorsichtig aufsetzen.

Den Kuchen nach Belieben mit Kokosnuß verzieren: Die braune Haut von einem Stück frischer Kokosnuß mit dem Sparschäler abschälen, dann die Nuß beliebig groß raspeln oder mit dem Sparschäler von der Kante lange Streifen schneiden, die sich dekorativ legen lassen.

Nährwerte pro Portion/Stück	
Kilokalorien	600
Kilojoule	2500
Eiweiß/g	10
Kohlenhydrate/g	64
Fett/g	32
Ballaststoffe/g	3,3

Brüsseler Schokoladenkuchen

16 Stück

Teig:
80 g Butter und Fett für die Form
Semmelbrösel für die Form
6 Eier, getrennt
150 g Zucker
100 g Mehl
50 g Kakaopulver
1 Messerspitze Zimt
80 g gemahlene Mandeln
Außerdem:
125 g Schokoladenglasur
30 g gehackte Pistazienkerne

Die Butter bei milder Hitze schmelzen lassen, beiseite stellen.

Eine Rehrückenform fetten und mit Semmelbröseln ausstreuen.

Das Eiweiß auf der mittleren Stufe des Handrührgerätes ½ Minute schaumig schlagen, den Zucker einrieseln lassen und auf der höchsten Stufe steif schlagen.

Das Eigelb verquirlen, unter den Eischnee ziehen.

Mehl, Kakaopulver und Zimt mischen, auf den Eischnee sieben. Gemahlene Mandeln daraufstreuen. Alles vorsichtig mit einem Löffel unterheben.

Zuletzt die noch flüssige, aber nicht mehr heiße Butter zum Teig gießen und unterziehen.

Den Teig in die Form füllen, glattstreichen und in den auf 180 °C vorgeheizten Backofen auf die mittlere Schiene stellen. 50 bis 60 Minuten backen (Garprobe).

Den Rehrücken auf ein Kuchengitter stürzen, auskühlen lassen. Dann die Schokoladenglasur nach Packungsanleitung schmelzen, den Kuchen damit überziehen. Die Pistazienkerne auf die noch feuchte Glasur streuen. Mindestens 4 Stunden, am besten über Nacht, fest werden lassen.

Nährwerte pro Portion/Stück	
Kilokalorien	230
Kilojoule	970
Eiweiß/g	5
Kohlenhydrate/g	20
Fett/g	14
Ballaststoffe/g	1,5

RÜHRTEIG

Napf-Mohnkuchen

Den Namen erhielt der Kuchen, weil die Zutaten nicht wie üblich abgewogen werden, sondern ein Napf als Maßeinheit dient. Es eignet sich am besten ein Meßbecher, der immer bis zur 300 ml-Marke aufgefüllt wird.

16 Stück

100 g Butter
1 Napf (von 300 ml) Zucker
2 Eier
1 Napf Mehl
1 Päckchen Backpulver
1 Messerspitze gemahlener Zimt
1 Napf gemahlener Mohn
1 Napf Milch
Füllung und Verzierung:
100 g Johannisbeer- oder Himbeermarmelade
1 EL Puderzucker
50 g Johannisbeeren oder Himbeeren

Die Butter mit dem Zucker schaumig rühren, Eier zugeben und weiterrühren, bis sich der Zucker aufgelöst hat.

Mehl mit dem Backpulver und dem Zimt mischen und abwechselnd mit Mohn und Milch zur Buttermasse rühren.

Eine etwa 20 × 30 cm große rechteckige Form fetten, den Teig einfüllen und glattstreichen. In dem auf 180 °C vorgeheizten Backofen auf der mittleren Schiene etwa 40 Minuten backen.

Kuchen etwas abkühlen lassen, auf ein Brett stürzen und längs halbieren.

Die beiden Hälften mit Marmelade bestreichen und so zusammensetzen, daß die bestrichenen Flächen aufeinanderliegen. 1 Stunde ruhen lassen.

Mit Puderzucker bestreuen und mit Johannisbeeren oder Himbeeren dekorieren. Zum Servieren in Stücke schneiden.

Tip:
Sie können den Kuchen auch in einer Kastenform backen. Die Backzeit ist dann eventuell etwas länger, deshalb sollten Sie mit einem Holzstäbchen die Garprobe machen. Der Kuchen muß dann in der Höhe halbiert werden.

Nährwerte pro Portion/Stück	
Kilokalorien	280
Kilojoule	1180
Eiweiß/g	5
Kohlenhydrate/g	36
Fett/g	12
Ballaststoffe/g	1,5

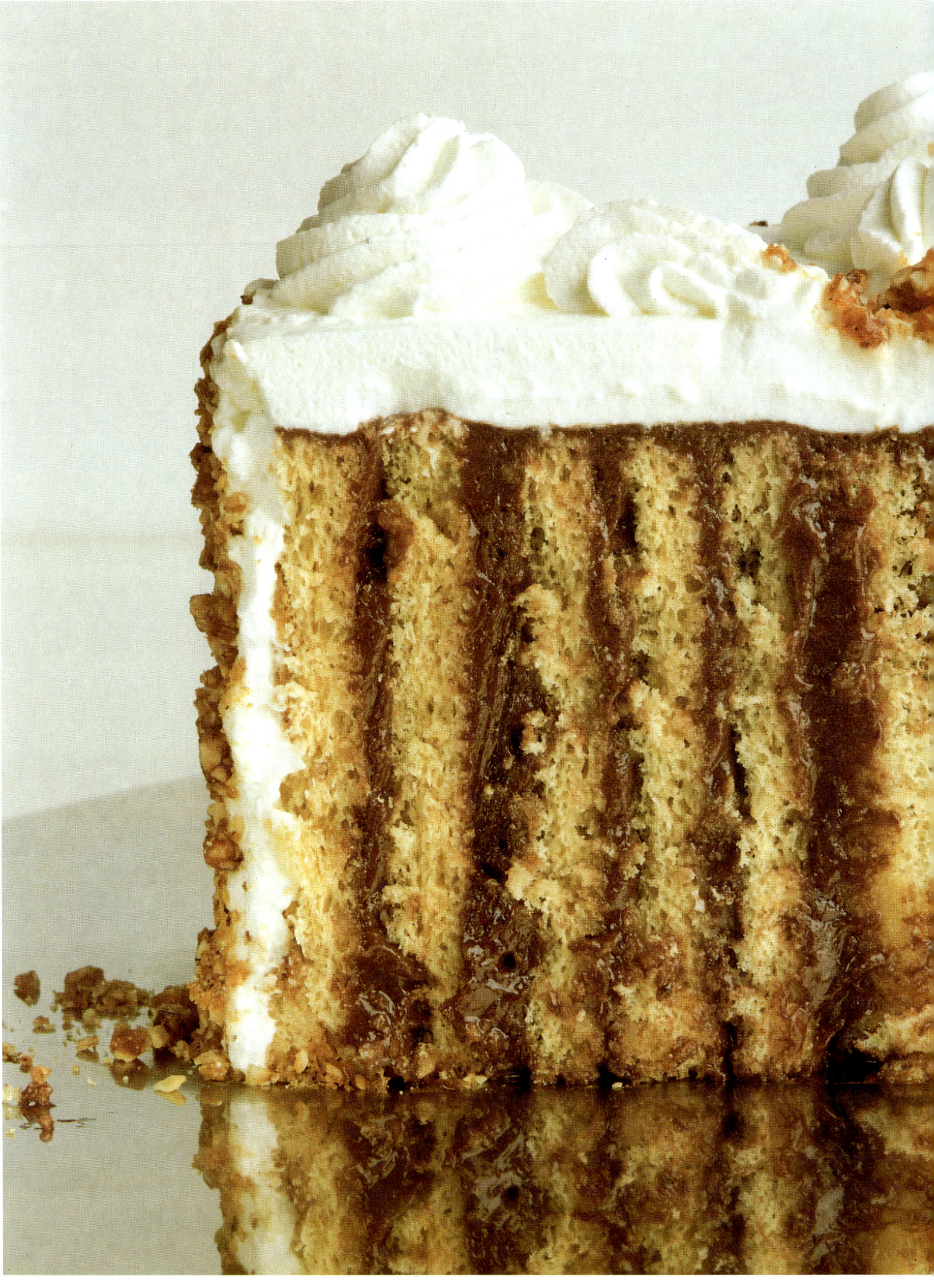

91

BISKUIT

Zum Leichtesten und Luftigsten, was aus der Backröhre kommt, gehört der Biskuit, der in der Konditoren-Fachsprache kein Teig, sondern eine Masse ist. Mit seinem unaufdringlich-zarten Geschmack und der flaumigen Konsistenz bringt er Füllungen besonders gut zur Geltung und ist daher bevorzugte Grundlage für sahne- und cremegefüllte, alkoholgetränkte oder mit Obst belegte Torten und Törtchen.

Hauptbestandteil: Luft

Ihre flaumige Beschaffenheit verdankt die Biskuitmasse dem Einschlagen von reichlich Luft. Alle Zubereitungsarten zielen darauf ab, ein Höchstmaß an Leichtigkeit mit der nötigen Stabilität zu verbinden – schließlich soll die Masse unter ihrer süßen Last nicht zusammensacken. Ei, Zucker, Mehl, manchmal auch Backpulver geben dem zarten Biskuit Halt.

Besonders standfest und besonders fein im Geschmack wird Backwerk durch Einschlagen von flüssiger Butter (Wiener Masse).

Aber zunächst zu den kalt geschlagenen, fettfreien Biskuitmassen, die für Sahnerouladen, Obstkuchen, Löffelbiskuits und einfache Torten verwendet werden.

Die Zutaten

Eier sind das Wichtigste beim Biskuit. Sie geben der Masse nicht nur ihre Struktur, sondern bestimmen auch ihren Geschmack. Selbstverständlich kommen nur ganz frische Eier in Frage. Die Mengenangaben im folgenden beziehen sich immer auf große Eier der Gewichtsklassen 1 oder 2.

Zucker macht Biskuit nicht nur süß, er entscheidet auch über die Konsistenz der Masse. Hoher Zuckeranteil ergibt ein feinporiges Gebäck, bei geringerem Zuckeranteil wird die Masse luftiger, aber auch weniger stabil. Damit der Zucker sich gut auflöst und leicht mit dem Ei verbindet, muß besonders feiner Zucker verwendet werden, der unter der Bezeichnung »Grießzucker« oder »Unser Feinster« im Handel ist. Für manche Rezepte, zum Beispiel Dobostorte, ist sogar Puderzucker vorgeschrieben.

Mehl wird bei Biskuit eher sparsam verwendet (im Vergleich zu Rührteig nur ca. ein Drittel, auf das Gewicht der Eier bezogen).

Um lockere Konsistenz zu garantieren, wird die Wirkung des Klebers häufig reduziert, indem man einen Teil des Mehls durch reine Stärke (Weizenpuder) ersetzt.

Wenn nicht anders angegeben, können Sie immer bis zu einem Drittel des Mehls durch Stärke austauschen.

Backpulver schmeckt nicht gerade gut, aber in winzigen Mengen kann es ganz hilfreich sein. Eine Messerspitze davon in der Masse sorgt für mehr Stabilität.

Einfacher Biskuit

Geeignet für Rouladen, Löffelbiskuits, einfache Torten und geschichtete Süßspeisen, zum Beispiel:

Erdbeerroulade

12 Stück

Teig:
5 Eier, getrennt
150 g Zucker
abgeriebene Schale von
1 Zitrone
2 EL Zitronensaft
125 g Mehl

Füllung:
500 g Erdbeeren
100 g Zucker
400 g Schlagsahne
1–2 EL Puderzucker zum
Bestäuben

Das Eigelb mit Zucker und Zitronenschale in einer sehr weiten Schüssel schaumig rühren. Das Eiweiß mit Zitronensaft steif schlagen, auf die Eigelbmasse häufen und das Mehl darübersieben.

Alles vorsichtig, aber gründlich miteinander vermengen. Es sollen möglichst keine Mehlklümpchen in der Masse bleiben.

Ein Backblech mit Backpapier auslegen. Die Biskuitmasse gleichmäßig darauf verstreichen.

In dem auf 220 °C vorgeheizten Backofen auf der mittleren Schiene 8 bis 10 Minuten backen.

Heißen Biskuit sofort auf ein feuchtes Küchentuch stürzen und das Backpapier abziehen. Mit dem Küchentuch von der langen Seite her aufrollen und auskühlen lassen.

Inzwischen die Erdbeeren waschen, putzen und in Scheiben schneiden. In einer Schüssel mit 50 g Zucker mischen, ziehen lassen.

Die Sahne mit dem restlichen Zucker steif schlagen.

Die ausgekühlte Biskuitrolle vorsichtig auseinanderrollen. Die Teigplatte mit der Sahne bestreichen, dabei rundherum 2 cm Rand lassen.

Die Erdbeeren mit dem Saft gleichmäßig auf der Sahne verteilen.

Die Roulade mit Hilfe des Küchentuchs vorsichtig aufrollen, auf eine Kuchenplatte setzen und mit Puderzucker bestäuben.

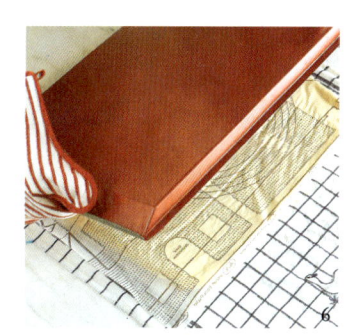

Variation:
Die Hälfte der Erdbeeren mit der Gabel pürieren und unter die Sahne mischen. Die restlichen Erdbeeren wie beschrieben auf der Sahne verteilen.

Oder zuerst den Biskuit mit Erdbeermarmelade bestreichen, dann Sahne und Erdbeeren daraufgeben.

Nährwerte pro Portion/Stück	
Kilokalorien	280
Kilojoule	1170
Eiweiß/g	5
Kohlenhydrate/g	33
Fett/g	13
Ballaststoffe/g	1,1

Eigelb mit Zucker und den angegebenen Geschmackszutaten in einer weiten Schüssel rühren, bis sich der Zucker gelöst hat und die Creme sehr schaumig ist.

Das Eiweiß (eventuell mit Zitronensaft) sehr steif schlagen und auf die Eigelbmasse häufen. Das Mehl (eventuell mit Stärke gemischt) darübersieben.

Alles langsam, aber gründlich miteinander vermengen. Es sollten keine Mehlklümpchen in der Masse bleiben. Die fertige Biskuitmasse sofort weiter verarbeiten.

Backblech mit Backpapier auslegen, Masse aufstreichen (ca. 0,5 cm dick), bei 200 °C 8 bis 10 Minuten backen. Nach 7 Minuten nachsehen! Backblech samt Biskuit auf ein Tuch stürzen und das Papier abziehen. Damit der Biskuit nicht festklebt, das Tuch mit Zucker ausstreuen. Wer knirschenden Zucker zwischen den Zähnen nicht mag, stürzt den Biskuit einfach auf ein feuchtes Tuch. Wenn das Abziehen des Papiers Schwierigkeiten macht, bepinselt man es mit Wasser. Biskuit-

platte entweder noch heiß zur Rolle formen und nach dem Auskühlen zum Füllen wieder vorsichtig ausbreiten oder plan liegenlassen und mit einem feuchten Tuch bedecken, damit sie formbar bleibt.

Erdbeeren in Scheiben schneiden, mit 50 g Zucker mischen. Sahne mit restlichem Zucker steif schlagen, auf die Platte streichen, dabei rundum ca. 2 cm Rand lassen. Erdbeeren und Saft darüber verteilen. Biskuit vorsichtig aufrollen. Mit Puderzucker bestäuben.

BISKUIT

Aus derselben Masse wie für die »Erdbeerroulade« kann auch ein runder, hoher Biskuit gebacken werden, der für gefüllte Torten ideal ist.

Neben der guten alten Springform, die mit Butter und Mehl vorbereitet wird, eignen sich Tortenringe aus Edelstahl zum Biskuitbacken. Es gibt geschlossene Ringe in verschiedenen Größen und stufenlos verstellbare Stahlbänder, die mit Klammern in der gewünschten Größe gehalten werden. Diese Ringe werden nicht gefettet, damit sich der Biskuit nach dem Backen nicht vom Rand lösen kann. Als Boden erhält der Tortenring Pergament- oder Backtrennpapier. Er wird in dieses Papier eingeschlagen – so heißt das Umwickeln des Randes. Den gebackenen Biskuit auskühlen lassen, das Papier vom Boden abziehen und den Biskuit mit einem Messer aus dem Ring lösen.

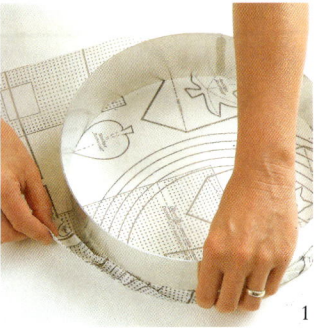

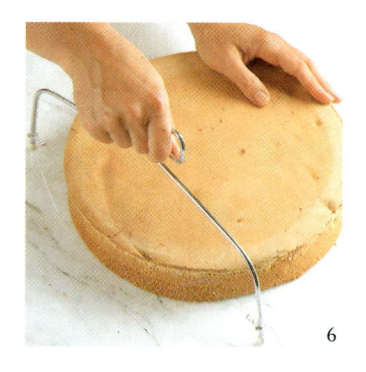

Außer als Backform eignet sich der stufenlose Tortenring auch zum Markieren einer beliebigen Größe, in der der Biskuit dann ausgeschnitten wird, zum Beispiel für eine kleinere Torte oder falls der Rand zu dunkel geworden ist.

Das Aufschneiden in gleichmäßige Tortenböden geht am besten mit dem eigens dafür entwickelten Tortenschneider. Seine Sehne wird in beliebiger Höhe gespannt und wie eine Säge durch den Kuchen geführt.

Mit gutem Auge und ruhiger Hand kann man Biskuit auch mit einem sehr langen Messer aufschneiden, das möglichst fein gezackt sein sollte. Geeignet ist auch das Lachsmesser. Die Einschnitte vorher abmessen und markieren.

Wer sich freihändig nicht viel zutraut, markiert die Böden rundherum am Rand des Biskuits. In diese Rillen einen langen Bindfaden legen, die Enden über

Kreuz legen und den Faden gleichmäßig anziehen. Das ergibt einen sehr schönen, glatten Schnitt.

Blitzbiskuit oder Wasserbiskuit

Die schnellste und leichteste Variante ergibt beim Backen ein etwas großporiges Gebäck, das sich gut für Rouladen eignet, auch als Grundlage für Obstfüllungen (Tortelletts und große Obstkuchen) oder für einfachere, cremegefüllte Torten. Die Masse wird ohne Zugabe von Fett aus den ganzen Eiern geschlagen.

Für jedes Ei der Gewichtsklasse 1 rechnet man 1 Eßlöffel heißes Wasser (daher der Name »Wasserbiskuit«), 45 g Zucker, etwa 3 gestrichene Eßlöffel, 45 g Mehl, etwa 3 gehäufte Eßlöffel. Da Eßlöffel unterschiedlich groß sind, sollten Sie sich beim ersten Mal die Mühe machen, das Gewicht von 1 Eßlöffel Zucker bzw. Mehl genau mit der Waage zu bestimmen.

Schnelle Aprikosentorte

12 Stück

Teig:
Fett für die Form
2 große Eier
90 g feiner Zucker
90 g Mehl und Mehl für die Form

Füllung:
1 Päckchen Vanillepuddingpulver
½ l Milch
40 g Zucker
1 große Dose Aprikosenhälften
3 EL Aprikosenmarmelade
1 EL Pistazienkerne

Eine Obsttortenform mit 26 cm Durchmesser fetten und mit Mehl ausstreuen.

Die Eier und 2 Eßlöffel heißes Wasser mit dem Handrührgerät auf höchster Stufe sehr schaumig schlagen. Den Zucker einrieseln lassen, weiterschlagen, bis eine dickliche weiße Creme entsteht. Das Mehl darübersieben, vorsichtig mit einem Löffel unterheben.

Den Teig in die Form füllen und in dem auf 190 °C vorgeheizten Backofen auf der mittleren Schiene 15 bis 20 Minuten backen (Garprobe nach 15 Minuten). Den Tortenboden etwas abkühlen lassen, dann vorsichtig auf ein Kuchengitter stürzen.

Den Pudding nach Packungsanleitung zubereiten, abkühlen, aber nicht fest werden lassen.

Die Aprikosen in einem Sieb abtropfen lassen.

Den Tortenboden mit der Aprikosenmarmelade bestreichen, Pudding darauf verteilen und Aprikosenhälften hineindrücken.

Die Pistazienkerne grob hacken, darüberstreuen. Etwa 1 Stunde kühl stellen, bis der Pudding fest ist.

Nährwerte pro Portion/Stück	
Kilokalorien	170
Kilojoule	718
Eiweiß/g	3
Kohlenhydrate/g	33
Fett/g	3
Ballaststoffe/g	0,8

BISKUIT

Wiener Masse

Die Wiener waren schon immer rechte Zuckerbäcker, die wußten, wie man Leckeres noch verfeinern kann. Wiener Masse nennt sich daher mit Recht ein besonders edler Biskuit, der unter Zugabe von flüssiger Butter im Wasserbad geschlagen wird.

Grundrezept

6 große Eier
175 g feiner Zucker
150 g Mehl
50 g Speisestärke
90 g geklärte Butter

Die ganzen Eier mit dem Zucker in eine Rührschüssel oder einen Kessel geben. Die Schüssel in einen Topf mit warmem Wasser hängen und auf kleiner Flamme mit dem elektrischen Rührgerät aufschlagen. Wenn die Masse lauwarm ist, aus dem Wasserbad heben.

Die Masse von Hand mit dem Schneebesen weiterschlagen, bis sie dick und weiß ist. Am besten abwechselnd rühren und schlagen.

Mehl und Stärke mischen und über die Creme sieben, mit langsamen Bewegungen vorsichtig unterziehen.

Die geschmolzene Butter klären, etwas abkühlen lassen und lauwarm unter die Masse ziehen.

Beispiel für eine Torte mit Wiener Masse:

Zitronentorte

12 Stück

Wiener Masse:

6 große Eier
175 g Zucker
150 g Mehl
50 g Speisestärke
90 g geklärte Butter

Creme:

3 unbehandelte Zitronen
90 g Zucker
100 ml Weißwein
4 Eigelb
6 Blatt Gelatine
600 g Schlagsahne

Glasur und Verzierung:

400 g Puderzucker
4 EL Zitronensaft
8 kandierte Zitronenscheiben
Zuckerblüten

Auf vier Backpapierblättern Quadrate von 23 cm Größe zeichnen. Ein Papier auf das Backblech legen.

Die Wiener Masse, wie nebenstehend beschrieben, zubereiten.

Ein Viertel des Teiges ½ cm dick in der Größe des Quadrats auf das Backpapier aufstreichen.

In dem auf 220 °C vorgeheizten Backofen etwa 7 Minuten backen.

Biskuitboden mit dem Backpapier sofort vom Blech ziehen. Neues Backpapier auflegen, Teig für den zweiten Boden in Quadratgröße daraufstreichen und sofort 7 Minuten backen. Die zwei weiteren Böden ebenso backen.

Die gebackenen Biskuitböden etwas abkühlen lassen, auf ein Kuchengitter stürzen. Das Backpapier abziehen und auskühlen lassen.

Für die Zitronencreme die Zitronen heiß abwaschen, trocknen und die Schale fein abreiben. Zitrone dann halbieren und auspressen.

Zitronensaft und -schale mit Zucker, Weißwein und Eigelb in einem Topf verrühren. Bei mittlerer Hitze unter ständigem Rühren bis zum Siedepunkt erhitzen, so daß eine dickliche Creme entsteht. Den Topf vom Herd nehmen.

Die Gelatine einige Minuten in kaltem Wasser einweichen, dann tropfnaß in der heißen Creme auflösen. Kühl stellen, bis die Creme zu gelieren beginnt.

Die Sahne steif schlagen, drei Viertel davon unter die Zitronencreme rühren. Restliche Sahne kühl stellen.

Eine Papierschablone in der Größe eines 23 cm großen Quadrats ausschneiden. Auf jede Teigplatte legen, Ränder begradigen.

Einen Tortenboden auf dem Kuchengitter mit 1/3 der Zitronencreme bestreichen, den zweiten Boden daraufsetzen, Creme darüberstreichen. Mit den weiteren Böden wie beschrieben verfahren. Der oberste Boden wird nicht mit Creme, sondern mit folgender Glasur bestrichen:

Dazu den Puderzucker mit Zitronensaft verrühren, in einem Topf leicht erhitzen und 3 bis 4 Minuten mit dem elektrischen Handrührgerät schaumig schlagen. Falls die Glasur zu dick oder zu dünn ist, mit etwas Wasser oder Puderzucker ausgleichen.

Die lauwarme, dickflüssige Glasur über die Torte gießen und mit einer Palette oder einem langen Messerrücken glattstreichen.

Die restliche Sahne mit dem Teigschaber an den Rändern auftragen und in Bögen spachteln.

Die noch feuchte Glasur mit kandierten Zitronenscheiben und Zuckerblüten verzieren. Die Torte vor dem Anschneiden 2 Stunden kühl stellen, auf einer Tortenplatte servieren.

Nährwerte pro Portion	
Kilokalorien	580
Kilojoule	2430
Eiweiß/g	7
Kohlenhydrate/g	73
Fett/g	27
Ballaststoffe/g	0,4

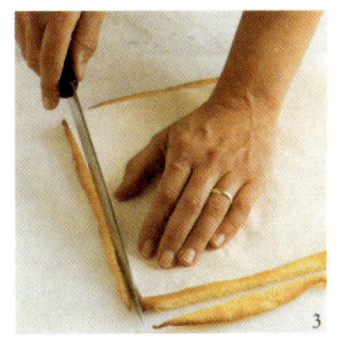

Auf Backpapierblättern Quadrate von 23 cm Seitenlänge zeichnen. Die Masse 0,5 cm dick aufstreichen. Bei 220 °C ca. 7 Minuten backen.

Die gebackenen Biskuitböden etwas abkühlen lassen, stürzen und das Backpapier abziehen.

Eine Schablone schneiden (Papierquadrat, 23 cm), auf die Platten legen und die Ränder glattschneiden.

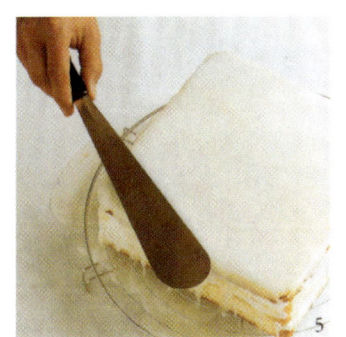

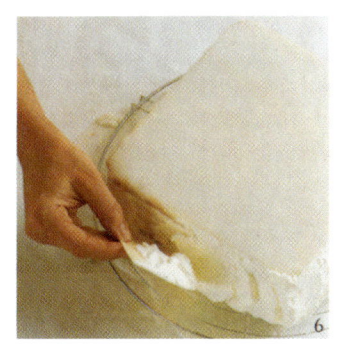

Auf einem Tortengitter die Böden mit der Zitronencreme bestreichen und übereinandersetzen. Der oberste Boden erhält keine Creme.

Die lauwarme, dickflüssige Glasur auf einmal über die Torte gießen und mit der Palette über die Ränder streichen. Papier oder Folie unter das Tortengitter legen!

Die steif geschlagene Sahne mit dem Teigschaber an den Rändern auftragen und in Bögen spachteln.

Biskuitmasse mit Zusätzen

Geriebene Zitronenschale ist neben Vanille das bevorzugte Aroma, mit dem Biskuit geschmacklich angereichert wird. Auch die Schale ungespritzter Orangen eignet sich dafür. Auf die Konsistenz des Gebäcks haben diese Zutaten kaum Einfluß.

Ganz anders verhält es sich bei Zusätzen wie Schokolade oder Nüssen, durch sie wird der Teig schwerer, gehaltvoller und auch haltbarer. Sie dürfen nur in begrenzter Menge zugesetzt werden, damit der fertige Biskuit noch einigermaßen locker-luftig bleibt. Als Anhaltspunkt mag gelten, daß der Anteil an Nüssen oder ähnlichem deutlich niedriger sein sollte als der Mehlanteil, zum Beispiel nicht mehr als 100 g gemahlene Nüsse auf 150 g Mehl.

Die Eier sollten für den angereicherten Biskuit nicht im ganzen geschlagen werden. Eigelb und Zucker warm aufschlagen, anschließend Mehl und Zusätze unterrühren. Zuletzt vorsichtig den steifen Eischnee unterheben.

Schokoladenbiskuit

Grundrezept

12 Stück

120 g Blockschokolade oder Kuvertüre
7 Eier, getrennt
200 g Zucker
150 g Mehl
50 g Speisestärke
60 g Butter
Fett und Mehl für die Form

Die Schokolade grob hacken und bei niedriger Temperatur schmelzen, etwas abkühlen lassen.

Inzwischen das Eigelb mit Zucker im Wasserbadeinsatz verrühren. Im Dampf mit dem Handrührgerät warm schlagen, bis eine dickliche Creme entsteht.

Topf aus dem Wasserbad nehmen und weiterschlagen, bis die Creme lauwarm ist. Die ebenfalls lauwarme Schokolade einrühren.

Das Mehl und die Stärke mischen und über die Schokoladencreme sieben, vorsichtig unterheben.

Die Butter in einem kleinen Topf schmelzen lassen, weißen Schaum abschöpfen (klären) und lauwarm unter die Schokoladenmasse ziehen.

Eine Springform mit 26 bis 28 cm Durchmesser fetten und mit Mehl ausstäuben.

Das Eiweiß zu steifem Schnee schlagen und unter den Teig heben. In die Springform füllen, glattstreichen.

Sofort in dem auf 180 °C vorgeheizten Backofen auf der mittleren Schiene 35 bis 40 Minuten backen (Garprobe).

Den Biskuit in der Form auskühlen lassen, aus der Form nehmen und je nach Rezept weiterverarbeiten.

Nährwerte pro Portion/Stück	
Kilokalorien	270
Kilojoule	1110
Eiweiß/g	6
Kohlenhydrate/g	36
Fett/g	10
Ballaststoffe/g	0,9

Überblick: Welche Masse für welches Gebäck?

	Form	Zweck (Beispiel)	Backtemperatur	Backzeit (Anhaltspunkt)
Wiener Masse:	Ringform	Frankfurter Kranz	180 °C Gas Stufe 2	50 Min.
	Springform oder Tortenform	Zuger Kirschtorte	180 °C–190 °C Gas Stufe 2	30–40 Min.
	Backblech	einzeln gebackene dünne Böden für Prinzregententorte etc.	220 °C Gas Stufe 4	7–10 Min.
		in Spiralen aufgespritzte Kreise für Schaumomeletts	220 °C Gas Stufe 4	10 Min.
einfacher Biskuit:	Backblech	Rouladen; einzeln gebackene sog. Dobos-Böden: Dobostorte, Herrentorte	220 °C Gas Stufe 4	7–10 Min.
		aufgespritzte Formen für Kleingebäck, z. B. Löffelbiskuits	210 °C Gas Stufe 3 180 °C Gas Stufe 2	5 Min., dann 15–20 Min. fertigbacken
	Springform oder Tortenring	Sahnetorten, Lagenkuchen	180 °C–190 °C Gas Stufe 2	30–40 Min.
Wasserbiskuit:	Tortelettform	Obsttörtchen	190 °C Gas Stufe 2	15–25 Min.
	Backblech	Rouladen	220 °C Gas Stufe 4	7–10 Min.
angereicherter Biskuit:	Springform oder Tortenring	mit Schokolade für Schwarzwälder Kirsch	180 °C–190 °C Gas Stufe 2	30–40 Min.
	Backblech	mit Nüssen für Sahneroulade	220 °C Gas Stufe 4	7–10 Min.

BISKUIT

Schachbrett-Torte

Biskuit fertig kaufen oder am Vortag backen.
16 Stück

| 1 Schokoladenbiskuittorte, 30 cm Durchmesser, 5–6 cm hoch, beim Konditor bestellen oder nach Grundrezept, Seite 98, selber backen. |
| 4 cl Cognac |

Füllung:
| 1200 g Schlagsahne |
| 100 g Zucker |
| 4 Päckchen Vanillinzucker |
| 10 Blatt weiße Gelatine |

Garnierung:
| 1 Päckchen Schokostreusel, 100 g |
| 200 g Zartbitter-Kuvertüre |

Den Biskuit waagrecht zweimal durchschneiden, so daß drei gleichmäßige Lagen entstehen. Den unteren Boden mit Cognac tränken.

Die beiden anderen Böden in möglichst gleichmäßige Ringe schneiden: Dazu 5 runde Geschirrteile oder andere Gefäße suchen, deren Durchmesser sich in möglichst gleichen Abständen verringern. Die Teile als Schablone auflegen und so aus jedem Biskuitboden 5 Ringe und einen kleineren inneren Kreis schneiden.

Die Gelatine in kaltem Wasser einweichen, ausdrücken und bei milder Hitze auflösen.

Die Sahne mit dem Vanillinzucker anschlagen, den Zucker einrieseln lassen und die Sahne steif schlagen. Die kalte, flüssige Gelatine unterrühren.

Von einem Kuchenboden den äußeren, dritten und den fünften Ring auf den getränkten Kuchenboden legen. Die Sahne in einen Spritzbeutel mit großer Lochtülle füllen und in die Zwischenräume spritzen.

Nun die restlichen Ringe des Bodens, Nummer 2 und 4, und das innere Kreisstück auflegen und die freien Räume wieder mit Sahne füllen. Danach mit den Ringen des letzten Bodens ebenso verfahren.

Die Tortenoberfläche und den Rand mit der restlichen Sahne bestreichen und den Rand mit Schokostreuseln einstreuen. Die Schachbrett-Torte mindestens 2 Stunden in den Kühlschrank stellen.

Inzwischen aus der Kuvertüre Schokospäne zubereiten und die Schachbrett-Torte damit verzieren.

Variation:
Statt mit Cognac den Boden mit Kosakenlikör tränken und 3 bis 4 Eßlöffel Kosakenlikör an die Sahne geben.

Nährwerte pro Portion/Stück	
Kilokalorien	540
Kilojoule	2250
Eiweiß/g	7
Kohlenhydrate/g	49
Fett/g	33
Ballaststoffe/g	1,5

Röllchen und Späne aus Kuvertüre

Die Kuvertüre grob hacken und zwei Drittel davon in einen Wasserbadeinsatz (oder Metallschüssel bzw. Stielkasserolle) geben und in den halb mit heißem Wasser gefüllten Topf setzen.

Die Kuvertüre unter Rühren auflösen, dann aus dem Wasserbad heben und die restliche gehackte Kuvertüre einrühren. Wenn alle Kuvertüre aufgelöst und glattgerührt ist, hat sie etwa Handwärme. Zur Probe einen Löffel hineintauchen und die Schokolade antrocknen lassen. Sie soll in kurzer Zeit fest werden und matt glänzen. Die flüssige Kuvertüre auf eine ebene, glatte und kühle Arbeitsfläche (zum Beispiel Marmor oder Glas) streichen und soweit abkühlen lassen, bis sie gerade eben fest wird. Die Schokolade mit dem Spatel von der Arbeitsfläche schaben – aus noch relativ weicher Schokolade lassen sich Röllchen und Bänder schaben, härtere Schokolade bricht zu Spänen.

Variante:
Eine weniger elegante, aber schnellere Lösung ist es, mit dem Sparschäler von dem Kuvertüreblock Späne abzuschälen.

BISKUIT

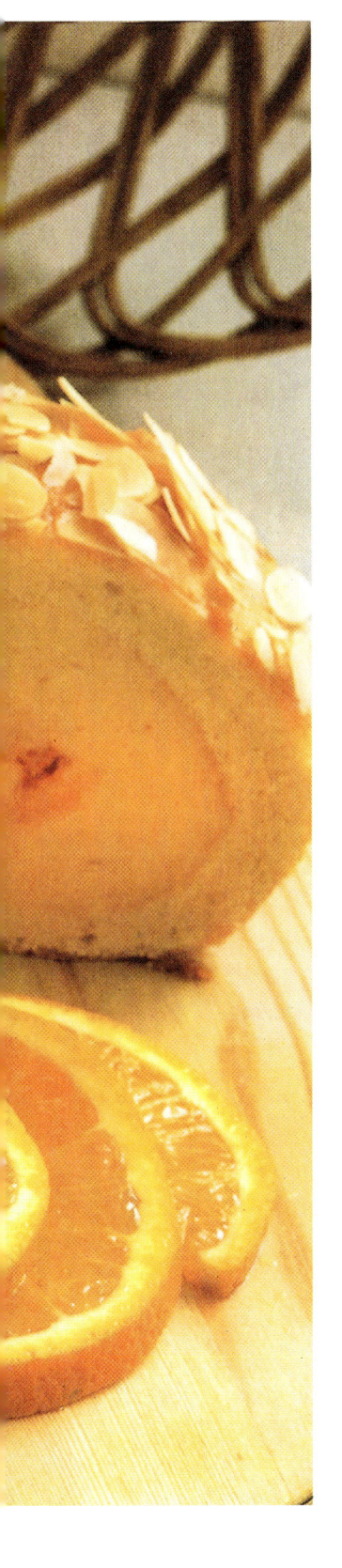

Roulade mit Orangencreme

16 Stück

Teig:
2 unbehandelte Orangen
5 Eier
120 g Zucker
1 Prise Salz
80 g Mehl
60 g Speisestärke
Butter für das Backblech
Zucker zum Bestreuen

Füllung:
4 unbehandelte Orangen
6 Blatt weiße Gelatine
100 g Zucker
1 Prise Salz
4 Eigelb
250 g Schlagsahne
100 g Mandelblätter
100 g Aprikosenmarmelade

Die Orangen unter heißem Wasser gründlich abwaschen, Schale auf einer feinen Reibe abreiben. Die Eier trennen.

In einer Schüssel das Eigelb mit 60 g Zucker schaumig rühren. Anschließend Salz, 2 Teelöffel geriebene Orangenschale und 2 Eßlöffel Wasser unterrühren.

In einer zweiten Schüssel das Eiweiß steif schlagen, dabei nach und nach den restlichen Zucker zufügen. Auf die Eigelbmasse gleiten lassen.

Mehl und Speisestärke mischen und auf den Eischnee sieben. Vorsichtig unterheben.

Ein Backblech mit Pergamentpapier auslegen, das Papier fetten. Den Teig darauf verteilen und glattstreichen.

Im vorgeheizten Backofen auf der mittleren Schiene 10 bis 15 Minuten bei 200 °C backen.

Ein sauberes Küchentuch mit Zucker bestreuen. Nach dem Backen den Biskuit sofort auf das Tuch stürzen. Pergamentpapier mit etwas kaltem Wasser bestreichen und abziehen. Den Biskuitboden von der Längsseite her zusammen mit dem Küchentuch einrollen. Auskühlen lassen.

Für die Füllung 1 Orange heiß abwaschen und die Schale abreiben. Den Saft von allen 4 Orangen auspressen.

Die Gelatine kurz in etwas kaltem Wasser einweichen.

In einer Schüssel ¼ l Orangensaft, Zucker, Salz und das Eigelb im heißen Wasserbad so lange schlagen, bis eine dickflüssige Creme entsteht. Schüssel aus dem Wasserbad nehmen. Die Gelatineblätter ausdrücken und unter die heiße Eicreme rühren. Auskühlen lassen, bis man auf der Creme Straßen ziehen kann. Dabei ab und zu umrühren.

In der Zwischenzeit die beiden Orangen, deren Schale für den Teig verwendet wurde, samt der weißen Innenhaut schälen. Mit einem Tomatenmesser die Orangenfilets aus den Trennhäutchen lösen und anschließend halbieren.

Sahne steif schlagen und unter die Creme ziehen, sobald sie anfängt, fest zu werden.

Den erkalteten Biskuitboden auseinanderrollen und mit der Orangencreme bestreichen, die Orangenfilets darauf verteilen. Den Biskuit wieder von der Längsseite her aufrollen. Dabei das Handtuch anheben, dann geht es leichter.

Biskuitrolle mit der Nahtstelle nach unten auf ein Brett legen und kalt stellen.

In einer weiten, trockenen Pfanne mit schwerem Boden die Mandelblätter goldbraun rösten.

Die Aprikosenmarmelade in einer kleinen Kasserolle kurz aufkochen.

Die Biskuitrolle mit der heißen Marmelade bestreichen und die gerösteten Mandeln darüberstreuen.

Nährwerte pro Portion/Stück	
Kilokalorien	*270*
Kilojoule	*1120*
Eiweiß/g	*6*
Kohlenhydrate/g	*28*
Fett/g	*14*
Ballaststoffe/g	*2*

BISKUIT

Schwarzwälder Kirschtorte

16 Stück

Teig:
125 g dunkle Kuvertüre
6 Eier
125 g Butter
130 g Zucker
2 EL Kirschwasser
1 Prise Salz
1 Päckchen Vanillinzucker
125 g geriebene Mandeln
125 g Mehl
½ Päckchen Backpulver
Butter für die Form

Kirschfüllung:
1 Glas entsteinte Sauerkirschen, 460 g
30 g Speisestärke
30 g Zucker
1 Messerspitze Zimt
2 EL Kirschwasser

Schokoladensahne:
20 g Kakaopulver
1 EL Zucker
250 g Schlagsahne

Kirschwassersahne:
375 g Schlagsahne
30 g Zucker
1 Päckchen Sahnesteif
3 EL Kirschwasser

Garnierung:
200 g dunkle Kuvertüre
17 Kirschen, in Rum eingelegt

Für den Schokoladenbiskuit die Kuvertüre fein reiben. Die Eier trennen.

In einer Schüssel Eigelb, Butter, die Hälfte des Zuckers, Kirschwasser, Salz, Vanillinzucker und 2 Eßlöffel Wasser mit dem Schneebesen schaumig schlagen.

Die gemahlenen Mandeln, Kuvertüre, Mehl und Backpulver in einer zweiten Schüssel gut mischen.

Das Eiweiß sehr steif schlagen, dabei nach und nach den restlichen Zucker zugeben. Abwechselnd Mehlmischung und Eischnee vorsichtig unter die Schokoladen-Eiermasse heben.

Eine Springform mit einem Durchmesser von 26 cm am Boden fetten. Die Teigmasse hineinfüllen.

Im vorgeheizten Backofen auf der mittleren Schiene bei 175 °C etwa 50 Minuten backen.

Biskuit aus dem Backofen nehmen, samt der Form auf ein Kuchengitter stürzen und mindestens 2 Stunden auskühlen lassen.

Die Kirschen in ein Sieb abgießen, dabei den Saft auffangen. Die Hälfte des Saftes mit der Speisestärke verrühren. Die andere Hälfte mit dem Zucker und dem Zimt in einer Kasserolle erhitzen. Wenn er kocht, den restlichen Saft und die Kirschen dazugeben und alles kurz noch einmal aufkochen. Vom Herd nehmen und auskühlen lassen.

Biskuitboden aus der Form lösen, in der Mitte waagrecht durchschneiden, beide Hälften mit dem Kirschwasser beträufeln.

Kakaopulver mit Zucker und 1 Eßlöffel Wasser glattrühren. Die Sahne steif schlagen und den Kakao unterheben. Schokoladensahne in einen Spritzbeutel mit Sterntülle füllen. In die Mitte eines Biskuitbodens ein Häufchen Sahne spritzen, dann im Abstand von 1,5 cm rundherum Sahneringe setzen. Das Kirschkompott in die Zwischenräume verteilen. Den zweiten Boden daraufsetzen und leicht andrücken.

Für die Garnierung Sahne steif schlagen, Zucker, Sahnesteif und Kirschwasser unterziehen. Torte damit kuppelförmig und am Rand bestreichen.

Mit einem Sparschäler die Kuvertüre in grobe Späne schneiden und über die Torte streuen. Rumkirschen abtropfen lassen und damit die Torte verzieren.

Bis zum Servieren kalt stellen.

Nährwerte pro Portion/Stück	
Kilokalorien	*500*
Kilojoule	*2090*
Eiweiß/g	*7*
Kohlenhydrate/g	*39*
Fett/g	*32*
Ballaststoffe/g	*3,3*

Bischofsbrot

16 Stück

120 g weiche Butter und Fett für die Form
140 g Zucker
6 Eier, getrennt
120 g (insgesamt) Walnußkerne, Mandeln, Haselnußkerne, getrocknete Quitten, Blockschokolade, Orangeat
140 g Mehl
1 Prise Salz
1 EL Puderzucker

Butter, Zucker und das Eigelb schaumig rühren. Die Nüsse und Früchte (Zusammensetzung nach Wunsch) grob zerkleinern, mit dem Mehl mischen und löffelweise unter die Eimasse rühren.

Eine Rehrücken- oder Napfkuchenform fetten und mit Mehl ausstreuen.

Das Eiweiß mit Salz steif schlagen und vorsichtig unter den Teig heben.

Teig in die Form geben, glattstreichen und in dem auf 150 °C vorgeheizten Backofen auf der mittleren Schiene 55 bis 60 Minuten backen (trocknen).

In der Form erkalten lassen, stürzen und mit Puderzucker bestäuben.

Nährwerte pro Portion/Stück	
Kilokalorien	*200*
Kilojoule	*820*
Eiweiß/g	*4*
Kohlenhydrate/g	*19*
Fett/g	*11*
Ballaststoffe/g	*1*

BISKUIT

»Bomben«-Torte

Für festliche Anlässe ist diese Torte ein besonderes Prachtexemplar, in der allerdings auch ein ganzes Stück Arbeit steckt. Mit der Biskuitrolle, die das Äußere ziert, müssen Sie schon am Vortag beginnen.

16 Stück

Teig:
5 Eier, getrennt
150 g Zucker
abgeriebene Schale von 1 Zitrone
2 EL Zitronensaft
125 g Mehl

Creme für die Roulade:
150 g Butter
100 g Puderzucker
4 Eigelb
2 EL Rum

Füllung für die Bombe:
5 Eigelb
120 g Zucker
2 Päckchen Vanillinzucker
½ TL gemahlener Zimt
4 EL Kakaopulver
¼ l Milch
100 g Blockschokolade
9 Blatt weiße Gelatine
250 g Schlagsahne
2 EL Rum

Eine Biskuitrolle nach dem Grundrezept von Seite 93 zubereiten und zum Abkühlen wie beschrieben mit einem Küchentuch aufrollen.

Für die Creme Butter und Zucker schaumig rühren. Das Eigelb nach und nach dazugeben, zuletzt den Rum einrühren.

Die Biskuitroulade auseinanderrollen, gleichmäßig mit der Creme bestreichen und wieder vorsichtig aufrollen. In Alufolie gewickelt einige Stunden, am besten über Nacht, kühl stellen.

Für die Füllung Eigelb mit Zucker, Vanillinzucker, Zimt und Kakao schaumig rühren.

Die Milch aufkochen und zerkleinerte Schokolade darin schmelzen. Unter ständigem Rühren die Eigelbmasse langsam zugeben und einmal aufkochen. Gelatine in kaltem Wasser einweichen, ausdrücken und in der noch warmen Füllung auflösen. Unter gelegentlichem Rühren erkalten lassen, bis die Creme zu gelieren beginnt.

Die Sahne steif schlagen und vorsichtig unter die Creme heben (etwas Sahne zum Garnieren übriglassen).

Die Biskuitroulade in etwa 1 cm dicke Scheiben schneiden und eine halbrunde Schüssel damit auslegen. Die Hälfte der Schokoladencreme einfüllen, glattstreichen und Biskuitscheiben darauflegen. Darüber die restliche Creme verteilen.

Sind noch Biskuitscheiben übrig, diese als Abschluß auf die Creme legen. Die Bombe zugedeckt 3 bis 4 Stunden kühl stellen.

Vor dem Servieren auf eine Tortenplatte stürzen (dazu die Form einige Sekunden in heißes Wasser tauchen) und mit Rum beträufeln.

Restliche Sahne in einen Spritzbeutel mit Sterntülle füllen und den Rand der Bombe damit dekorieren (eventuell Haselnußkerne auf die Sahne setzen).

Nährwerte pro Portion/Stück	
Kilokalorien	370
Kilojoule	1560
Eiweiß/g	7
Kohlenhydrate/g	36
Fett/g	20
Ballaststoffe/g	0,7

Erdbeerkuchen

20 Stück

Teig:
5 Eier, getrennt
150 g feiner Zucker
abgeriebene Schale von 1 Zitrone
2 EL Zitronensaft
125 g Mehl

Belag:
1 kg Erdbeeren
1 Päckchen Vanillepuddingpulver
½ l Milch
40 g Zucker
40 g Puderzucker

Einen einfachen Biskuit, wie auf Seite 93 beschrieben, zubereiten.

Den Teig auf einem mit Backpapier ausgelegten Blech glatt verstreichen.

In dem auf 220 °C vorgeheizten Backofen auf der mittleren Schiene 8 bis 10 Minuten goldgelb backen (Garprobe). Auf dem Blech abkühlen lassen.

Inzwischen die Erdbeeren waschen, putzen und halbieren.

Aus dem Puddingpulver, Milch und Zucker nach Packungsanleitung einen Pudding zubereiten.

Den lauwarmen, aber noch nicht festen Pudding auf den Biskuit streichen, mit Erdbeeren dicht belegen und diese mit Puderzucker bestäuben.

Den Pudding fest werden lassen, dann den Kuchen in Stücke schneiden.

Nährwerte pro Portion/Stück	
Kilokalorien	130
Kilojoule	540
Eiweiß/g	4
Kohlenhydrate/g	22
Fett/g	3
Ballaststoffe/g	1,2

Gestreifte Rouladentorte

12 Stück

Biskuitroulade:

60 g gehackte Haselnüsse
8 Eigelb
80 g Zucker
1 Messerspitze Salz
abgeriebene Schale von
1 unbehandelten Zitrone
4 Eiweiß
70 g Mehl
10 g Speisestärke
6 cl Cognac zum Tränken der fertigen Roulade

Nougatcreme:

½ l Milch
½ Vanilleschote
6 Eigelb
100 g Zucker
50 g Mehl
100 g Haselnußnougat
etwas Puderzucker

Krokant:

200 g gehackte Haselnüsse
200 g Zucker
1 TL Zitronensaft
100 ml Wasser
400 g Schlagsahne zum Einstreichen
2 Päckchen Vanillinzucker
2 Päckchen Sahnesteif

Für die Biskuitroulade die gehackten Haselnüsse in einer trockenen, heißen Pfanne rösten und dann fein mahlen.

Das Eigelb mit Zucker, Salz und Zitronenschale in einer großen Schüssel schaumig schlagen.

Das Eiweiß steif schlagen und auf die Eigelbmasse häufen. Das Mehl, mit der Speisestärke vermischt, darübersieben und die gemahlenen Haselnüsse zugeben. Alles vorsichtig, aber gründlich miteinander vermengen.

Den Backofen auf 220 °C vorheizen. Ein Backblech mit Backtrennpapier auslegen und die Biskuitmasse gleichmäßig aufstreichen (ca. 0,5 cm dick). Die Roulade etwa 10 Minuten backen, nach 8 Minuten kontrollieren!

Das Backblech samt dem Biskuit auf ein feuchtes Tuch stürzen und das Papier abziehen. Den Biskuit mit einem zweiten feuchten Tuch bedecken und auskühlen lassen.

Die Nougatcreme, wie auf Seite 25 beschrieben, zubereiten.

Den ausgekühlten Biskuit mit Cognac beträufeln und der Länge nach in drei gleichmäßige Streifen schneiden. Das ergibt eine kleine hohe Torte. Die Torte wird flacher und im Durchmesser größer, wenn Sie aus der Biskuitplatte vier gleichmäßige Streifen schneiden.

Die Streifen mit der Nougatcreme bestreichen. Den ersten Streifen aufrollen und diese Roulade in die Mitte einer Tortenunterlage aus Aluminium setzen. Die weiteren Streifen dann nacheinander darum herum legen. Die Enden so eng wie möglich aneinanderschieben, damit das Muster später beim Anschneiden schön gleichmäßig ist.

Einen verstellbaren Tortenring eng um die Roulade legen, um die Torte in eine gleichmäßige, runde Form zu bringen. Die Oberfläche mit Nougatcreme zustreichen und die Torte mindestens 1 Stunde in den Kühlschrank stellen.

Für den Krokant die gehackten Haselnüsse in einer trockenen, heißen Pfanne rösten. Dann mit den übrigen Zutaten einen Krokant bereiten, wie im Rezept »Frankfurter Kranz«, Seite 70, beschrieben.

Die Schlagsahne mit Vanillinzucker und Sahnesteif sehr steif schlagen.

Die gut gekühlte Torte mit einem Messer vom Tortenring lösen, dann erst den Ring öffnen und abnehmen. Die Torte rundherum gleichmäßig mit Sahne einstreichen und den Rand mit dem Haselnußkrokant dick einstreuen. Zuletzt die Torte auf der Oberfläche mit Sahne und Krokant verzieren (siehe Abbildung).

Vor dem Anschneiden die Torte eine weitere Stunde in den Kühlschrank stellen.

Nährwerte pro Portion/Stück	
Kilokalorien	580
Kilojoule	2430
Eiweiß/g	11
Kohlenhydrate/g	50
Fett/g	34
Ballaststoffe/g	1,7

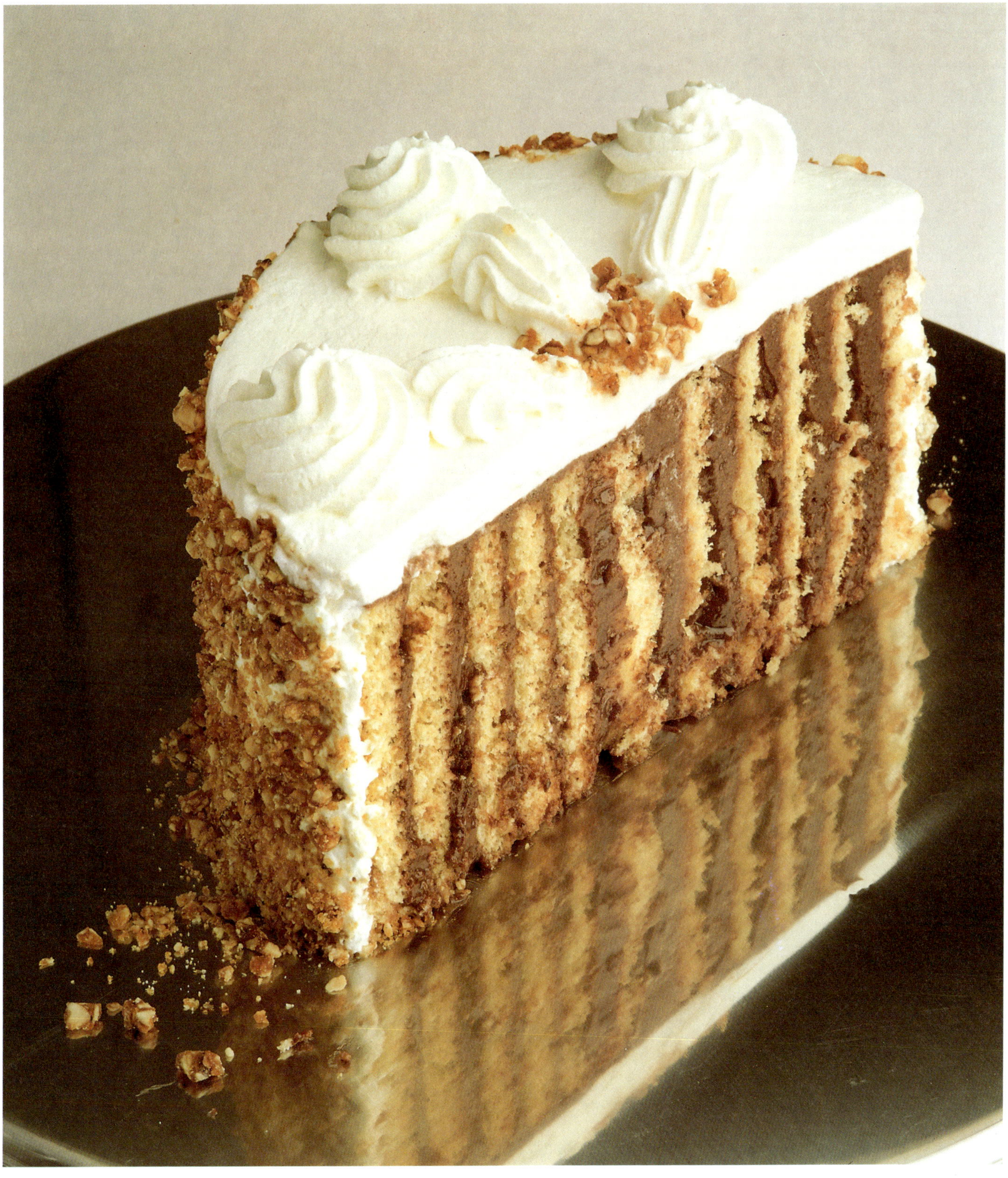

Mascarpone-Erdbeertorte

16 Stück

Biskuit:
6 Eier, Klasse 1 oder 2	
175 g feiner Zucker	
150 g Mehl	
50 g Speisestärke	
90 g geklärte Butter	
Butter und Mehl für den Boden einer Springform von 28 cm Durchmesser	
750 g Erdbeeren, davon	
500 g zum Belegen und	
250 g zum Pürieren	

Mascarponecreme:
10 Blatt Gelatine	
6 Eigelb	
180 g feiner Zucker	
6 cl Orangenlikör	
750 g Mascarpone	
400 g Schlagsahne	

Zum Fertigstellen der Torte:
150 g Marzipanrohmasse	
100 g Puderzucker	
400 g Kuvertüre	
3 EL Aprikosenkuvertüre	

Aus den genannten Zutaten einen Biskuit nach dem Grundrezept »Wiener Masse«, Seite 96, rühren. Den Boden einer Springform dünn mit Butter bestreichen und mit Mehl bestäuben, den Teig einfüllen. Den Biskuit im vorgeheizten Backofen bei 190 °C etwa 35 Minuten backen. Garprobe!

Während der Biskuit in der Form auskühlt, die Mascarponecreme zubereiten: Die Gelatine in wenig kaltem Wasser einweichen. Eigelb, Zucker und Orangenlikör in einer Schüssel im heißen Wasserbad schaumig schlagen. Wenn die Creme eindickt, die Schüssel aus dem Wasserbad nehmen. Die Gelatine ausdrücken und in einem kleinen Töpfchen bei mittlerer Hitze auflösen. Die flüssige Gelatine mit der Eicreme vermischen und die Creme unter gelegentlichem Rühren abkühlen lassen.

Den Mascarpone unter die handwarme Creme ziehen. Die Schlagsahne sehr steif schlagen und unterheben. Die Hälfte der Mascarponecreme in eine zweite Schüssel geben.

Die Erdbeeren waschen, trocknen und abzupfen. 500 g Erdbeeren halbieren, den Rest pürieren.

Das Erdbeerpüree unter die eine Hälfte der Mascarponecreme ziehen.

Den ausgekühlten Biskuit vom Rand der Springform schneiden und aus der Form nehmen. Die Torte zweimal waagrecht durchschneiden, so daß drei gleichmäßige Lagen entstehen.

Den Biskuitboden auf einer Tortenunterlage in einen Tortenring setzen. Die Erdbeerhälften gleichmäßig darüber verteilen und mit der weißen Mascarponecreme zustreichen.

Die zweite Biskuitlage darauf leicht andrücken. Die Mascarponecreme mit Erdbeerpüree darauf verteilen und die letzte Biskuitschicht darauflegen. Die gefüllte Torte 2 Stunden in den Kühlschrank stellen, bis die Mascarponecreme fest geworden ist.

Die Marzipanrohmasse zerbröckeln und mit 70 g Puderzucker rasch verkneten. Den restlichen Puderzucker auf eine kühle Arbeitsfläche sieben (ideal ist Marmor) und das Marzipan zu einer runden Platte in der Größe der Torte ausrollen.

Die Kuvertüre hacken, im Wasserbad schmelzen und handwarm halten.

Die Aprikosenkonfitüre bei mittlerer Hitze glattrühren.

Die Oberfläche der gut gekühlten Torte aprikotieren. Die Marzipanplatte darauf andrücken und den Tortenring abnehmen.

Die Torte auf ein Gitter und über ein Blech oder eine Arbeitsplatte mit Rand setzen.

Die eben noch flüssige Kuvertüre auf die Torte gießen und mit einer Palette von der Mitte aus über die Ränder streichen. Die Glasur entweder völlig glattstreichen oder mit der Palette ein Wellenmuster einarbeiten.

Die Torte vor dem Anschneiden mindestens weitere 2 Stunden kühlen.

Nährwerte pro Portion/Stück	
Kilokalorien	670
Kilojoule	2800
Eiweiß/g	13
Kohlenhydrate/g	64
Fett/g	37
Ballaststoffe/g	3

111

BISKUIT

Gänsefuß-Torte

Am Vortag beginnen.
12 Stück

Füllung:
400 g Schlagsahne
50 g Zucker
100 g Blockschokolade
300 g Sauerkirschen
100 ml Rum

Teig:
7 Eier, getrennt
200 g Zucker
120 g Blockschokolade oder Kuvertüre
150 g Mehl
50 g Speisestärke
60 g Butter

Außerdem:
50 g Schlagsahne zum Garnieren

Am Vortag die Sahne mit dem Zucker aufkochen, die grob zerteilte Schokolade zugeben und unter Rühren schmelzen. Abkühlen lassen und über Nacht in den Kühlschrank stellen.

Ebenfalls am Vortag den Schokoladenbiskuit, wie auf Seite 98 beschrieben, zubereiten. In einer Springform mit 26 cm Durchmesser bei 180 °C etwa 40 Minuten backen (Garprobe) und in der Form abkühlen lassen.

Am nächsten Tag die Kirschen entsteinen, halbieren (13 Stück nicht entsteinen) und im Rum mazerieren. Dann in einem Sieb gut abtropfen lassen, dabei den Saft auffangen. Die erkaltete Torte in der Höhe zweimal durchschneiden, den ersten Boden auf eine Tortenplatte legen und mit dem aufgefangenen Rum beträufeln.

Die Schokoladensahne steif schlagen, ⅓ auf dem ersten Boden gleichmäßig verteilen. Die Hälfte der Kirschen mit der Schnittfläche nach oben leicht in die Schokoladensahne drücken.

Den zweiten Boden darauflegen und Schokoladencreme und Kirschen ebenso wie beschrieben darauf verteilen.

Den letzten Boden darauflegen und die restliche Schokoladensahne oben und an den Seiten glatt verstreichen (seitlich eventuell ein Wellenmuster ziehen).

Zum Verzieren die Sahne steif schlagen, in einen Spritzbeutel mit Sterntülle füllen und Rosetten auf die Torte spritzen. Darauf jeweils eine Kirsche setzen.

Nährwerte pro Portion/Stück	
Kilokalorien	470
Kilojoule	1980
Eiweiß/g	7
Kohlenhydrate/g	49
Fett/g	24
Ballaststoffe/g	1,5

Nußtorte Gabriella

12 Stück

Teig:
Fett für die Form
6 Eier, getrennt
120 g Zucker
110 g Mehl
3 EL Rum
40 g gemahlene Walnüsse

Creme:
300 ml Milch
60 g Mehl
150 g Puderzucker
200 g weiche Butter
200 g gemahlene Walnüsse
1 Päckchen Vanillinzucker
3 EL Rum
12–15 halbe Walnüsse zum Garnieren

Den Boden einer Springform mit 24 cm Durchmesser fetten oder mit Backpapier auslegen.

Eigelb mit 40 g Zucker zu einer dicklich weißen Creme aufschlagen.

Eiweiß auf niedriger Stufe ½ Minute schaumig schlagen, restlichen Zucker zugeben und auf höchster Stufe zu steifem Schnee schlagen.

Gesiebtes Mehl, Eischnee und Rum abwechselnd löffelweise unter die Eigelbcreme heben. Zuletzt die Walnüsse unterheben.

Sofort in die Form füllen und in dem auf 180 °C vorgeheizten Backofen auf der mittleren Schiene etwa 30 Minuten backen (Garprobe). In der Form abkühlen lassen.

Für die Creme Milch mit dem Mehl glattrühren, in einem Topf auf niedriger Stufe unter ständigem Rühren einmal aufkochen und erkalten lassen.

Inzwischen den Puderzucker mit der Butter schaumig rühren und Walnüsse, Vanillinzucker und Rum zugeben. Mit der erkalteten Creme schaumig rühren.

Die Torte in der Höhe dreimal durchschneiden, so daß vier Tortenböden entstehen. Den ersten Boden auf eine Platte legen und mit einem Viertel der Creme bestreichen. Den nächsten Boden daraufsetzen und ebenfalls mit Creme bestreichen. Auf die gleiche Weise die Torte weiter schichten.

Die Oberfläche und die Seiten ebenfalls mit Creme glatt bestreichen und mit Walnußkernen verzieren.

Nährwerte pro Portion/Stück	
Kilokalorien	410
Kilojoule	1720
Eiweiß/g	9
Kohlenhydrate/g	38
Fett/g	22
Ballaststoffe/g	1,6

Sterntorte

8 Stück

Teig:
6 Eier, getrennt
170 g Zucker
100 g Blockschokolade oder Kuvertüre
130 g Mehl
40 g Speisestärke
70 g Butter

Creme:
1 Eigelb
50 g Zucker
1 TL Mehl
1 Prise Salz
abgeriebene Schale von 1 Zitrone
170 ml Milch
2 EL Orangenlikör

Füllung:
300 g Schlagsahne
25 g Puderzucker
200 g Aprikosenmarmelade
2 EL Amaretto
2 EL Maraschino
Cocktail- oder Belegkirschen
50 g Haselnüsse

Wie auf Seite 98 beschrieben, aus den Zutaten einen Schokoladenbiskuit zubereiten, in einer Springform mit 26 cm Durchmesser bei 180 °C etwa 40 Minuten backen (Garprobe) und auskühlen lassen.

Aus Papier einen achtzackigen Stern ausschneiden (am besten 2 Quadrate versetzt aufeinanderlegen), auf den Tortenboden legen und einen Tortenstern ausschneiden. In der Höhe dreimal durchschneiden.

Für die Creme Eigelb, Zucker und Mehl schaumig rühren. Das Salz, Zitronenschale und nach und nach die Milch dazugeben.

Die Creme in einem Topf auf niedriger Stufe unter ständigem Rühren zum Kochen bringen, Orangenlikör einrühren und erkalten lassen. Von Zeit zu Zeit umrühren, damit sich keine Haut bildet.

Sahne mit dem Puderzucker steif schlagen (4 bis 5 Eßlöffel zum Garnieren beiseite stellen) und die Aprikosenmarmelade glattrühren.

Den untersten Tortenboden auf eine Tortenplatte legen, mit der Hälfte des Amaretto beträufeln und mit ¼ der Aprikosenmarmelade bestreichen. Ebenfalls ¼ der erkalteten Creme und der Sahne daraufstreichen.

Den zweiten Tortenboden mit der Hälfte des Maraschino beträufeln und wieder mit Marmelade, Creme und Sahne bestreichen.

Den dritten Tortenboden mit dem restlichen Amaretto, den vierten mit dem restlichen Maraschino beträufeln und wie beschrieben bestreichen.

Die restliche Sahne in einen Spritzbeutel mit Sterntülle füllen und die Torte verzieren.

Kirschen auf die Sahnerosette setzen. Die Haselnüsse grob hacken, darüberstreuen und die Torte bis zum Servieren kalt stellen.

Nährwerte pro Portion/Stück	
Kilokalorien	700
Kilojoule	2940
Eiweiß/g	11
Kohlenhydrate/g	82
Fett/g	32
Ballaststoffe/g	2,2

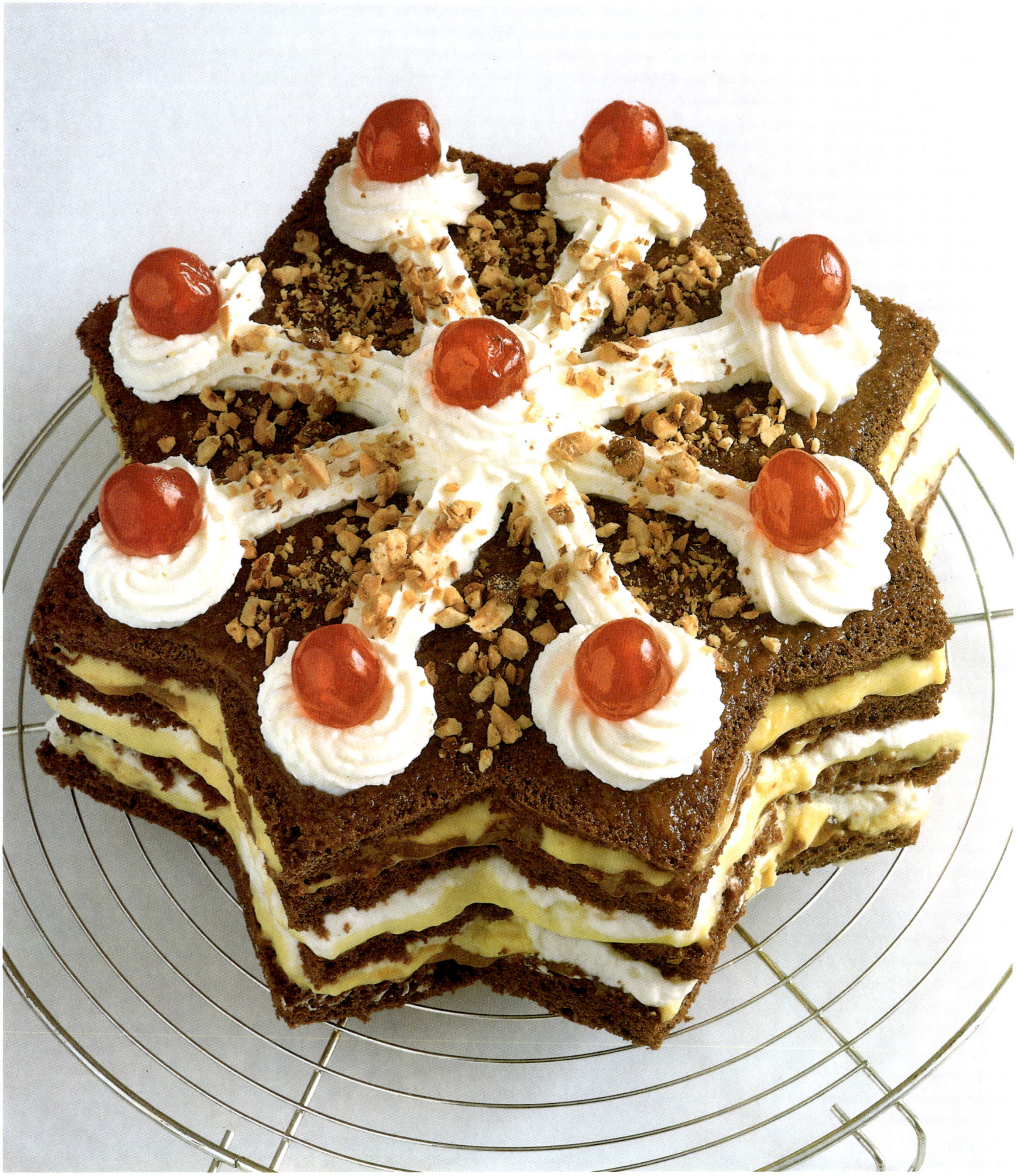

BISKUIT

Punschtorte Marinka

12 Stück

Teig:
5 Eier, getrennt
150 g Zucker
abgeriebene Schale von
1 Zitrone
2 EL Zitronensaft
125 g Mehl

Zum Beträufeln:
100 ml Milch
3 EL Rum

Füllung:
1 Ei
150 g Puderzucker
100 ml starker Mokka
2 EL Kakaopulver
100 g Butter
50 g Sultaninen
20 g grob gehackte Walnußkerne

Guß und Verzierung:
200 g Puderzucker
3½ EL Kirschsaft
100 g Schlagsahne
einige Sultaninen zum Verzieren

Eine Biskuittorte, wie auf Seite 94 beschrieben, zubereiten. In dem auf 180 °C vorgeheizten Backofen etwa 40 Minuten bakken (Garprobe) und in der Form abkühlen lassen. Zwei 1 cm dicke Böden abschneiden. Vom dritten, dicken Biskuitboden die Mitte so heraussstechen oder -schneiden, daß ein 1 cm breiter Ring übrigbleibt.

Den Ring auf einen dünnen Boden setzen. Milch mit der Hälfte des Rums verrühren und auf den Ring träufeln, beiseite stellen.

Das Torteninnere in etwa 2 cm große Stücke schneiden.

Für die Füllung Ei und Zucker schaumig rühren, Mokka und Kakaopulver hineinrühren und in einem Topf unter ständigem Rühren bei schwacher Hitze cremig eindicken lassen, nicht kochen.

Vom Herd nehmen, sofort Butter, Biskuitstücke, restlichen Rum, Sultaninen und Walnüsse einrühren. Noch warm in den Tortenring füllen und den zweiten dünnen Boden als Deckel darauflegen.

Für den Guß den Puderzucker mit dem Kirschsaft verrühren, auf die Torte gießen und auf der Oberfläche und den Seiten der Torte mit einer Palette oder dem Rücken eines langen Messers glatt verstreichen. Kühl stellen, bis der Guß fest ist.

Schlagsahne steif schlagen, in einen Spritzbeutel mit Sterntülle füllen und die Torte garnieren. Sultaninen in die Sahne drücken oder mit etwas Sahne auf den Guß heften.

Tip:
Die Torte am besten am Vortag zubereiten, damit die Füllung und der Guß fest werden und die Torte durchzieht.

Nährwerte pro Portion/Stück	
Kilokalorien	370
Kilojoule	1560
Eiweiß/g	6
Kohlenhydrate/g	54
Fett/g	13
Ballaststoffe/g	1

Cassis-Quarkschnitten

16 Stück

Teig:
7 Eier
210 g Zucker
abgeriebene Schale von ½ Zitrone
90 g Butter
230 g Mehl
60 g geriebene Mandeln
Butter für das Kuchenblech
300 g Marmelade aus schwarzen Johannisbeeren

Füllung:
600 g Magerquark
240 g Zucker
3 Eier
abgeriebene Schale von ½ Zitrone
150 ml Milch
10 Blatt Gelatine
2 cl Rum
750 g Schlagsahne
Kakaopulver zum Bestäuben

Für den Teig Eier, Zucker und die abgeriebene Schale von ½ Zitrone mit dem Schneebesen im heißen Wasserbad schaumig schlagen. Im kalten Wasserbad weiter locker aufschlagen, bis die Masse kalt ist.

Butter in einer kleinen Kasserolle schmelzen.

Nach und nach das Mehl mit einem Kochlöffel vorsichtig unter die Ei-Zuckermasse heben, anschließend die flüssige Butter und die geriebenen Mandeln einrühren.

Ein ca. 40 × 37 cm großes Kuchenblech ausfetten und die Teigmasse gleichmäßig daraufstreichen. Im vorgeheizten Backofen auf der mittleren Schiene bei 180 °C 11 Minuten backen.

Den Biskuit abkühlen lassen und in der Mitte einmal waagrecht durchschneiden. Auf den Boden die Johannisbeermarmelade streichen.

Magerquark in ein sauberes Tuch geben und fest ausdrücken. Den trockenen Quark in einer Schüssel mit Zucker, Eiern, der abgeriebenen Schale von ½ Zitrone und der Milch glattrühren.

Gelatine in kaltem Wasser einweichen, ausdrücken, mit dem Rum in einen kleinen Topf geben und bei schwacher Hitze auflösen. Anschließend unter die Quarkmasse rühren.

Sahne steif schlagen und unter die Quarkcreme heben. Die Quarkcreme auf dem mit Marmelade bestrichenen Boden verteilen und mit einer Palette glattstreichen. Den zweiten Biskuitboden darauflegen. Kakaopulver darübersieben und bis zum Servieren kühl aufbewahren.

Nährwerte pro Portion/Stück	
Kilokalorien	520
Kilojoule	2180
Eiweiß/g	13
Kohlenhydrate/g	54
Fett/g	26
Ballaststoffe/g	1,4

Dobostorte

Dieses Rezept stammt von Josef Dobos. Er war einer der bekanntesten Konditoren der k.u.k.-Monarchie. Erkennungszeichen dieser Torte ist die hauchdünne Karameldecke.

16 Stück

Teig:
7 Eier, getrennt
150 g Puderzucker
Fett für die Form
100 g Mehl
50 g Speisestärke

Füllung:
150 g Blockschokolade
250 g weiche Butter
150 g Puderzucker
2 Eigelb
1 EL Rum

Karamelglasur:
1 TL Butter
150 g Zucker
1 EL klarer Zitronensaft

Eigelb mit der Hälfte des Puderzuckers zu einer dicklichen Creme aufschlagen.

Den Boden einer Springform mit 26 cm Durchmesser fetten und mit Mehl ausstäuben.

Eiweiß auf der mittleren Stufe des Handrührgerätes ½ Minute steif schlagen, restlichen Puderzucker zugeben und auf höchster Stufe zu festem Schnee schlagen.

Eischnee auf die Eigelbmasse gleiten lassen, Mehl und Stärke mischen und darübersieben. Alles vorsichtig unterheben.

⅙ des Teiges in die Form geben, glattstreichen und in dem auf 200 °C vorgeheizten Backofen auf der mittleren Schiene in etwa 7 Minuten goldgelb backen.

Tortenboden sofort vorsichtig aus der Form lösen und auf einem Kuchengitter auskühlen lassen. Form mit Küchenpapier reinigen, wieder fetten, mit Mehl ausstäuben und Teig darin glattstreichen. Auf diese Weise insgesamt 6 Tortenböden backen.

Für die Creme die grob zerkleinerte Blockschokolade im Wasserbad unter Rühren langsam schmelzen. Aus dem Wasserbad nehmen und lauwarm halten.

Butter, Zucker und Eigelb sehr schaumig rühren und Rum dazumischen. Die Schokolade eßlöffelweise einrühren.

Den schönsten Tortenboden beiseite legen. Einen Boden auf eine Tortenplatte legen und mit einem Fünftel der Schokoladencreme bestreichen. Die weiteren Böden nacheinander daraufsetzen, Ränder begradigen und mit Creme bestreichen. Die Seiten sehr dünn mit Creme zustreichen.

Für die Glasur die Butter in einer Pfanne zerlaufen lassen, Zucker und Zitronensaft zugeben und unter ständigem Rühren bei mittlerer Hitze einen goldgelben Karamel herstellen.

Karamel sofort auf den letzten Tortenboden aufstreichen, mit einem gefetteten Messer den herabfließenden Karamel abschneiden und den Boden in 16 Tortenstücke schneiden.

Abgeschnittene Biskuitreste zerbröseln und die Seiten damit bestreuen. Die Karamelecken auf der Torte wieder zusammensetzen. Torte einige Stunden kühl stellen, damit die Creme fest wird.

Garnierungsvorschlag:
300 g Schlagsahne und 2 Päckchen Sahnesteif sehr steif schlagen und in einen Spritzbeutel mit Sterntülle füllen.

Auf der Torte 16 Stücke markieren und die Dreiecke mit Sahne ausspritzen. Die Karamelecken schräg aufgestellt jeweils an die Sahne lehnen.

Nährwerte pro Portion/Stück	
Kilokalorien	360
Kilojoule	1520
Eiweiß/g	5
Kohlenhydrate/g	41
Fett/g	19
Ballaststoffe/g	0,7

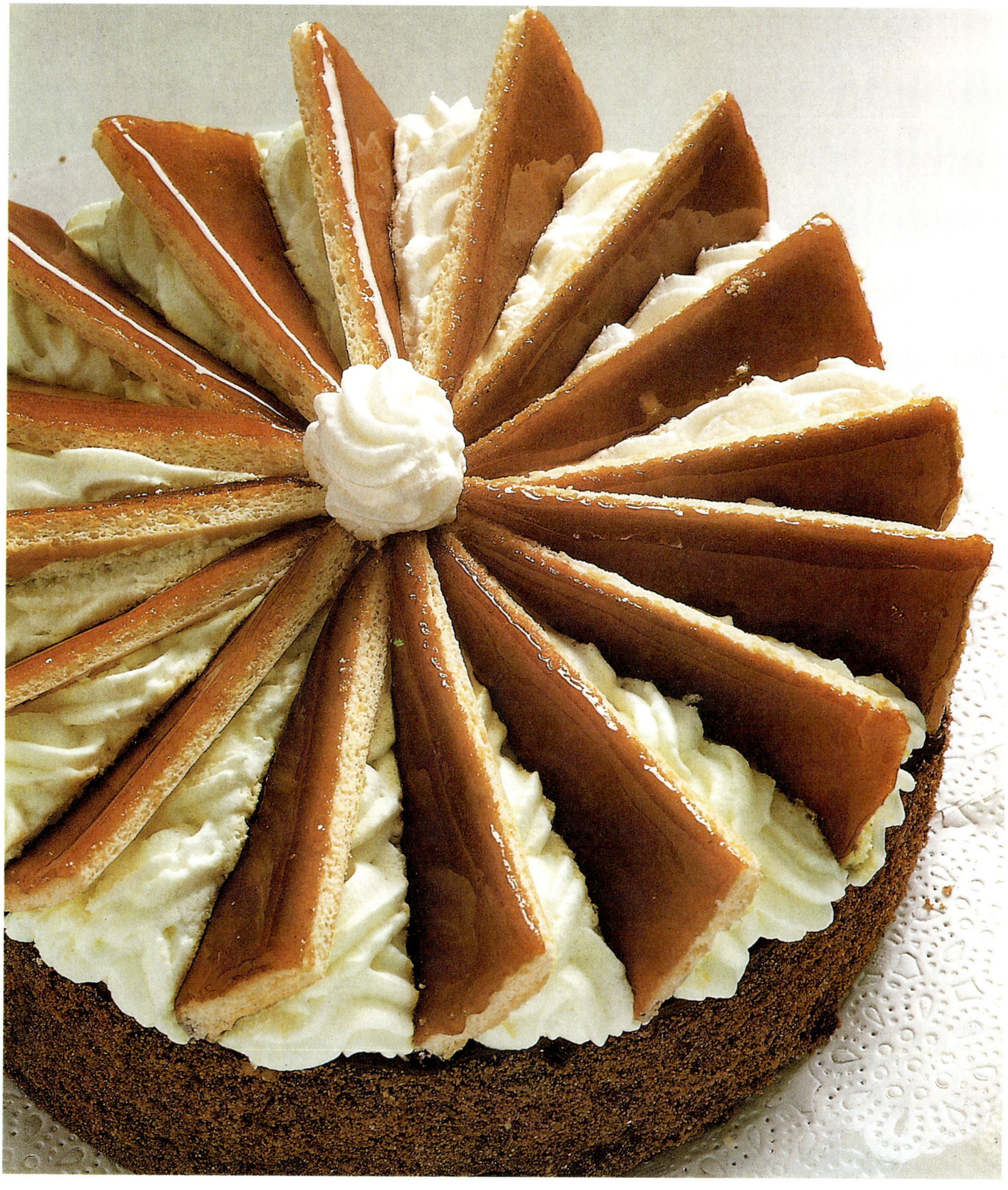

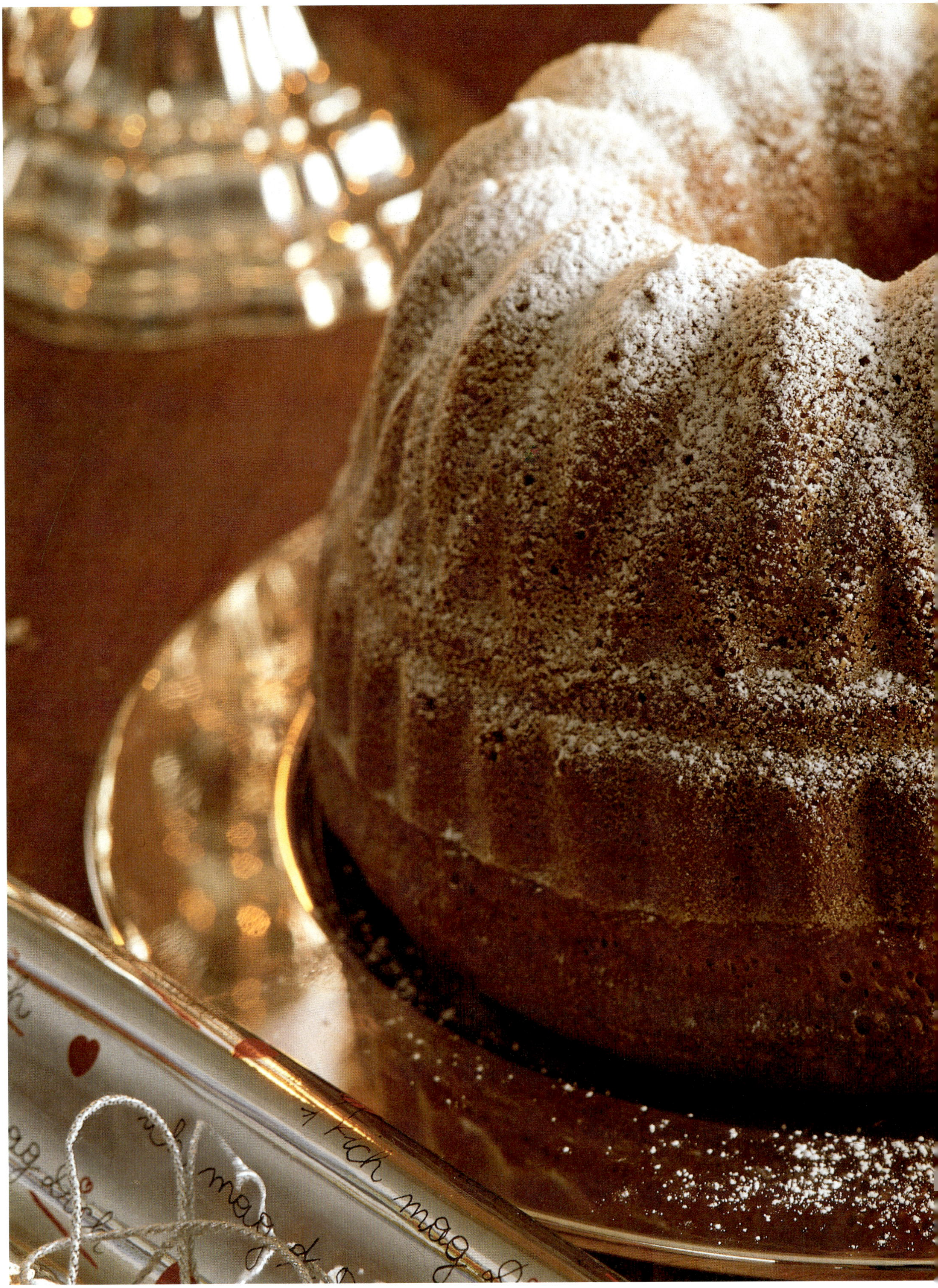

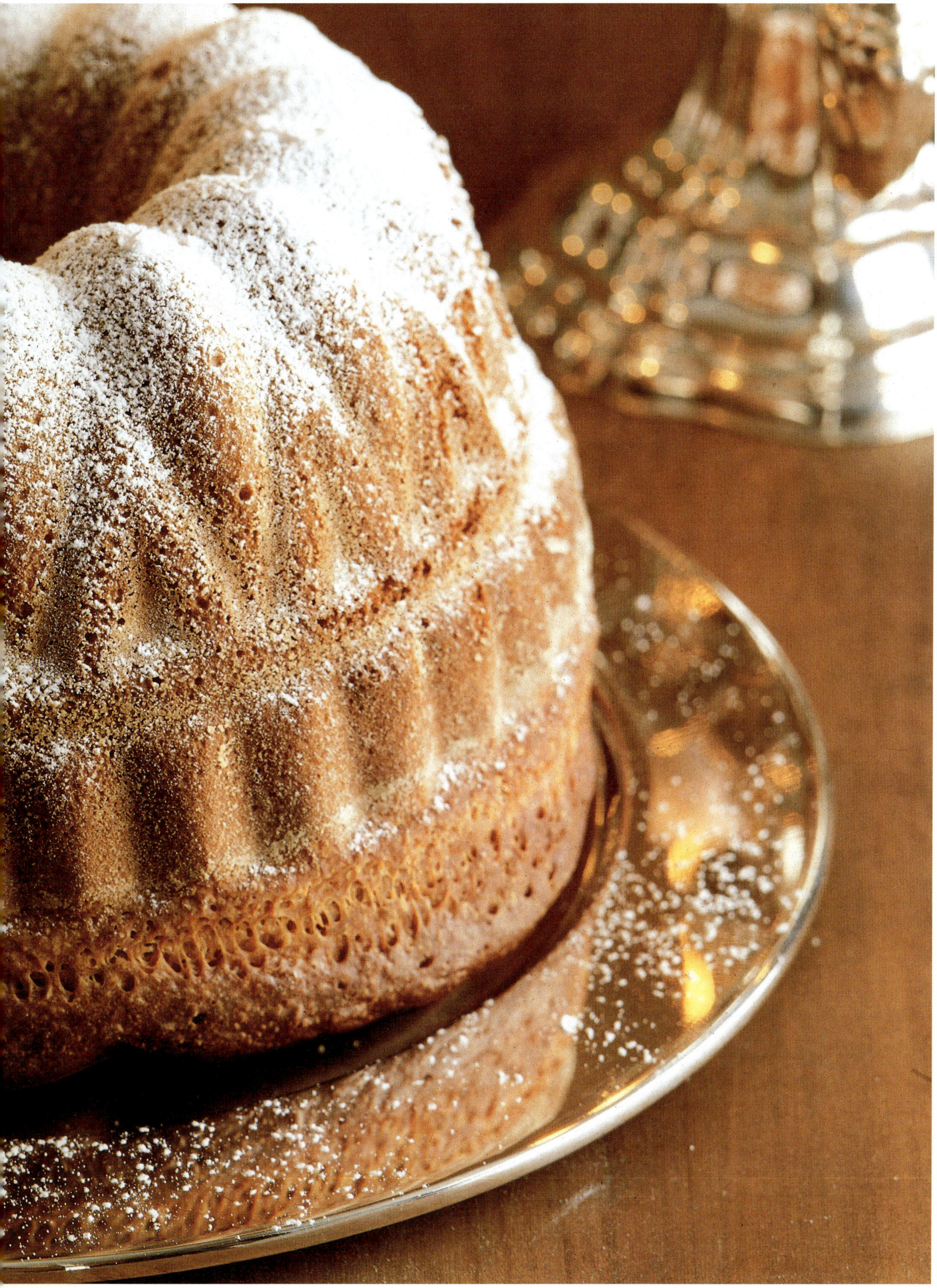

HEFETEIG

Bäckerhefe macht's möglich

Die quicklebendigen Hefepilze sind Lockerungs- und Treibmittel. Ihre Wirkung beruht auf einer raschen Vermehrung der Hefezellen bei günstigen Lebensbedingungen: Wärme, Feuchtigkeit und Nahrung. Es entsteht dabei eine Gärung, weil Alkohol und Kohlendioxid frei werden. Je wärmer es ist, desto schneller treibt die Hefe. Am schnellsten arbeitet sie bei einer Temperatur von ca. 30 °C. Bei höheren Temperaturen verlangsamt sich ihr Wachstum, bei über 40 °C stirbt sie ab.

Rasches Gehenlassen spart den Bäckern zwar Zeit, der Teig wird aber feiner, wenn die Gare (das Aufgehen) bei niedriger Temperatur langsam erfolgt, zum Beispiel über Nacht zugedeckt im Kühlschrank oder einem kühlen Raum. Anschließend mit warmen Händen durchkneten, um die Gare wieder anzuregen.

Hefe kommt entweder als frische Hefe, zu Würfeln gepreßt oder als Trockenhefe in den Handel.

Frische Hefe sollte vor der Verwendung immer mit lauwarmer Flüssigkeit angerührt werden. Das Trockenhefe-Granulat braucht man nicht mehr aufzulösen, es wird gleich mit dem Mehl vermischt.

Hefereste kann man 2 bis 3 Monate lang einfrieren.

Vom Brotteig bis zum Feingebäck

Der ursprünglichste aller Hefeteige ist der einfache Brotteig aus Mehl, Hefe, Wasser und Salz. Dieser Grundteig kann durch weitere Zutaten fast endlos angereichert und variiert werden. Feines Hefegebäck enthält zusätzlich Fett, meist Butter, Milch (eventuell auch Buttermilch oder Joghurt) und Eier. Die Zuckermenge in süßem Hefeteig ist sehr unterschiedlich und wird jeweils im Rezept angegeben.

Auch die Zubereitung von Hefeteig ist unterschiedlich, aber im wesentlichen handelt es sich um vier Techniken:
– geschlagener oder gekneteter Hefeteig (für fast alle Bäckereien);
– gerührter Hefeteig (mit sehr vielen Zutaten);
– abgebröselter Hefeteig (nach Mürbteigart für fettreiche Hefeteige, zum Beispiel für Kleingebäck);
– Hefeblätterteig (das Blättrigwerden beruht auf dem schichtweisen Einarbeiten von Butter wie beim Blätterteig).

Statt Hefeteig kann für fast alle dieser Bäckereien Quarkölteig verwendet werden, siehe Seite 176.

Hefeteig

Grundrezept

1 kg Weizenmehl, Type 405

2 TL Salz

40 g frische Hefe oder

6 g Trockenhefe

½ l Wasser

Ergibt Teig für zwei Brotformen von ca. 20 cm Länge, 12 cm Breite und 8 cm Höhe.

Hefeteig am besten in einer Schüssel ansetzen. Wenn sie nicht groß genug ist, das mit dem Salz gesiebte Mehl auf das Backbrett häufen und eine tiefe Mulde hineindrücken. Darin die mit etwas lauwarmem Wasser angerührte Hefe gehen lassen. Ein Backbrett ist besser als Marmor, weil Holz wärmer als Stein ist.

Süßer Hefeteig

Grundrezept

500 g Mehl

60 g Zucker

1 gestrichener TL Salz

40 g Hefe

¼ l lauwarme Milch

60 g Butter

2 Eier

Die Zutaten abmessen und auf Zimmertemperatur erwärmen. Das Mehl mit Zucker und Salz in eine große Schüssel sieben und eine Mulde hineindrücken. Zerbröckelte Hefe in lauwarmer Milch auflösen und in die Mulde gießen. Mit Mehl bestäuben und diesen Vorteig zugedeckt bei guter Raumtemperatur 15 bis 20 Minuten gehen lassen.

Die geschmolzene, abgekühlte Butter mit den Eiern verrühren und zugießen.

Mit der Hand läßt sich Hefeteig am besten schön glatt und luftig schlagen. Natürlich geht das auch mit einem Holzlöffel, dem Handmixer oder in der Küchenmaschine. Zu weichem Teig in dieser Phase noch Mehl zugeben; sollte er zu fest sein, etwas Milch einarbeiten. Es ist wichtig, Luft in den Teig zu schlagen, die Hefezellen brauchen Sauerstoff.

Den gründlich geschlagenen Teig zu einer Kugel formen und wieder in die Schüssel legen, damit er aufgehen kann.

Die Teigkugel mit Mehl bestäuben und die Schüssel mit einem Tuch zudecken. Hefeteig immer vor Zugluft schützen! Den Teig bei guter Raumtemperatur, ca. 21 °C, mindestens 30 Minuten gehen lassen. Dabei soll sich sein Volumen verdoppeln. Besonders feinporig wird der Teig, wenn man ihn nach dem Aufgehen kurz durchknetet und ein zweites Mal in der Schüssel zugedeckt etwa 30 Minuten gehen läßt.

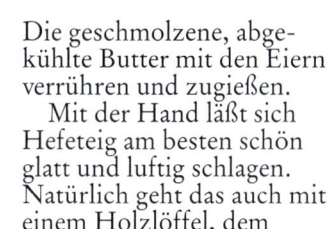

Alles inklusive

Alle Zutaten auf einmal mit den Knethaken von Handmixer oder Küchenmaschine vermengen. Dazu Trockenhefe verwenden. Die Butter soll nicht flüssig, sondern nur weich sein. Erst langsam rühren. Wenn das Mehl gebunden ist, auf Stufe 2 rotieren lassen. Weitere Verarbeitung wie üblich: Den Teig zu einer Kugel formen und gehen lassen. Die Gare dauert allerdings länger! Den Teig am besten zugedeckt im Kühlschrank 3 Stunden gehen lassen, einmal kräftig durchkneten und weitere 3 Stunden gehen lassen.

Durch Wärme wird das Aufgehen des Teiges auf Kosten der Feinporigkeit beschleunigt.

HEFETEIG

Hefeteig formen und backen

Den aufgegangenen Teig vor dem Formen mit bemehlten Händen auf der bemehlten Arbeitsfläche kräftig durchkneten. Dann in die vorbereitete Form legen und noch einmal zur doppelten Höhe aufgehen lassen.

Soll die Teigmenge zerteilt werden, kann man sie mit dem bemehlten Messer in exakte Portionsstücke schneiden.

Die Temperatur liegt für fast alles Hefegebäck bei 200 °C. Kleine Stücke und Blechkuchen 20 bis 30 Minuten backen, große Kuchen und Brote etwa 1 Stunde.

Zur Garprobe einen Holzspieß an der dicksten Stelle in das Gebäck stechen. Wenn beim Herausziehen kein feuchter Teig daran haftet, ist der Teig durchgebacken. Rechtzeitig prüfen und herausnehmen, damit das Gebäck nicht trocken wird!

Gugelhupf mit Nußfüllung

16 Stück

Teig:
500 g Mehl und Mehl zum Ausrollen
60 g Zucker
1 TL Salz
1 Würfel Hefe, 40 g
¼ l lauwarme Milch
60 g Butter und Fett für die Form
2 Eier
Füllung:
150 g Walnußkerne
300 g Marzipanrohmasse
150 ml Milch
Puderzucker zum Bestäuben

Einen süßen Hefeteig nach Grundrezept zubereiten und zu doppeltem Volumen aufgehen lassen. Inzwischen für die Füllung die Walnußkerne hacken und mit der Marzipanrohmasse und der Milch verrühren.

Eine Gugelhupfform fetten.

Den aufgegangenen Teig kurz kneten und auf bemehlter Arbeitsfläche mit der Teigrolle zu einem etwa 2 cm dicken Rechteck ausrollen.

Die Füllung auf die Teigplatte streichen, dabei einen 2 cm breiten Rand frei lassen.

Den Teig von der Längsseite her locker aufrollen und ringförmig in die Form legen. Zugedeckt weitere 15 Minuten gehen lassen.

In dem auf 200 °C vorgeheizten Backofen auf der unteren Schiene 55 Minuten backen. Zur Garprobe einen Holzspieß an der dicksten Stelle in das Gebäck stechen. Wenn beim Herausziehen kein Teig mehr daran haftet, ist der Gugelhupf fertig.

Auf ein Kuchengitter stürzen, auskühlen lassen. Vor dem Servieren mit Puderzucker bestäuben.

Nährwerte pro Portion/Stück	
Kilokalorien	315
Kilojoule	1320
Eiweiß/g	9
Kohlenhydrate/g	36
Fett/g	13
Ballaststoffe/g	2,5

125

HEFETEIG

Blechkuchen: Genuß vom laufenden Meter

Problemlos in der Zubereitung, zufriedenstellend im Ergebnis und nicht gleich alle – so präsentiert sich Blechkuchen, der Hit in der Hausbäckerei. Er ist der Ahne aller Kuchen, einfach und gut bis zum heutigen Tag.

Duftender Butterkuchen, saftiger Zwetschgendatschi, üppiger Bienenstich – Blechkuchen sind reeller Genuß: schnörkellos und gut. Dafür läßt man schon mal eine kunstvolle Torte mit Marzipankringeln und Buttercremerosetten stehen. Tips und Beispiele mit anderen Teigen und Massen finden Sie in dem jeweiligen Kapitel.

Teige und Massen

Am beliebtesten ist Hefeteig, der gut durch Quark-Ölteig ersetzt werden kann.

Weitere Teige (geknetet) sind Mürbteig, seltener Blätterteig. Unter den Massen (gerührt) dominieren die einfachen Rührkuchenmischungen. Auch Biskuit ist sich für Blechkuchen nicht zu fein, nur Brandmasse wird dafür selten verwendet.

Häufig findet man die Kombination von zwei Teigen: zum Beispiel ein sehr dünner vorgebackener Mürbteigboden, auf den eine Biskuitplatte (Rouladenbiskuit) mit Hilfe von Gelee »aufgeklebt« wird. So weicht der Boden nicht so schnell durch, was allerdings eher ein Problem im Konditorladen als im Haushalt ist. Zu Hause ist schneller Absatz gesichert, die Optik spielt nicht dieselbe Rolle wie im Schaufenster, und von saftigem Obst angeweichter Kuchenboden ist manch einem lieber als zuviel Teig.

Aus Gründen der Haltbarkeit werden in der Konditorei auch zweierlei Teige miteinander touriert (wie bei der Zubereitung von Blätterteig): Hefeteig mit Mürbteig oder Blätterteig mit Pastetenmürbteig. Diese Mühe braucht sich die Hausfrau nicht zu machen. Um den Boden vor allzu saftigem Belag zu schützen, können geriebene und geröstete Nüsse auf den Teig gestreut werden oder Biskuitbrösel, darüber etwas Sahnesteif, das den Saft bindet. Weitere Isolierschichten sind Pudding, Marzipan oder Buttercreme.

Blechkuchen

Fast alle Kuchen und Torten werden auf einem Blech gebacken, aber »Blechkuchen« heißen nur die flachen, rechteckigen.

Grundsätzlich können Sie alle flachen Kuchen auf dem Blech backen. Der Vorteil: Sie erhalten in einem Arbeitsgang eine größere Menge – grob gerechnet das Doppelte.

Blechkuchen ist besonders gut zu portionieren: Ob Sie kleine Quadrate, lange Streifen oder große Stücke schneiden, es sieht immer »richtig« aus. Im Gegensatz zu runden Kuchen, bei denen besonders dünne oder dicke Stücke eher unangenehm auffallen.

Einschubleiste: Da Blechkuchen sehr flach sind, wäre theoretisch die mittlere Einschubleiste richtig. Das gilt für Teig ohne Belag, zum Beispiel für das Vorbacken des Mürbteigs beim Rhabarber-Baiserkuchen oder für eine Schokoladen- oder Nußmasse, die ohne Belag gebacken und anschließend glasiert wird. Teig mit Obstbelag dagegen ist weiter unten einzuschieben, damit der Teig fertig bäckt, ohne daß das Obst austrocknet.

Kuchen mit Baiserhaube oder Butterkuchen wiederum können gegen Ende der Backzeit mehr Oberhitze erhalten, damit die Haube leicht bräunt bzw. der Zucker karamelisiert.

Weil der Teig auf dem Blech so dünn ist und die Backofenhitze so großflächig auf ihn einwirkt, muß man Blechkuchen besonders gut im Auge behalten. Wenn er zu lange bäckt, brennt der Boden leicht an oder der Kuchen wird zu trocken.

Ideal für Blechkuchen ist Hefeteig. Aus ihm entstehen Blechkuchen »wie bei Muttern«. An Schlichtheit nicht zu überbieten und doch vollkommen auf seine Art ist der Butterkuchen.

Butterkuchen

20 Stück

Teig:
500 g Mehl und Mehl zum Ausrollen
60 g Zucker
½ TL Salz
1 Würfel Hefe, 40 g
¼ l lauwarme Milch
60 g Butter und Fett für das Blech
2 Eier

Belag:
250 g Butter
100 g Zucker
50 g Mandelblättchen

Den Hefeteig, wie auf Seite 123 beschrieben, herstellen und gehen lassen.

Teig nochmals kurz kneten, auf bemehlter Arbeitsfläche zu einem Rechteck ausrollen. Ein Backblech fetten, den Teig darauflegen, mit der Teigrolle der Blechgröße anpassen.

Die Ränder einschlagen und mit der Gabel andrücken. 10 Minuten zugedeckt gehen lassen.

Für den Belag ein Drittel der Butter schmelzen, Teig damit bepinseln.

Mit dem Daumen über den ganzen Teig verteilt viele Vertiefungen eindrücken.

Den Rest der Butter in Flöckchen in die Vertiefungen setzen. Mit Zucker und Mandelblättchen bestreuen.

In dem auf 200 °C vorgeheizten Backofen auf der mittleren Schiene 20 bis 25 Minuten goldgelb backen (Garprobe).

Die Teigmenge ist für ein großes Blech von 40 × 45 cm berechnet. Bei kleineren Blechen müssen die Zutatenmengen entsprechend verringert werden.

Nährwerte pro Portion/Stück	
Kilokalorien	280
Kilojoule	1150
Eiweiß/g	5
Kohlenhydrate/g	27
Fett/g	15
Ballaststoffe/g	1

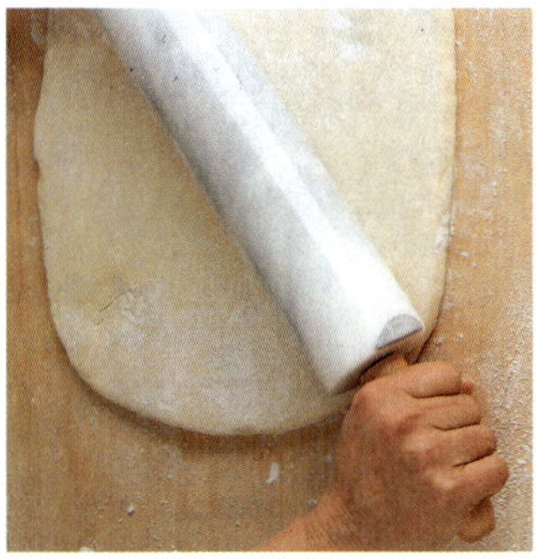
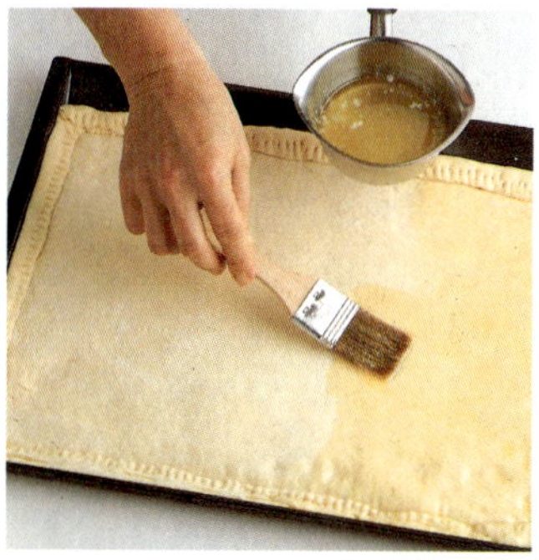
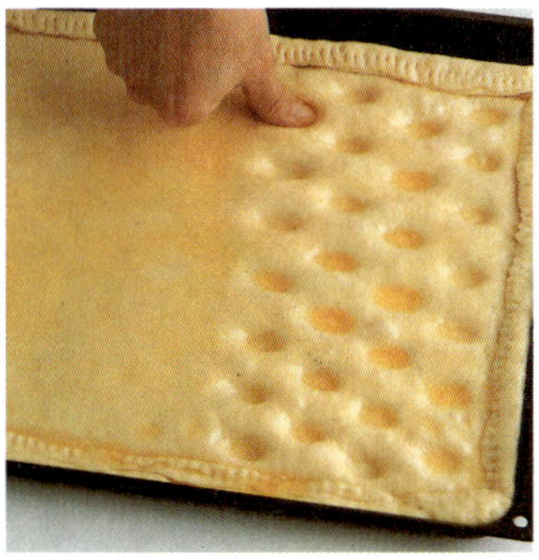
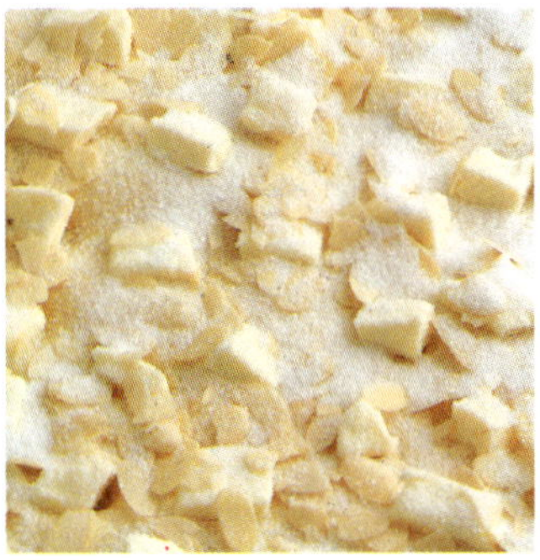
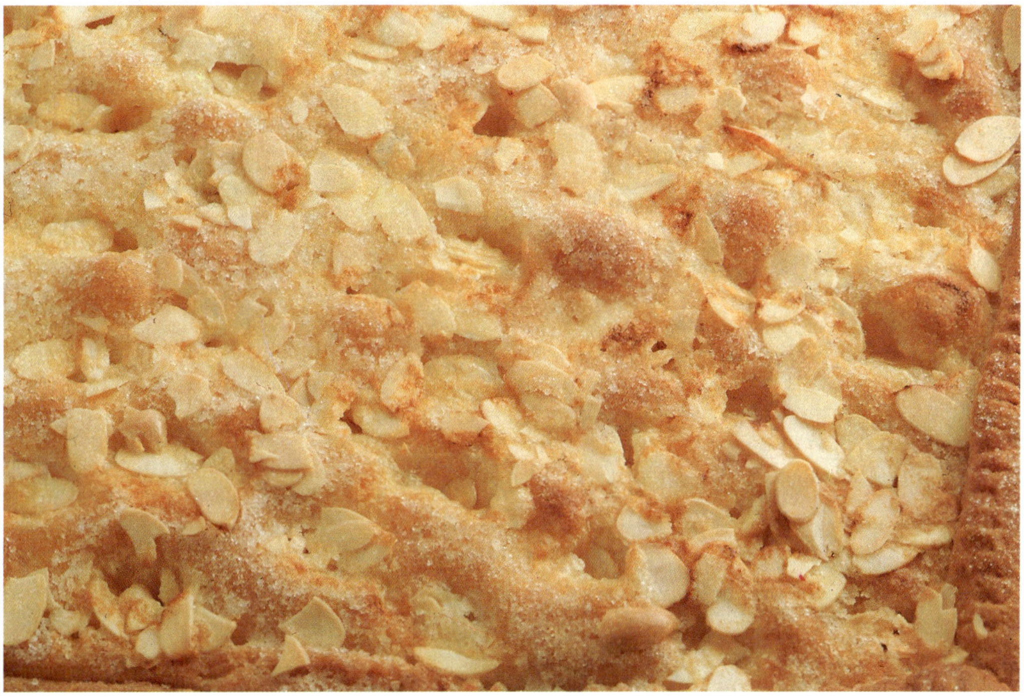
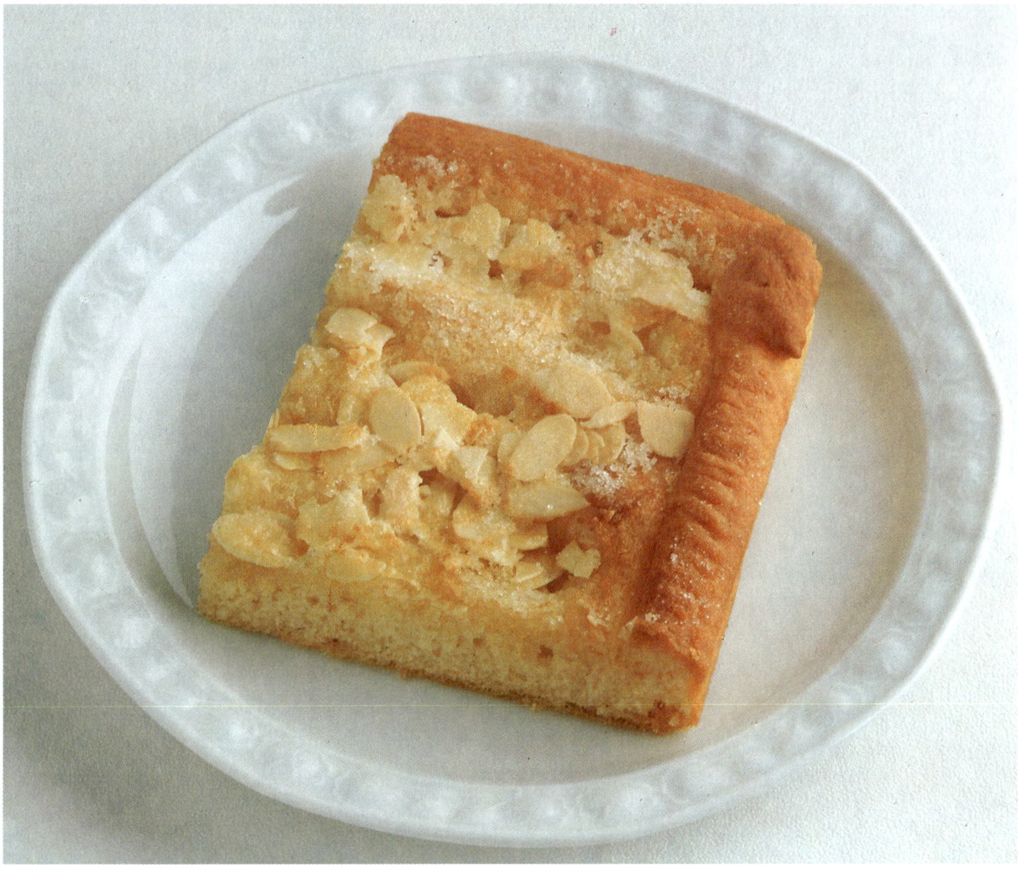

HEFETEIG

Bienenstich

20 Stück

Teig:
300 g Mehl
30 g Hefe
40 g Zucker
⅛ l Milch
1 Ei
1 Prise Salz
60 g Butter
Butter für das Backblech

Puddingfüllung:
½ l Milch
1 Päckchen Vanillepuddingpulver
50 g Zucker
50 g Butter
1 Prise Salz
2 Eigelb
250 g Schlagsahne

Mandeldecke:
125 g Schlagsahne
50 g Zucker
50 g Bienenhonig
300 g Mandelblätter

Das Mehl in eine Backschüssel sieben. In die Mitte eine Mulde drücken und die Hefe hineinbröckeln. 1 Teelöffel Zucker darüberstreuen.

Die Milch nur leicht erwärmen und über die Hefe gießen. Mit einem Löffel aus Milch, Hefe und Zucker einen kleinen Vorteig anrühren. Schüssel zudecken und den Vorteig an einem warmen Ort 15 Minuten gehen lassen.

Den restlichen Zucker, das Ei und die weiche Butter in die Schüssel geben. Alle Zutaten kräftig verkneten und schlagen, bis der Teig locker und trocken ist und Blasen wirft.

Backblech leicht fetten. Teig darauf so ausrollen, daß er etwa die Hälfte des Blechs bedeckt. Den Teig mit einer Gabel mehrmals einstechen und zugedeckt an einem warmen Ort nochmals 20 Minuten gehen lassen.

Für die Füllung ⅛ l kalte Milch mit dem Puddingpulver glattrühren. Die restliche Milch in einem Topf mit Zucker, Butter und Salz zum Kochen bringen. Das Puddingpulver mit dem Schneebesen unterrühren und kurz aufkochen lassen. Vom Herd nehmen und das Eigelb unterrühren. Unter gelegentlichem Rühren, damit der Pudding keine Haut bekommt, abkühlen lassen.

Für die Mandeldecke Sahne, Zucker und Honig in einem Topf aufkochen, anschließend die Mandeln unterheben. Vom Herd nehmen, leicht abkühlen lassen und anschließend gleichmäßig auf den gegangenen Teig streichen.

Im vorgeheizten Backofen auf der mittleren Schiene bei 225 °C etwa 25 Minuten backen, bis der Belag goldgelb ist.

Nach dem Backen den Kuchen vom Blech lösen und auf einem Kuchengitter auskühlen lassen. Dann auf die Arbeitsfläche legen und ringsum den Rand dünn abschneiden. Den Kuchen erst der Länge nach halbieren. Beide Hälften mit einem langen Messer waagrecht aufschneiden.

Den kalten Pudding durch ein Sieb streichen. Schlagsahne steif schlagen und unter den Pudding heben.

Auf die Kuchenhälften ohne Mandelbelag den Sahnepudding gleichmäßig verteilen.

Die anderen beiden Kuchenstreifen in je 10 gleich große Stücke schneiden. Dicht nebeneinander mit der Mandelmasse nach oben auf den Pudding setzen und leicht andrücken. Mit einem scharfen Messer den Bienenstich ganz durchschneiden. Dabei das Messer immer wieder in kaltes Wasser tauchen, damit die Füllung nicht daran kleben bleibt. Bis zum Servieren kühl aufbewahren.

Nährwerte pro Portion/Stück	
Kilokalorien	*320*
Kilojoule	*1350*
Eiweiß/g	*7*
Kohlenhydrate/g	*25*
Fett/g	*21*
Ballaststoffe/g	*2,5*

HEFETEIG

Zwetschgendatschi

20 Stück

Teig:
500 g Mehl
60 g Zucker
1 Prise Salz
1 Würfel Hefe, 40 g
¼ l lauwarme Milch
80 g Butter und Fett für das Blech
1 Ei

Belag:
2 kg Zwetschgen
50 g Löffelbiskuits
50 g Zucker
1 TL Zimt

Den süßen Hefeteig nach Grundrezept zubereiten und auf doppeltes Volumen aufgehen lassen.

Inzwischen die Zwetschgen waschen, abtropfen lassen. Die Zwetschgen entsteinen, dazu die Zwetschgen längs einschneiden, den Kern entfernen. Die Hälften jeweils oben und unten einschneiden. Mit einem Entsteiner geht es noch einfacher.

Die Biskuits in eine Plastiktüte füllen, mit der Teigrolle krümelig walzen.

Den Hefeteig nochmals durchkneten und auf einem gefetteten Backblech ausrollen, einen kleinen Rand hochziehen. Mit Biskuitbröseln gleichmäßig bestreuen.

Die Zwetschgen schuppenförmig dicht daraufle-gen. Nochmals zugedeckt 10 Minuten gehen lassen.

In den auf 200 °C vorgeheizten Backofen auf die mittlere Schiene schieben und etwa 35 Minuten bakken, bis die Teigränder goldbraun sind (Garprobe am Rand).

Zucker und Zimt mischen, über den heißen Kuchen streuen. Auf dem Blech abkühlen lassen, in Stücke schneiden.

Nährwerte pro Portion/Stück	
Kilokalorien	220
Kilojoule	910
Eiweiß/g	4
Kohlenhydrate/g	37
Fett/g	5
Ballaststoffe/g	2,3

Savarin mit Früchten

16 Stück

Teig:
250 g Mehl
50 g Zucker
1 Prise Salz
½ Würfel Hefe, 20 g
4 EL lauwarme Milch
75 g Butter und Fett für die Form
2 Eier
Semmelbrösel für die Form

Füllung:
1 Dose ganze Aprikosen in Sirup, 400 g
4 cl Aprikosen- oder Orangenlikör
250 g Schlagsahne

Einen süßen Hefeteig, wie auf Seite 123 beschrieben, zubereiten und auf doppeltes Volumen aufgehen lassen.

Eine Ringform fetten und mit Semmelbröseln ausstreuen.

Den Teig nochmals kurz kneten, gleichmäßig in die Form füllen. Zugedeckt etwa 15 Minuten gehen lassen. In dem auf 200 °C vorgeheizten Backofen auf der mittleren Schiene 30 bis 40 Minuten backen (nach 30 Minuten Garprobe an der dicksten Stelle).

Auf ein Kuchengitter stürzen und auskühlen lassen. Die Früchte in einem Sieb abtropfen lassen, dabei den Saft auffangen.

Rundherum mit einer Stricknadel einstechen, wieder in die Form setzen.

Etwa ⅛ l abgetropften Aprikosensirup und Likör mischen, über den Kuchen träufeln. 2 Stunden durchziehen lassen.

Den Savarin auf eine Kuchenplatte stürzen. Die Sahne steif schlagen, dekorativ auf dem Savarin verteilen. Die Aprikosen in die Mitte legen.

Nährwerte pro Portion/Stück	
Kilokalorien	210
Kilojoule	880
Eiweiß/g	3
Kohlenhydrate/g	24
Fett/g	10
Ballaststoffe/g	0,7

Kulitsch – Russischer Osterkuchen

16 Stück

Teig:
250 g Schlagsahne
30 g Hefe
600 g Mehl, Type 405
100 g Sultaninen
50 g gemischte kandierte Früchte
150 g weiche Butter
7 Eigelb
120 g Zucker
1 Prise Salz
1 g Safran
1 Messerspitze geriebene Muskatnuß
10 Kardamomsamen
50 g gemahlene Mandeln
Für eine Form von 20 cm Durchmesser:
Butter, Semmelbrösel und Backtrennpapier

Garnierung:
250 g Puderzucker
Saft von 1 Zitrone
2 EL Rum
bunte Zuckerperlen in verschiedenen Größen

Die Sahne etwas anwärmen. Die Hefe zerbröckeln und in die lauwarme Milch geben, die Hälfte des Mehls einrühren und diesen Vorteig zugedeckt an einem warmen Ort 30 Minuten gehen lassen.

Die Sultaninen mit heißem Wasser brühen, abgießen und auf Küchenpapier trocknen. Die kandierten Früchte fein würfeln.

Die Butter in großen Flocken, das Eigelb, Zucker, Salz und die Gewürze mit dem restlichen Mehl unter den Vorteig mischen und den Teig gründlich schlagen. Dann die gemahlenen Mandeln, Rosinen und kandierten Früchte zugeben und den Teig weiterhin mit den Händen schlagen und kneten, bis er Blasen wirft. Den Teig zugedeckt an einem warmen Ort 2 Stunden gehen lassen.

Eine hohe, runde Auflaufform mit einer Manschette aus Backtrennpapier doppelt so hoch machen, fetten und mit Semmelbröseln ausstreuen.

Die Form halbvoll mit Teig füllen und den Teig noch einmal gehen lassen, bis die Form zu drei Viertel voll ist.

Den Kulitsch im vorgeheizten Backofen bei 190 °C mindestens 1¼ Stunden auf der unteren Schiene backen. Zur Garprobe anstechen!

Den gebackenen Kulitsch zum Auskühlen aus der Form nehmen und auf ein Gitter setzen. Inzwischen die Glasur anrühren: Den Puderzucker mit Zitronensaft und Rum in einer Schüssel mischen und ins warme Wasserbad setzen. Mit dem elektrischen Handrührgerät etwa 3 Minuten lang sämig schlagen. Dann die Glasur aus dem Wasserbad nehmen und abkühlen lassen. Wenn sie dickflüssig ist, den Kulitsch damit so verzieren, daß die Glasur wie Eiszapfen über den Rand läuft und erstarrt. Je dicker die Glasur ist, desto eigenwilligere Formen bildet sie.

Vor dem Erstarren der Glasur in die Mitte des Kuchens ein Loch stechen, um später eine Kerze hineinzudrücken, und bunte Zuckerperlen auf die Oberfläche des Kuchens streuen.

Zum Servieren den Kulitsch waagrecht in dicke Scheiben schneiden und diese dann wiederum portionieren.

Nährwerte pro Portion/Stück	
Kilokalorien	440
Kilojoule	1840
Eiweiß/g	7
Kohlenhydrate/g	59
Fett/g	17
Ballaststoffe/g	1,9

Baba-O-Rum

16 Stück

Teig:
1 TL Zucker oder 2 Stück Würfelzucker
100 ml lauwarme Milch
¼ Würfel Hefe, 10 g
270 g Mehl
4 Eier
1 Prise Salz
70 g Sultaninen
Fett für die Form
Guß:
70 g Zucker
100 ml Rum

Zucker in wenig Milch einrühren, Hefe hineinbröckeln, auflösen und zugedeckt etwa 15 Minuten gehen lassen, bis sich Schaum bildet.

70 g Mehl mit der Hefemilch vermengen, kneten, zu einer Kugel formen und zugedeckt an einem warmen Ort etwa 20 Minuten gehen lassen.

Das restliche Mehl in eine Schüssel geben, eine Mulde formen und den in haselnußgroße Stücke geteilten Vorteig hineingeben.

Eier, Salz und die restliche Milch dazugeben und zu einem elastischen Teig verkneten.

Zum Schluß Sultaninen einarbeiten. Nochmals zugedeckt etwa 30 Minuten gehen lassen, bis die Teigkugel auf doppelte Größe aufgegangen ist.

Eine Napfkuchenform fetten und mit Mehl ausstreuen, Teig hineingleiten lassen und glattstreichen. In dem auf 200 °C vorgeheizten Backofen auf der mittleren Schiene etwa 40 Minuten backen. Wird die Oberfläche zu dunkel, nach 30 Minuten mit Pergamentpapier abdecken.

Kuchen 10 bis 15 Minuten in der Form auskühlen lassen, auf ein Kuchengitter stürzen.

Für den Guß den Zucker mit 100 ml Wasser einige Minuten köcheln lassen, vom Herd nehmen, Rum hineinrühren und sofort über dem lauwarmen Kuchen gleichmäßig verteilen.

Erkalten lassen und in Stücke geschnitten servieren.

Nährwerte pro Portion/Stück	
Kilokalorien	130
Kilojoule	560
Eiweiß/g	4
Kohlenhydrate/g	20
Fett/g	2
Ballaststoffe/g	0,7

HEFETEIG

Rosentorte

12 Stück

Teig:
1 TL Zucker oder 2 Würfelzucker
100 ml lauwarme Milch
1 Würfel Hefe, 42 g
500 g Mehl und Mehl für die Arbeitsfläche
2 Eier und 1 Eigelb, zimmerwarm
40 g weiche Butter und Fett für die Form
50 g Puderzucker
abgeriebene Schale von 1 Zitrone
1 Prise Salz

Creme:
100 g Zucker
100 g weiche Butter

Außerdem:
1 Päckchen Vanillinzucker

Zucker in 3 Eßlöffel Milch einrühren, Hefe hineinbröckeln, auflösen und zugedeckt etwa 15 Minuten gehen lassen, bis sich Schaum gebildet hat.

Mit 100 g Mehl vermengen, eine Kugel formen und zugedeckt an einem warmen, zugfreien Ort etwa 30 Minuten gehen lassen.

Wenn der Vorteig auf die doppelte Größe aufgegangen ist, das restliche Mehl, Eier, Eigelb, Butter, Puderzucker, Zitronenschale und Salz nach und nach unter den Vorteig kneten. Der Teig soll weich sein und nicht kleben.

Für die Creme Zucker und Butter schaumig rühren, bis der Zucker sich gelöst hat.

Den Teig auf einer gut bemehlten Arbeitsfläche zu einem ½ cm dicken Rechteck ausrollen und mit der Creme bestreichen. Rechteck von der kurzen Seite der Länge nach nicht zu fest aufrollen.

Die Rolle in 3 bis 4 cm breite Stücke schneiden (ergibt 12 bis 15 Stück). Die Schnittflächen auf einer Seite etwas zusammendrükken, damit die Creme nicht herausläuft, und mit dieser Seite in eine gefettete Springform mit 26 cm Durchmesser setzen. Die »Rosen« sollen mit etwa 1 cm Abstand nebeneinander liegen.

Springform mit einem Küchentuch abdecken und an einen warmen Ort stellen, bis die »Rosen ineinanderwachsen«.

In dem auf 200 °C vorgeheizten Backofen auf der mittleren Schiene etwa 50 Minuten backen.

Vanillinzucker in der restlichen Milch auflösen, Torte damit bestreichen und nochmals 5 Minuten in den Backofen stellen, bis die Rosen goldbraun sind.

In der Form erkalten lassen, auf einer Tortenplatte servieren.

Variation:
Die Rosen können anstatt mit der Buttercreme auch mit gezuckerten gemahlenen Nüssen gefüllt werden.

Nährwerte pro Portion/Stück	
Kilokalorien	320
Kilojoule	1350
Eiweiß/g	7
Kohlenhydrate/g	45
Fett/g	12
Ballaststoffe/g	1,2

135

PLUNDERTEIG

Auch wenn die wenig respektvolle Bezeichnung es nicht nahelegt, handelt es sich beim Plunderteig um ein höchst erlesenes Backwerk. Die besten Eigenschaften zweier, an sich schon hervorragender Teige verbinden sich in ihm. Er ist weich und saftig wie Hefe-, luftig und knusprig wie Blätterteig.

Um Zeit zu sparen, setzen Sie den Hefeteig am Vorabend an und geben am nächsten Tag die Touren möglichst rasch hintereinander. Zeitaufwand: am Vorabend 20 Minuten für den Hefeteig, Touren geben und Gebäck formen: gut 1½ Stunden. Backzeit je nach Größe der Gebäckstücke: 10 bis 30 Minuten.

Der Hefeteig muß zum Ausrollen sehr gut gekühlt und dadurch relativ fest sein. Die Butter ist zwar kühl, aber nicht eisschrankkalt.

Zum Backen: Plunder geht wie Hefeteig beim Backen auf. Deshalb zwischen den einzelnen Gebäckstücken auf dem Blech ausreichend Platz lassen.

Plunderteig

z. B. für 1 Zopf

⅛ l Wasser
⅛ l Milch
30 g Hefe
1 gestrichener TL Salz
80 g Zucker
2 Eier
500 g Mehl
Mehl zum Bestäuben

Zum Einziehen:

250 g Butter

Zum Bestreichen:

1 verquirltes Ei

Das kalte Wasser mit der kalten Milch mischen, darin die zerbröckelte Hefe, Salz und Zucker auflösen. Die beiden Eier zugeben und verquirlen. Mehl in eine Rührschüssel füllen, eine große Mulde in die Mitte drücken und die übrigen Zutaten hineingießen. Mit dem Rührgerät zu einem glatten, elastischen Teig verarbeiten, der sich von der Schüssel löst. Mit Mehl bestäuben, mit einem feuchten Tuch bedecken und einige Stunden oder über Nacht in den Kühlschrank stellen.

Inzwischen die Füllung zubereiten.

Später oder am nächsten Tag: den Teig auf bemehlter Arbeitsfläche zu einem Rechteck ausrollen, mit der Butter belegen und drei einfache Touren oder zwei einfache und eine doppelte Tour geben (ausführliche Beschreibung im Kapitel »Blätterteig«, Seite 142).

Den Teig nach der ersten und dritten Tour mindestens 30 Minuten im Kühlschrank ruhen lassen.

Achtung: Wenn Sie bemerken, daß an manchen Stellen die blanke Butter durchkommt, das Tourengeben unterbrechen, sonst vermischen sich die Zutaten zu einer homogenen Masse, die nicht blättern kann.

Mohnzopf

Nicht nur kleine Teilchen, auch ein schöner großer Frühstückszopf läßt sich aus Plunderteig backen. Im Gegensatz zum gewöhnlichen Hefezopf ist er unendlich zart und mürbe.

16 Stück

Plunderteig:

⅛ l Wasser
⅛ l Milch
1 TL Salz
80 g Zucker
2 Eier
550 g Mehl
250 g Süßrahmbutter zum Einziehen
Mehl zum Ausrollen

Mohnfüllung:

1 l Milch
125 g Zucker
225 g gemahlener Mohn
4 Eigelb
4 EL Sultaninen

Außerdem:

1 Ei zum Bestreichen
Fett für das Blech

Den Hefe-Plunderteig, wie oben beschrieben, zubereiten und einige Stunden oder über Nacht gehen lassen.

Später oder am nächsten Tag die Butter in drei einfachen Touren oder einer doppelten Tour wie beschrieben einziehen. Den Teig nach der ersten und dritten Tour mindestens 30 Minuten ruhen lassen.

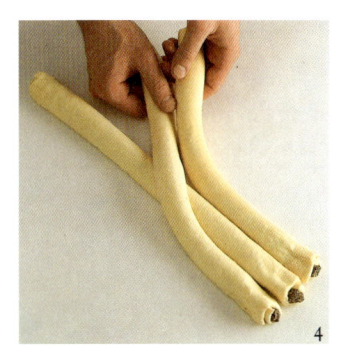

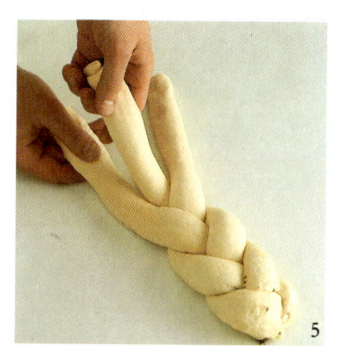

Auf einem Kuchengitter auskühlen lassen und eventuell mit Puderzucker bestäuben.

Nährwerte pro Portion/Stück	
Kilokalorien	460
Kilojoule	1950
Eiweiß/g	11
Kohlenhydrate/g	46
Fett/g	25
Ballaststoffe/g	1,9

Variation: Nußfüllung

150 g Haselnußkerne	
125 g weiche Butter	
75 g Zucker	
1 Päckchen Vanillinzucker	
50 g Marzipanrohmasse	
50 g Biskuit- oder Keksbrösel	
1 Prise Salz	
1 Messerspitze Zimt	

Alle Zutaten in einer Schüssel zu einer gleichmäßigen Masse verkneten und mit Zimt abschmecken. Ist die Füllung zu fest, eventuell etwas Wasser einarbeiten.

Die Nußfüllung wie beschrieben in einen Spritzbeutel füllen, weiter arbeiten wie bei Mohnzopf.

Nährwerte pro Portion/Stück	
Kilokalorien	450
Kilojoule	1890
Eiweiß/g	7
Kohlenhydrate/g	40
Fett/g	28
Ballaststoffe/g	1,5

Inzwischen für die Mohnfüllung die Milch und den Zucker in einem Topf aufkochen, den Mohn einstreuen und einmal aufwallen lassen, den Herd ausschalten, den Mohn kurz ausquellen lassen, bis die Masse dick ist. Topf vom Herd nehmen, Eigelb und Sultaninen einrühren.

Den Teig auf bemehlter Arbeitsfläche zu einem Quadrat von etwa 30 × 30 cm ausrollen. In drei gleiche Rechtecke schneiden.

Die Mohnfüllung in einen Spritzbeutel mit großer Lochtülle füllen und jeweils an eine lange Kante der drei Teigstreifen spritzen.

Die gegenüberliegende Kante mit dem verquirlten Ei bestreichen und jeden der drei Teigstreifen von der langen Seite her eng aufrollen, Nahtstellen gut andrücken.

Die drei Teigstränge nebeneinanderlegen. Die erste Zopfhälfte von der Mitte nach außen flechten und die Enden gut einschlagen. Den Zopf so drehen, daß die zweite Hälfte geflochten werden kann.

Ein Backblech fetten, den Zopf vorsichtig darauflegen. Die Seiten des Zopfes mit der flachen Hand andrücken, damit der Zopf eine gleichmäßige Form erhält und höher wird.

Den Zopf mit dem restlichen Ei bestreichen. In dem auf 190 °C vorgeheizten Backofen auf der unteren Schiene 35 bis 40 Minuten backen (Garprobe).

PLUNDERTEIG

Apfelsäckchen

Den Hefeteig am Vortag oder mindestens 8 Stunden vorher zubereiten.

2 Säckchen, 8 Portionen

Hefeteig:
⅛ l Milch und Wasser zu gleichen Teilen
15 g Hefe
1 Prise Salz
40 g Zucker
1 Ei
270 g Mehl
Mehl zum Verarbeiten
125 g Butter zum Einziehen

Füllung:
1 Apfel, 300 g
120 g Rosinen und kandierte Früchte, gemischt
abgeriebene Schale von ½ Zitrone
1 EL Zucker
1 Prise Zimt
100 g gemahlene Mandeln

Zum Bestreichen:
1 Eigelb
1 EL Sahne

Milch und Wasser sollten handwarm sein. Die zerbröckelte Hefe, Salz und Zucker darin auflösen. Das Ei in der Flüssigkeit verquirlen.

Das Mehl in eine Rührschüssel füllen und eine Mulde in die Mitte drücken. Die angerührten Zutaten hineingießen und mit dem elektrischen Rührgerät zu einem glatten, elastischen Teig verarbeiten, der sich von der Schüssel löst. Den Teig mit Mehl bestäuben, mit einem feuchten Tuch bedecken und 8 Stunden oder über Nacht in den Kühlschrank stellen.

Später oder am nächsten Tag den Teig auf der bemehlten Arbeitsfläche zu einem Rechteck ausrollen, mit der Butter belegen und drei einfache Touren oder zwei einfache und eine doppelte Tour geben – vergleiche dazu das Grundrezept »Blätterteig«!

Den Teig nach der ersten und dritten Tour mindestens 30 Minuten im Kühlschrank ruhen lassen.

Für die Füllung den Apfel schälen, achteln, entkernen und in feinste Scheibchen schneiden. Die Rosinen heiß brühen und trocknen. Die kandierten Früchte fein hacken. Alle Zutaten bis einschließlich Zimt mit den Apfelstückchen vermischen.

Den Plunderteig halbieren und jedes Stück zu einem Quadrat oder Kreis von 30 cm ausrollen. Zum Ausschneiden des Sterns entweder eine Schablone auflegen oder die Eckpunkte der Zacken markieren und den Teig mit dem Rädchen ausschneiden. Zackenlänge: etwa 7 cm.

Die Sternmitte mit gemahlenen Mandeln bestreuen und die Hälfte der Apfelfüllung darauflegen. Die Sternspitzen außen mit Wasser befeuchten, zur Mitte ziehen und mit einem Teigrest »zusammenkleben«. Achtung: Die Spitzen nicht übereinanderlegen, sonst bäckt der Teig nicht durch!

Ebenfalls aus Teigresten eine Schleife, ein Windrad oder eine Rosette schneiden, mit Eigelb bestreichen und in die Mitte kleben. Eigelb und Sahne verrühren und die Säckchen damit bestreichen.

Apfelsäckchen im vorgeheizten Backofen bei 190 °C etwa 20 Minuten auf der mittleren Schiene backen. Garprobe am »Knotenpunkt« machen!

Nährwerte pro Portion/Stück	
Kilokalorien	450
Kilojoule	1860
Eiweiß/g	8
Kohlenhydrate/g	47
Fett/g	23
Ballaststoffe/g	4,2

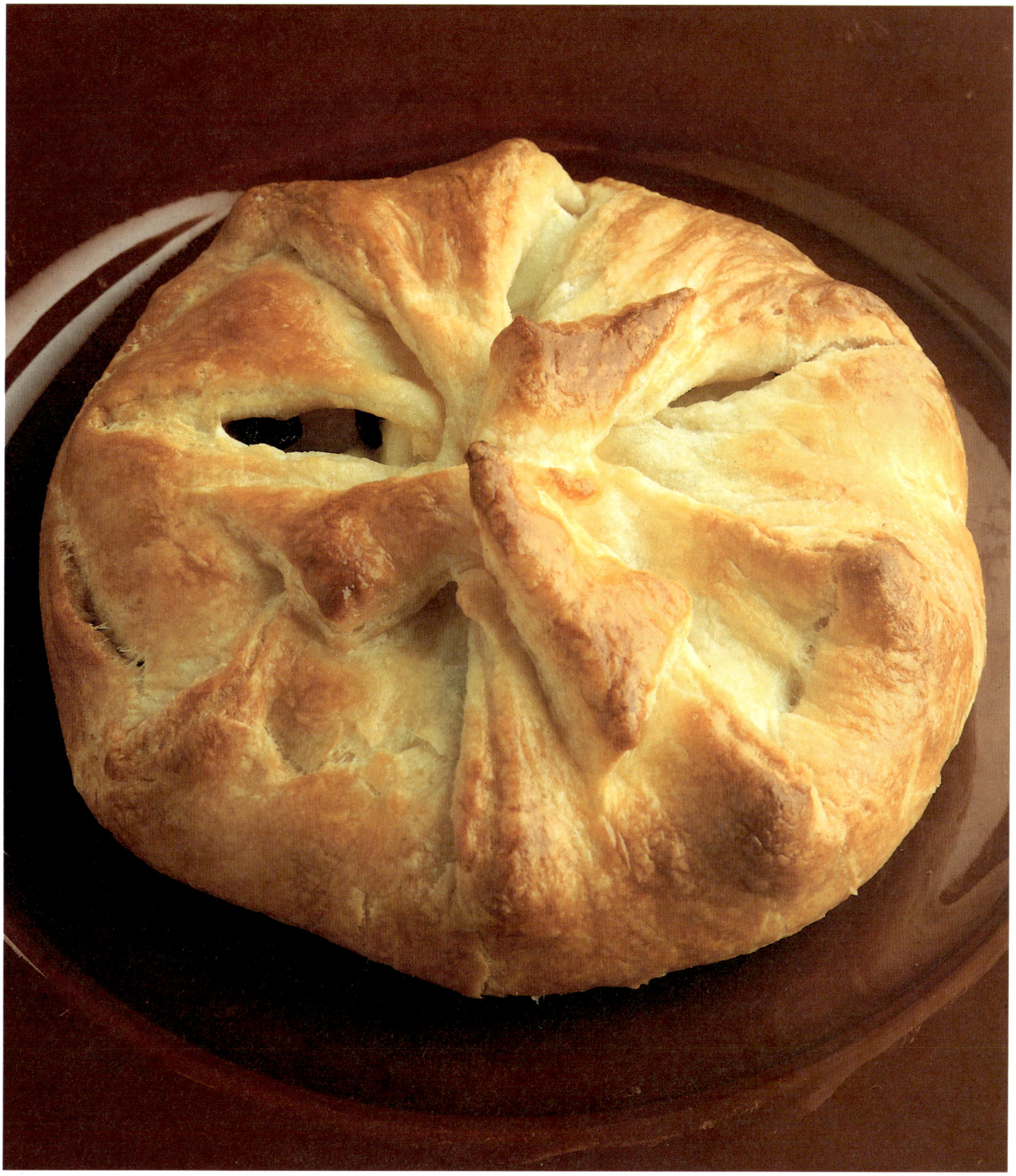

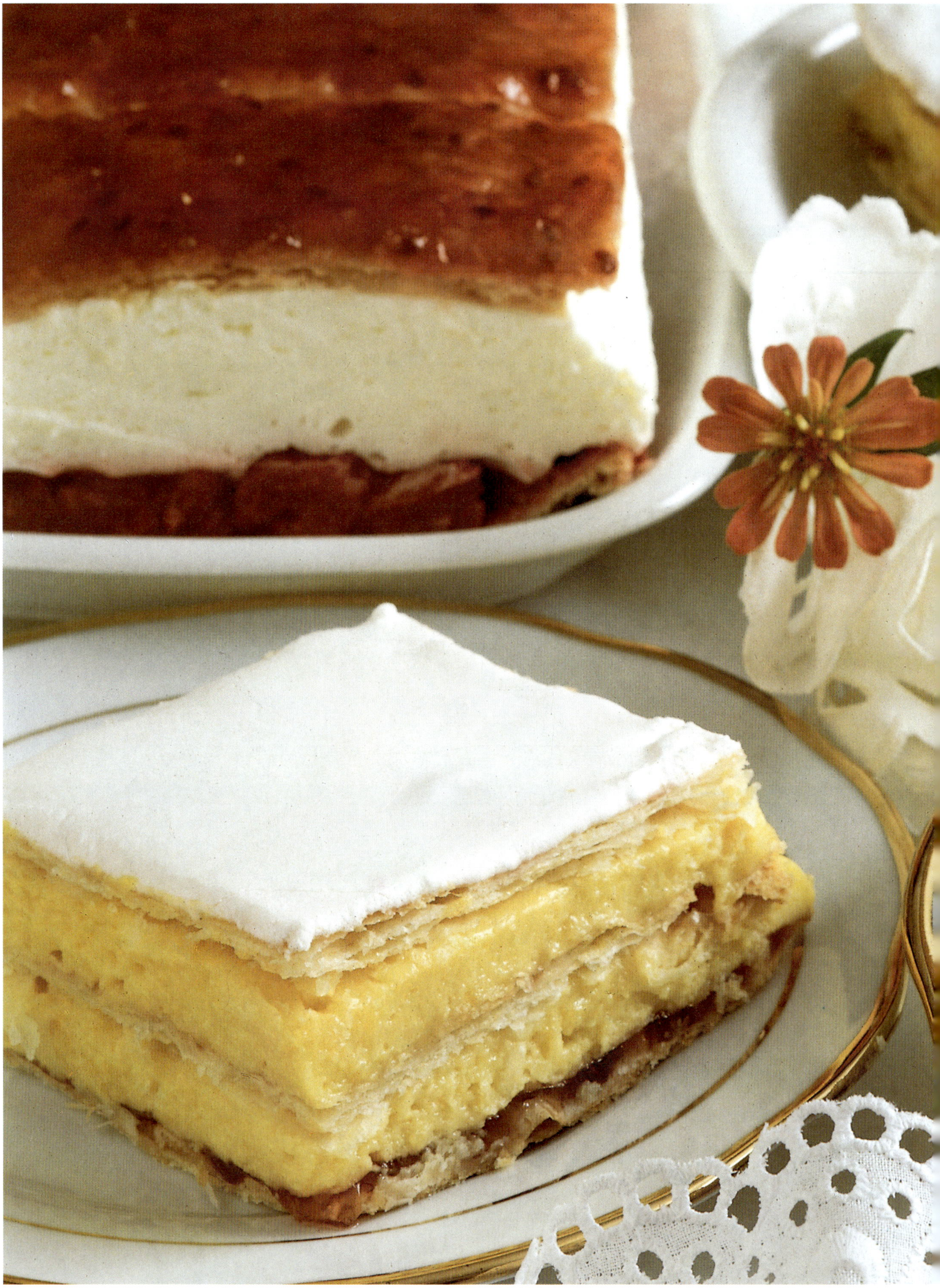

141

BLÄTTERTEIG

Zugegeben, ein richtiger Blätterteig ist nicht gerade im Handumdrehen zubereitet. Sorgfältiges Arbeiten und ausreichend Zeit sind nötig für diese anspruchsvollste aller Gebäcksorten. Dafür kann mit dem Ergebnis aber auch kein fertig gekaufter Teig mithalten.

Kaufen oder Selbermachen?

Nichts gegen fertig gekauften Tiefkühl-Blätterteig. Er ist sehr praktisch und für viele Zwecke, zum Beispiel Würstchen im Schlafrock, gewiß ausreichend. Nur darf man von dem handelsüblichen Margarineteig nicht erwarten, daß er mehr ist als eine geschmacksneutrale Unterlage für die übrigen Zutaten.

Wird Blätterteig mit Zutaten von zartem Aroma kombiniert oder besteht das Gebäck praktisch nur aus dem Teig (Teeblätter, Schweinsöhrchen), kommt man ums Selbermachen kaum herum.

Wirklich schwierig ist es nicht, eher langwierig, und wenn man schon mal dabei ist, sollte man gleich eine größere Menge herstellen, mindestens von 1 kg Mehl, denn Blätterteig läßt sich im Tiefkühlfach gut 2 bis 3 Monate aufbewahren.

So entstehen die Blätter

Das Grundprinzip ist, daß in einen festen Wasser-Mehlteig Butter so eingearbeitet wird, daß durch wiederholtes Zusammenklappen und Ausrollen (= Tourieren oder Touren geben) viele hauchdünne Mehl- und Butterschichten einander abwechseln. Beim Backen schmilzt die Butter. Das darin enthaltene Wasser verdampft und treibt die Mehlschichten auseinander – in lauter einzelne »Blätter«.

Wenn der Teig stets mit gleichmäßigem Druck gerollt und exakt übereinandergeklappt wird, blättert er beim Backen perfekt. Damit die Butter nicht weich wird und der Teig sich entspannen kann, muß er zwischen den Arbeitsgängen 40 Minuten, besser 1 Stunde, im Kühlschrank ruhen. Zur Zeitersparnis kann man ihn auch 20 bis 30 Minuten ins Tiefkühlgerät stellen.

Viele Methoden

können zu einem guten Blätterteig führen. Butter und Mehl werden fast immer zu gleichen Teilen genommen – Blätterteig ist also sehr fettreich.

Man unterscheidet deutschen, französischen und holländischen Blätterteig. Unterschied zwischen den ersten beiden Methoden: Beim deutschen Blätterteig liegt die Butter im Mehlteig, die Franzosen machen es umgekehrt. Die Herstellung von deutschem Blätterteig wird im Anschluß beschrieben. Französischer Blätterteig muß zwischen den Arbeitsgängen nicht so lange ruhen, ist aber sehr wärmeempfindlich und für die Herstellung im Haushalt nicht empfehlenswert. Holländischer Blätterteig heißt auch **Blitzblätterteig** und ist für den Hausgebrauch am praktischsten.

Blätterteig

Grundrezept

Aus 500 g Mehl mit Salz und Wasser einen Teig kneten, 500 g Butter plan rollen und einarbeiten.

Varianten:
Schon der Mehlteig enthält einen Butteranteil. Außerdem kann der Geschmeidigkeit halber wie bei Strudelteig ein wenig Essig zugefügt werden.

Zur Unterstützung von Geschmack und Farbe ist in einigen Rezepten die Zugabe von Eigelb und wenig Zucker vorgesehen, manchmal auch von dicker saurer Sahne (»Rahmblätterteig«).

Die Butter kann pur plan gewalzt werden. Oft verknetet man sie aber erst mit etwas Mehl (50 g auf 500 g Butter), kühlt sie und rollt sie dann erst aus.

Statt in einer Platte kann man die Butter auch in kleinen Stückchen dicht an dicht auf die Teigplatte legen, wodurch der Teig aber weniger schön blättert.

Bei sorgfältigem Arbeiten führen alle diese Methoden zu einem guten und jedenfalls wohlschmeckenden Ergebnis.

Für welche Art Sie sich auch entscheiden, machen Sie den Teig möglichst 1 Tag vor Gebrauch. Er läßt sich dann besser verarbeiten und bäckt schöner.

Deutscher Blätterteig

1 kg Mehl
450 ml kaltes Wasser
1 Schuß Essig
30 g Salz
1 kg Butter
Mehl zum Bestäuben
Für süßes Gebäck:
20 g Zucker
10 g Salz
statt Essig: 1 Schuß Rum

Von der Butter werden 100 g in den Mehlteig eingearbeitet, so ist er geschmeidiger. Vom Mehl kommen 100 g unter die Einziehbutter, damit sie weniger klebt.

Mehlteig:
900 g Mehl in die Schüssel sieben, Salz und 100 g kalte Butterstückchen zugeben.

Butter und Mehl mit den Händen »abreiben«, wie bei der Zubereitung von geriebenem Mürbteig. Die Butterteilchen sollen möglichst klein und gut im Mehl verteilt sein.

Eine Mulde formen. Wasser mit 1 Schuß Essig gemischt auf einmal in die Mulde gießen und sofort mit den Fingern zu rühren beginnen, damit sich keine Klümpchen bilden.

Das Mehl nach und nach unter das Wasser ziehen und den Teig so lange bearbeiten, bis er sich in einem aus der Schüssel lösen läßt.

Den Teig auf der Arbeitsfläche gründlich kneten. Teile, die kleben, mit dem Teigschaber lösen, nicht zu viel Mehl zum Bestäuben verwenden.

Der fertige Teig ist glatt, ziemlich fest, aber elastisch. Er darf weder kleben noch bröckeln. Die Teigkugel in Folie wickeln und in den Kühlschrank legen.

BLÄTTERTEIG

Einziehbutter:
900 g gekühlte, aber nicht eisige Butter mit 100 g Mehl verarbeiten. Butterstücke dicht aneinanderlegen, oben und unten mit Mehl bestäuben.

Butterblock mit der Handkante etwas breit schlagen, dann kneten und mehrmals wenden. Dabei laufend mit Mehl bestäuben, Butter zum rechteckigen Block formen und kühlen.

Butterblock zwischen Pergamentpapier auf knapp doppelte Größe auswalzen. Wieder in den Kühlschrank legen, während der Mehlteig ausgerollt wird.

Den Mehlteig mehr als doppelt so groß wie die Butter ausrollen. Dabei ein- bis zweimal wenden und sparsam bestäuben. Die Butter auf eine Hälfte der Teigplatte legen.

Zweite Teighälfte exakt darüberlegen. Ränder fest aufeinanderdrücken und nach oben über die Kante schlagen. Die Butter muß vollständig eingepackt sein.

Mit der Teigrolle über das Paket klopfen, um die Butter weicher zu machen und in die Ecken zu drücken. Dann zu einem langen Rechteck auswalzen, dabei in alle Richtungen rollen.

144

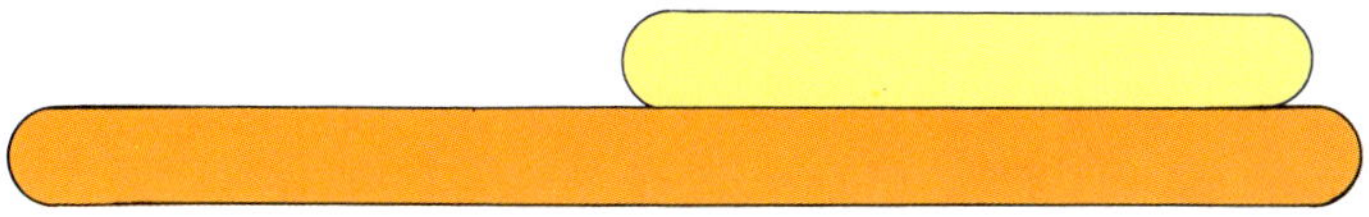

Der ausgewalzte Butterblock liegt auf der Hälfte des Mehlteigs.

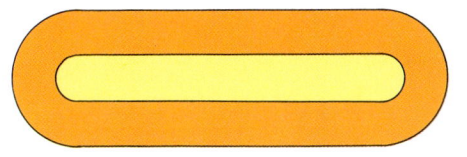

Die Butter ist ganz im Teig eingepackt.

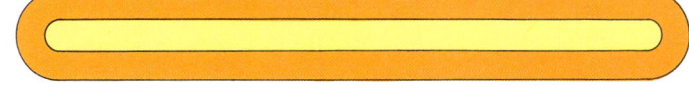

Teig-Fett-Teigschicht, auf etwa 1 cm Stärke eingerollt.

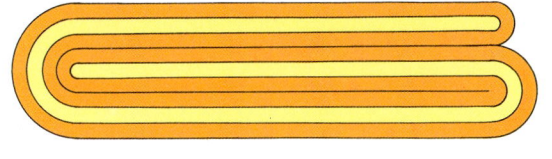

Zu drei Lagen eingeschlagen = einfache Tour.

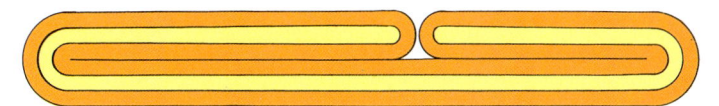

Einschlagen zur doppelten Tour: Entgegen vielen Darstellungen ist es besser, den Teig nicht zur Mitte einzuschlagen, sondern etwa im Verhältnis ¼ : ¾.

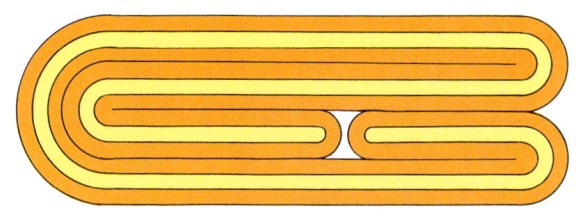

Zu vier Lagen eingeschlagen = doppelte Tour.

Die einfache Tour:
Ein Drittel des Teiges einschlagen, das freie Drittel darüberlegen, so daß drei Teigschichten übereinander sind. Wieder zu einem langen Rechteck auswalzen. Überschüssiges Mehl entfernen.

Die doppelte Tour:
Ein schmales Teigstück einschlagen, das andere Ende der Teigplatte bündig an die Kante legen. Das so entstandene Rechteck genau in der Mitte falten (= vier Teigschichten).

Teigschichten anrollen und spätestens jetzt in den Kühlschrank stellen. Je nach Raumtemperatur muß der Teig schon nach der einfachen Tour gekühlt werden. Eine einfache und eine doppelte Tour wiederholen.

Bereitet man den Teig am Vortag zu oder will man ihn einfrieren, so gibt man ihm nur eine einfache und eine doppelte Tour. Die nächsten Touren gibt man ihm vor der Verarbeitung am folgenden Tag bzw. nach dem Auftauen.

Selbstverständlich kann man ihn auch fertig touriert einfrieren (mit Folie bedeckt im Kühlschrank auftauen lassen). Nach der zweiten doppelten Tour sollte der Teig mindestens 40 Minuten ruhen, ehe er geformt wird.

Blitzblätterteig

oder **holländischer Blätterteig.** Ein wenig irreführend ist die Bezeichnung schon – auch der Blitzblätterteig braucht seine Zeit. Schnell geht es nur zu Anfang: Die Butter wird nicht kunstvoll eingepackt, sondern gleich mit dem Mehl verknetet. Anschließend folgt wie beim echten Blätterteig das Tourieren.

Grundrezept

| 500 g Mehl |
| 1 TL Salz |
| 400 g kalte Butter in Würfelchen |
| ¼ l Wasser |

Mehl und Salz auf die Arbeitsfläche sieben, in die Mitte eine Mulde drücken, Butterstückchen um den Rand legen und das Wasser auf einmal in die Mulde gießen.

Am besten mit zwei Teigschabern gleichzeitig arbeiten: Mehl und Butter von außen nach innen mit dem Wasser vermengen und die Arbeitsfläche immer wieder abkratzen. Zusätzliches Staubmehl verwenden.

Sobald sich der Teig formen läßt, wird er nicht geknetet, sondern in Blockform gebracht und zum langen Rechteck ausgerollt.

Beim Tourieren verkleben Mehl und Butter (wie beim Kneten). Insgesamt fünf einfache Touren geben. Nach jeder Tour den Teig in alle Richtungen ausrollen.

Spätestens nach drei Touren für 10 Minuten ins Gefrierfach oder 30 Minuten in den Kühlschrank legen. Nach der letzten Tour lieber länger, damit er sich entspannen kann.

Halbblätterteig

wird wie echter Blätterteig hergestellt. Allerdings begnügt man sich mit der halben Buttermenge, also 250 bis 300 g Butter auf 500 g Mehl. Dafür kann man die letzte Tour weglassen: vier einfache bzw. zwei einfache und eine doppelte Tour genügen.

Verwendung:
Zum Auslegen von Pastetenformen, für Pie, Quiche, Tortenböden, Käsegebäck.

Quarkblätterteig

Auch beim Quarkblätterteig spart man sich einiges an Arbeit. Neben dem Tourieren sorgen Feuchtigkeit und Säure des Quarks für zusätzliche Triebkraft. Die Zutaten sind zu gleichen Teilen Butter, Mehl und Quark, dazu etwas Salz.

Grundrezept

je 250 g Mehl, Butter und Magerquark (Schichtkäse)
1 TL Salz

Quark in einem Sieb gut abtropfen lassen. Wenn er sehr feucht ist, in einem Tuch auswringen. Mehl auf die Arbeitsfläche häufen, Salz und Quark in die Mitte, kleingeschnittene Butter rundherum legen, dann nur kurz mit den Händen verkneten. Kalt stellen. Auf bemehlter Fläche ausrollen und drei einfache Touren geben.

Verwendung:
Teigtaschen, Würstchen, Äpfel und anderes »im Schlafrock«, Fleurons, Pies und Tortenböden.

Quarkblätterteig kann auch mit Vollkornmehl hergestellt werden.

Blätterteig backen

Wenn es wichtig ist, daß der Teig beim Backen stark und gleichmäßig hochgeht, wird man für das Gebäck echten Blätterteig verwenden, der zwei einfache und zwei doppelte Touren erhalten hat (288 Schichten) oder fünf einfache Touren (486 Schichten). Das ist zum Beispiel bei Pasteten wichtig. Für Böden, Zwischenlagen und Käsegebäck genügt Blitzblätter- oder Resteteig. Die Teigplatten werden je nach Verwendung zu 1,5 bis 8 mm Stärke ausgerollt. Sind im Rezept keine genauen Angaben dazu, ist eine Stärke von 3 mm niemals ganz falsch.

Jede Art von Blätterteig muß nach der letzten Tour gut gekühlt mindestens 30 Minuten ruhen und nach dem Formen der Gebäckstücke noch einmal die gleiche Zeit. Pasteten lieber 1 bis 2 Stunden.

Für Gebäck, das in die Höhe ziehen soll, das Blech mit kaltem Wasser anfeuchten oder mit Backtrennpapier auslegen. Für Teigstücke, die in die Breite treiben sollen (Schweinsohren, Fächer etc.), das Blech leicht fetten.

Blätterteig wird vor dem Backen fast immer mit Ei bestrichen: 1 ganzes Ei und 1 Eigelb mit der Gabel leicht schlagen oder 1 Eigelb mit 1 Eßlöffel Sahne/Wasser verrühren.

Achtung:
Die Schnittflächen dürfen dabei nicht überstrichen werden, sonst verkleben die Schichten, und der Teig kann an diesen Stellen nicht hochziehen!

Blätterteig wird bei höheren Temperaturen (180 bis 230 °C) in kurzer Zeit (10 bis 25 Minuten) gebacken. Für Blätterteig mit reiner Butter sollte die Backofentemperatur um ca. 20 °C höher sein als für Blätterteig mit Ziehmargarine (gekaufter TK-Teig).

BLÄTTERTEIG

Prasselkuchen

20 Stück

Teig:
450 g TK-Blätterteig oder selbstgemachter Blitzblätterteig, siehe Seite 146
Mehl zum Ausrollen

Streusel:
320 g Mehl
200 g Zucker
1 TL Zimt
200 g Butter

Außerdem:
150 g Aprikosenkonfitüre

Die Teigplatten getrennt etwa 15 Minuten auftauen lassen. Auf bemehlter Arbeitsfläche zu einer rechteckigen Fläche aneinanderlegen. Die Enden mit einem feuchten Pinsel einstreichen, überlappend festdrücken. Zu Blechgröße ausrollen.

Teigplatte mit Mehl bestäuben, auf die Teigrolle oder einen dicken Kochlöffelstiel aufwickeln.

Das Blech mit kaltem Wasser spülen, Teig darauf abrollen. Mit einer Gabel die Oberfläche häufig einstechen.

Für den Streusel das Mehl, Zucker und Zimt in einer Schüssel vermischen. Die Butter in einem kleinen Topf bei milder Hitze zerlassen und unter Rühren in die Mehl-Zuckermischung gießen.

Mit der Hand gleichmäßig zerkrümeln, auf dem Blätterteig verteilen.

In dem auf 225 °C vorgeheizten Backofen auf der mittleren Schiene etwa 30 Minuten backen.

Die Marmelade mit 2 Eßlöffel Wasser erhitzen. Den noch heißen Kuchen damit bepinseln. Auf dem Blech abkühlen lassen, dann in Stücke schneiden.

Nährwerte pro Portion/Stück	
Kilokalorien	300
Kilojoule	1240
Eiweiß/g	3
Kohlenhydrate/g	34
Fett/g	15
Ballaststoffe/g	0,9

Diplomatentorte

10 Stück

200 g TK-Blätterteig
Creme:
6 Eigelb
125 g Zucker
40 g Mehl
½ l Milch
1 Vanilleschote
Außerdem:
200 g Löffelbiskuits
100 ml Rum
200 g Vollmilchschokolade

Den Blätterteig zu einem etwa 20 × 35 cm großen Rechteck ausrollen. Auf einem befeuchteten Backblech in dem auf 180 °C vorgeheizten Backofen auf der mittleren Schiene etwa 20 Minuten goldgelb backen, erkalten lassen.

Inzwischen für die Vanillecreme Eigelb mit dem Zucker schaumig schlagen, das Mehl darübersieben und ⅛ l Milch unterrühren.

Die restliche Milch mit der aufgeschlitzten Vanilleschote aufkochen. Die Eimasse zugeben und unter ständigem Rühren 2 Minuten kochen, abkühlen lassen, bis die Creme fest ist.

Blätterteigboden auf eine rechteckige Platte legen und Ränder gerade abschneiden.

Mit der Hälfte der Vanillecreme bestreichen.

Eine Schicht Löffelbiskuits darauflegen und mit 50 ml Rum beträufeln. Restliche Löffelbiskuits darüberschichten und ebenfalls mit Rum beträufeln.

Restliche Creme darüber verteilen und glattstreichen.

Schokolade grob reiben, die Torte damit bestreuen und mindestens 2 Stunden kühlen, am besten über Nacht.

Nährwerte pro Portion/Stück	
Kilokalorien	420
Kilojoule	1750
Eiweiß/g	8
Kohlenhydrate/g	45
Fett/g	18
Ballaststoffe/g	1,3

BLÄTTERTEIG

Maronentorte

8 Stück

6 Scheiben TK-Blätterteig	
Vanillecreme:	
4 Eigelb	
125 g Zucker	
30 g Speisestärke	
½ l Milch	
1 Vanilleschote	
Maronencreme:	
70 g weiche Butter	
70 g Puderzucker	
1 Päckchen Vanillinzucker	
1 Dose Maronenpüree, naturell, 435 g	
1 EL Kakaopulver	
Garnierung:	
Puderzucker	

Die aufgetauten Blätterteigscheiben auf Backtrennpapier sehr dünn ausrollen. Eine Schablone oder einen Teller von ca. 22 cm Durchmesser darauflegen und den Teig mit einem scharfen Messer ausschneiden. Die Teigplatten vor dem Backen 15 Minuten ruhen lassen. Dann mit Wasser bepinseln, mit einer Gabel einstechen und im vorgeheizten Backofen bei 220 °C ca. 5 Minuten backen. Die Teigplatten sollen goldgelb sein und leicht blättern.

Für die Vanillecreme Eigelb und Zucker hell und schaumig schlagen. Die Speisestärke einsieben. Von der Milch ⅛ l abnehmen und mit der Masse verrühren.

Die Vanilleschote aufschlitzen, auskratzen und Mark und Schote mit ⅜ l Milch zum Kochen bringen. Den Topf vom Herd nehmen, die Vanilleschote entfernen und die heiße Milch in die Eimasse rühren. Die Creme in den Topf umfüllen und unter ständigem Rühren einmal aufwallen lassen.

Die Creme zum Abkühlen in eine Schüssel füllen und immer wieder umrühren.

Für die Maronencreme Butter, Puderzucker und Vanillinzucker schaumig schlagen, das Maronenpüree einrühren und zuletzt mit Kakaopulver abschmecken.

Wenn die Vanillecreme ausgekühlt ist, drei Blätterteigböden mit Maronencreme bestreichen – etwas davon für die Verzierung zurückbehalten – und zwei Blätterteigböden mit Vanillecreme bestreichen. Die Tortenböden abwechselnd aufeinandersetzen, erste und letzte Schicht sind Maronencreme.

Den sechsten Blätterteigboden mit Puderzucker bestäuben und aus der restlichen Maronencreme acht Rosetten daraufspritzen. Diesen Deckel aufsetzen und die Torte vor dem Anschneiden etwa 1 Stunde in den Kühlschrank stellen.

Nährwerte pro Portion/Stück	
Kilokalorien	530
Kilojoule	2210
Eiweiß/g	7
Kohlenhydrate/g	64
Fett/g	25
Ballaststoffe/g	4,2

151

BLÄTTERTEIG

Puddingschnitten

12 Stück

2 Pakete TK-Blätterteig, à 300 g
Mehl zum Bestäuben der Arbeitsfläche
250 g rotes Johannisbeergelee
100 g Puderzucker
1 EL Zitronensaft
1 Eiweiß
Füllung:
4 Eier
120 g Zucker
½ l Milch
250 g Schlagsahne
1 Prise Salz
100 g Speisestärke
1 Vanilleschote

Blätterteig, wie auf der Packung beschrieben, auftauen lassen. Arbeitsfläche mit etwas Mehl bestäuben, den Inhalt einer Packung Blätterteig zu einem Rechteck ausrollen, das 40 cm lang und 35 cm breit ist.

Ein Backblech mit kaltem Wasser abspülen, nicht abtrocknen und das Teigrechteck darauflegen, mehrmals mit einer Gabel einstechen. Im vorgeheizten Backofen bei 200 °C etwa 15 Minuten backen.

Nach dem Backen den Blätterteig vorsichtig vom Blech lösen und auf einem Kuchengitter auskühlen lassen.

Das Backblech säubern und den Inhalt der zweiten Packung Blätterteig, wie oben beschrieben, ebenfalls backen und erkalten lassen.

100 g Johannisbeergelee in einem kleinen Topf kurz aufkochen.

Von beiden Teigböden jeweils einen Streifen abschneiden, der ein Drittel der Gesamtlänge mißt. Die beiden schmalen Streifen beiseite legen.

Einen Boden mit dem heißen Gelee bestreichen, den anderen mit den restlichen 150 g kalten Johannisbeergelee.

Puderzucker in eine Schüssel sieben, mit Zitronensaft und etwas Eiweiß glattrühren und auf den Boden mit dem gekochten Gelee streichen.

Die Eier trennen. Das Eiweiß mit 60 g Zucker sehr steif schlagen.

¼ l Milch, Sahne und 1 Prise Salz in einen Topf geben und erhitzen.

Speisestärke in der restlichen Milch auflösen und mit dem Eigelb verquirlen.

Das Mark der Vanilleschote und den restlichen Zucker zur heißen Milch im Topf geben und zum Kochen bringen. Die Eigelb-Speisestärkemischung mit dem Schneebesen unterrühren und noch einmal kurz aufkochen, bis der Pudding dick zu werden beginnt.

Vom Herd nehmen und den Eischnee vorsichtig unterheben. Etwas abkühlen lassen und dann die Hälfte des Puddings auf den Blätterteig mit dem ungekochten Gelee streichen. Die beiden schmalen Teigstreifen nebeneinander darauflegen und leicht andrücken. Mit dem restlichen Pudding bestreichen.

Den glasierten Blätterteigboden mit einem nassen Messer in 12 gleich große Stücke schneiden. Dicht nebeneinander auf die obere Puddingschicht legen.

Holländer Kirschschnitten

6 Stück

1 Packung TK-Blätterteig, 300 g
Mehl für die Arbeitsfläche
Füllung:
500 g Sauerkirschen aus dem Glas
1 EL Speisestärke
3 Blatt weiße Gelatine
500 g Schlagsahne
50 g Zucker
2 cl Kirschwasser
Glasur:
4 EL Johannisbeerkonfitüre
100 g Puderzucker

Blätterteig, wie auf der Packung beschrieben, auftauen lassen. Arbeitsfläche oder Backbrett mit etwas Mehl bestäuben. Den aufgetauten Blätterteig zu einem Rechteck ausrollen, das ca. 14 cm breit, 40 cm lang und 2 mm dick sein sollte. Das Rechteck in zwei Streifen von 7 × 40 cm schneiden.

Ein Backblech kurz mit kaltem Wasser abspülen, nicht abtrocknen, die beiden Teigstreifen darauflegen und mehrfach einstechen. Im vorgeheizten Backofen auf der mittleren Schiene bei 220 °C ca. 12 Minuten backen. Nach dem Backen die Blätterteigstreifen auf einem Kuchengitter auskühlen lassen.

Kirschen in ein Sieb gießen und dabei den Saft auffangen.

In einem Topf die Kirschen mit 4 Eßlöffel Saft erhitzen. Die Speisestärke mit etwas kaltem Wasser anrühren und zu den Kirschen geben. Umrühren und für 3 Minuten kochen lassen. Vom Herd nehmen und abkühlen lassen, bis die Masse gerade noch lauwarm ist.

Gelatineblätter in etwas kaltem Wasser einweichen. Ausdrücken und tropfnaß in einen Topf geben. Erhitzen, bis sich die Gelatine auflöst. Vom Herd nehmen und abkühlen lassen.

Sahne steif schlagen, dabei nach und nach Zucker, Kirschwasser und Gelatine zufügen.

Einen Blätterteigstreifen mit der Kirschmasse bestreichen, Sahne gleichmäßig darauf verteilen.

Den zweiten Blätterteigstreifen in sechs gleich große Stücke schneiden.

In einer Schüssel Johannisbeerkonfitüre, Puderzucker und 2 Eßlöffel heißes Wasser glattrühren und die 6 Blätterteigstücke damit glasieren. Trocknen lassen und anschließend dicht nebeneinander auf den Sahnestreifen setzen. Mit einem scharfen Messer, das man zwischendurch in kaltes Wasser taucht, 6 Kuchenstücke durchschneiden. Bis zum Servieren kühl aufbewahren.

Bis zum Servieren kühl aufbewahren. Dann mit einem scharfen Messer, das man ab und zu in Wasser taucht, die Kuchenstücke ganz durchschneiden.

Nährwerte pro Portion/Stück	
Kilokalorien	500
Kilojoule	2110
Eiweiß/g	7
Kohlenhydrate/g	59
Fett/g	25
Ballaststoffe/g	1,6

Nährwerte pro Portion/Stück	
Kilokalorien	700
Kilojoule	2950
Eiweiß/g	5
Kohlenhydrate/g	71
Fett/g	41
Ballaststoffe/g	1,7

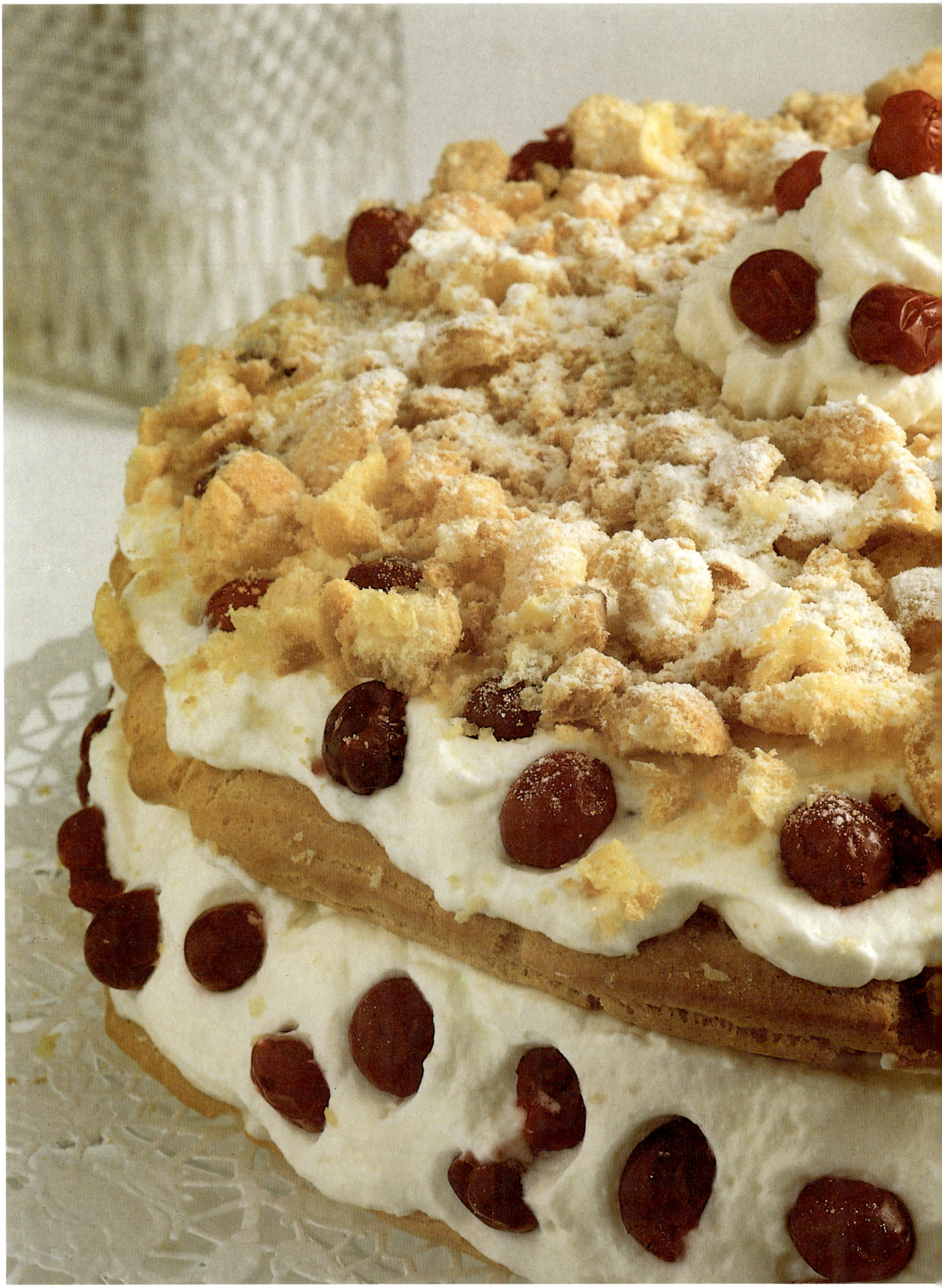

155

BRANDTEIG

Brandteig – der Luftikus unter den Teigen

Sehr zart ist Gebäck aus Brandteig, und weil es beim Backen stark aufgeht und große Hohlräume bildet, bietet es sich für Füllungen aller Art an.

Brandteig

Grundrezept

¼ l Wasser
1 Prise Salz
60 g Butter
125 g Mehl
3 Eier

In einem Topf Wasser mit Butter und Salz zum Kochen bringen. Hitze zurückschalten und das gesiebte Mehl auf einmal zuschütten.

Mit dem Holzlöffel gründlich einrühren. Auf mittlere Hitze hochstellen.

Rühren, bis sich ein dicker Kloß gebildet hat und der Topfboden mit einem weißen Film überzogen ist.

Den Teigkloß in eine kalte Rührschüssel umfüllen. Mit dem elektrischen Rührer oder Schneebesen die Eier einzeln unterrühren. Jedes Ei muß vollkommen von dem Teig aufgenommen sein, bevor das nächste Ei eingearbeitet wird. Der Teig ist dann richtig, wenn er glänzt und in Spitzen schwer vom Löffel fällt.

Den Teig in eine Spritztülle füllen und die gewünschten Formen auf ein gefettetes und bemehltes oder mit Backpapier ausgelegtes Blech spritzen.

Bei 220 °C je nach Größe der Teilchen 15 bis 30 Minuten backen. In der ersten Hälfte der Backzeit die Ofentür nicht öffnen, damit das luftige Gebäck nicht zusammenfällt.

Tip:
Bei Brandteig dürfen die Zutaten nicht »über den Daumen gepeilt« werden. Die Rezepte gehen bei der Anzahl der Eier in der Regel von der mittleren Gewichtsklasse 3 aus. Bei großen Eiern ist daher eines weniger als angegeben oft schon ausreichend. Das letzte Ei gegebenenfalls verquirlen und nur die Hälfte zugeben. Zuviel Ei macht den Teig flüssig. Er läuft dann beim Backen auseinander.

Der Teig kann statt mit Wasser auch mit Milch angesetzt werden. Milch macht ihn geschmeidiger, mit Wasser wird er knuspriger.

Der Teig geht beim Backen stark auf, meist um mehr als das Doppelte. Daher auf dem Backblech immer ausreichend Platz zwischen den einzelnen Gebäckteilen lassen.

Windbeutel und Eclairs, die gefüllt werden sollen, müssen noch warm zerteilt werden. Wenn sie erst einmal kalt sind, brechen sie beim Schneiden zu leicht. Die Creme darf dagegen erst eingefüllt werden, wenn die Teilchen ganz ausgekühlt sind.

Brandteig sollte zügig verarbeitet werden. Restlichen Teig zwischen zwei Backvorgängen in den Kühlschrank stellen. Der Teig kann tiefgekühlt gut aufbewahrt werden (ca. ¾ Jahr).

Alles Brandteiggebäck schmeckt frisch am besten!

Flockentorte

12 Stück

Teig:
¼ l Wasser
50 g Butter
1 Prise Salz
150 g Mehl
5 Eier
Butter und Mehl für die Form

Füllung:
410 g Preiselbeerkompott
750 g Schlagsahne
1 Päckchen Vanillinzucker
1 EL Zucker
150 g entsteinte Sauerkirschen aus dem Glas
4 EL Puderzucker

In einem Topf Wasser mit Butter und Salz für den Teig aufkochen. Vom Herd nehmen. Mehl hineinschütten und mit dem Schneebesen gut verrühren. Wieder auf den Herd stellen und mit dem Kochlöffel so lange rühren, bis sich ein Kloß bildet und am Topfboden eine weiße Haut entsteht.

Wieder vom Herd nehmen und sofort 1 Ei unterrühren. Teig 5 Minuten abkühlen lassen und dann die restlichen Eier nach und nach unter den Teig mischen

Eine Springform mit einem Durchmesser von 28 cm ausbuttern und mit Mehl ausstäuben. Den Boden mit einem Drittel der Teigmenge auslegen. Im vorgeheizten Backofen bei 220 °C auf der mittleren Schiene backen. Aus dem Backofen nehmen und auf einem Kuchengitter auskühlen lassen.

Mit der restlichen Teigmenge zwei weitere Böden backen und ebenfalls auskühlen lassen.

Preiselbeerkompott in einem Sieb gut abtropfen lassen. Einen Kuchenboden mit der Hälfte des Kompotts bestreichen.

Die Sahne mit Vanillinzucker und Zucker steif schlagen. Die Hälfte davon auf das Preiselbeerkompott verteilen. Den zweiten Tortenboden daraufsetzen. Restliche Preiselbeeren und Sahne daraufschichten, dabei etwas Sahne für die Garnierung übriglassen.

Sauerkirschen in ein Sieb gießen und abtropfen lassen.

Den dritten Teigboden zerbröckeln und auf der oberen Sahneschicht verteilen. Mit gesiebtem Puderzucker bestäuben. In die Mitte der Torte ein Sahnehäubchen setzen. Tortenrand und Mitte mit den Sauerkirschen verzieren.

Nährwerte pro Portion/Stück	
Kilokalorien	*380*
Kilojoule	*1600*
Eiweiß/g	*6*
Kohlenhydrate/g	*28*
Fett/g	*26*
Ballaststoffe/g	*1,4*

BRANDTEIG

Croquembouche Profiteroles-Pyramide

Der Name dieses Prachtstücks – Croquembouche – ist französisch und bedeutet wörtlich übersetzt: »Es knackt im Mund«. Daß es tatsächlich knuspert, wenn man darauf beißt, kommt von dem karamelisierten Zucker. Die feinen Fäden des goldenen Käfigs werden glashart.

8 Portionen

Brandteig:
| 250 ml Wasser |
| 1 Prise Salz |
| 60 g Butter |
| 125 g Mehl |
| 3 Eier |

Blätterteigboden:
| 1 Platte TK-Blätterteig |

Füllung:
| 200 g Schlagsahne |
| 1 TL lösliches Kaffeepulver |
| 1 Päckchen Sahnesteif |
| 1 EL Zucker |
| 1 Päckchen Vanillinzucker |

Karamel:
| 200 g Zucker |
| 5 EL Wasser |
| 1 EL Essig |

In einem Topf Wasser mit Butter und Salz zum Kochen bringen. Die Hitze zurückschalten und das gesiebte Mehl auf einmal zuschütten. Das Mehl mit einem Holzlöffel gründlich einrühren und den Herd auf mittlere Hitze hochstellen. Weiterrühren, bis sich ein dicker Kloß gebildet hat und der Topfboden mit einem weißen Film überzogen ist. Den Teigkloß in eine kalte Rührschüssel umfüllen. Mit dem elektrischen Rührer oder Schneebesen die Eier einzeln unterrühren. Jedes Ei muß vollkommen von dem Teig aufgenommen sein, bevor das nächste Ei eingearbeitet wird.

Ein Backblech mit Backtrennpapier auslegen oder leicht fetten und mit Mehl bestäuben. Den Teig in einen Spritzsack mit Lochtülle füllen und walnußgroße Teighäufchen auf das Blech spritzen. Den Teig am besten mit einer nassen Messerklinge von der Tülle schneiden.

Die Profiteroles im vorgeheizten Backofen bei 220 °C 12 bis 15 Minuten backen. Solange die Profiteroles noch warm sind, auf der Unterseite mit einer sehr spitzen Tülle ein Loch in jedes Gebäckteil drücken. Die Profiteroles auskühlen lassen.

Inzwischen den aufgetauten Blätterteig auf Backtrennpapier sehr dünn ausrollen und mit einem scharfen Messer nach einer Schablone oder einem Teller eine runde Teigplatte von ca. 22 cm Durchmesser ausschneiden. Den Blätterteigboden 15 Minuten ruhen lassen, dann mit Wasser bestreichen, mit einer Gabel einstechen und im vorgeheizten Backofen bei 220 °C 5 Minuten auf der mittleren Schiene backen.

Die Sahne mit Kaffeepulver, Sahnesteif, Zucker und Vanillinzucker sehr steif schlagen und in einen Spritzsack mit kleiner Lochtülle füllen. Die Mokkasahne in die Profiteroles spritzen und das Gebäck in den Kühlschrank stellen.

Den Zucker mit Wasser und Essig zu hellbraunem Karamel kochen. Die gefüllten Profiteroles darin eintauchen und auf dem Blätterteigboden pyramidenförmig aufeinanderschichten.

Achtung:
Den heißen Karamel niemals mit den Fingern berühren!

Wenn die Pyramide steht, den Karamel eventuell nochmals etwas erwärmen – er soll flüssig sein. Den Topf mit dem Karamel neben die Pyramide halten, mit einer Gabel Fäden daraus ziehen und die Pyramide damit einspinnen.

Das Gebäck noch am selben Tag verspeisen, dazu trägt man die Profiteroles von oben nach unten portionsweise ab.

Nährwerte pro Portion/Stück	
Kilokalorien	370
Kilojoule	1540
Eiweiß/g	5
Kohlenhydrate/g	44
Fett/g	18
Ballaststoffe/g	0,4

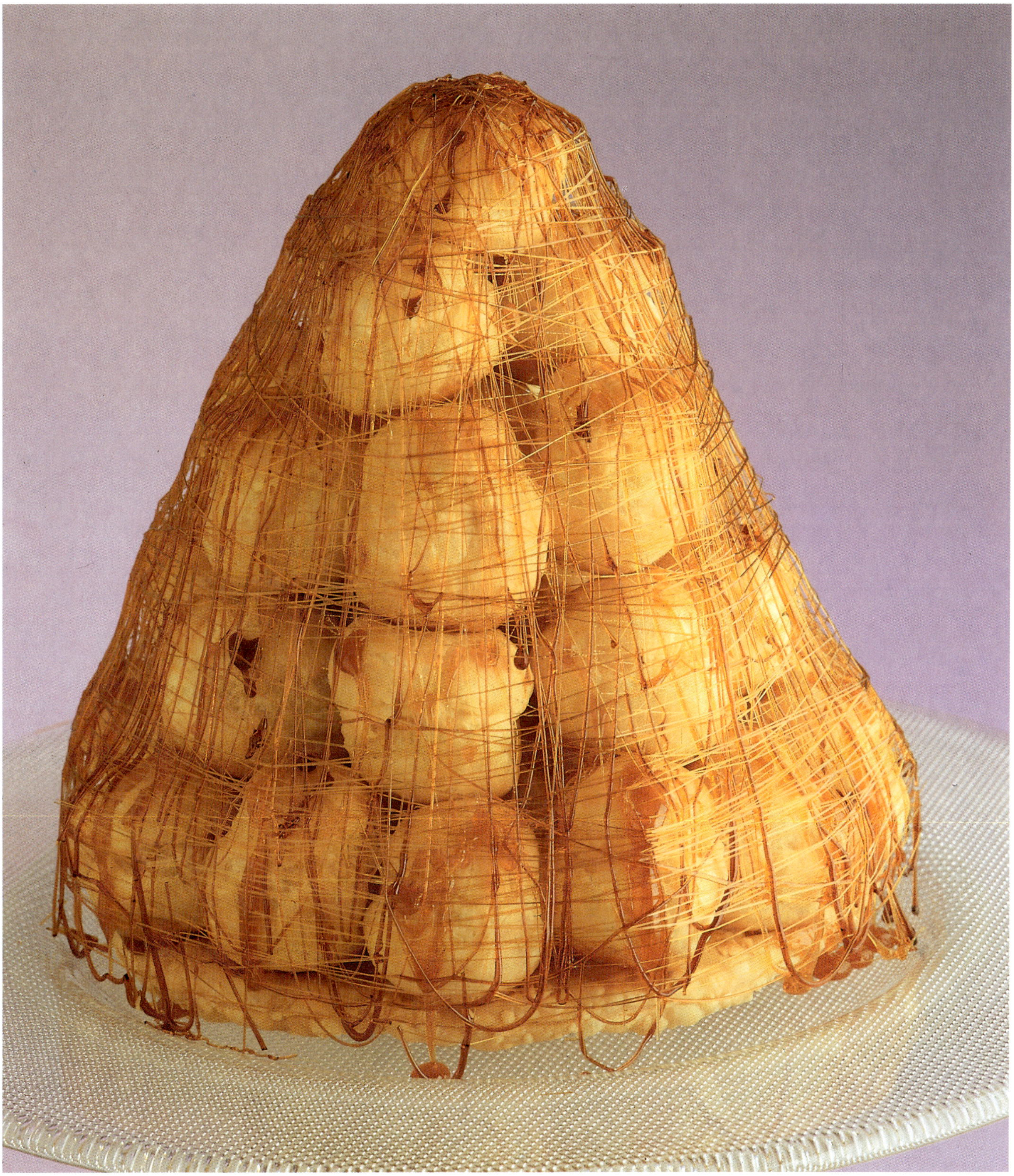

BRANDTEIG

Muttertagsherz

6 Stück

Teig:
150 ml Milch
30 g Butter
1 Prise Zucker
1 Prise Salz
90 g Mehl
2 Eier
1 Eigelb

Glasur:
120 g Johannisbeergelee
200 g Puderzucker

Füllung:
2 Blatt weiße Gelatine
500 g Schlagsahne
500 g Erdbeeren

In einem Topf Milch, Butter, Zucker und Salz aufkochen. Vom Herd nehmen. Das Mehl auf einmal zuschütten. Den Topf wieder auf den Herd stellen und so lange rühren, bis ein Kloß entsteht und sich am Topfboden eine weiße Haut bildet. Dann vom Herd nehmen und nach und nach Eier und Eigelb unterrühren.

Den Teig in einen Spritzbeutel mit Sterntülle füllen. Backblech mit Pergament- oder Backpapier auslegen und ein Herz sowie ein kleines »M« darauf spritzen. Im vorgeheizten Backofen auf der mittleren Schiene bei 180 °C etwa 30 Minuten backen.

Aus dem Backofen nehmen, mit dem Papier auf einem Kuchengitter etwas abkühlen lassen. Das Herz noch warm mit einem scharfen Messer vorsichtig waagrecht durchschneiden.

In einem kleinen Topf das Johannisbeergelee erwärmen. Die obere Herz-Teighälfte und das »M« damit bestreichen.

Puderzucker und 2 Eßlöffel Wasser glattrühren, über das kalte Gelee streichen. Den Buchstaben mit der Glasur an das Herz kleben, trocknen lassen.

Gelatine in etwas kaltem Wasser einweichen.

Sahne steif schlagen.

Die Gelatineblätter ausdrücken und in einem kleinen Topf auf dem Herd auflösen. Dann unter die Sahne ziehen.

Erdbeeren waschen, trocknen und abzupfen.

Mit dem Spritzbeutel die Sahne auf dem Boden des Teigherzens verteilen. Erdbeeren darauflegen, dann die obere Herzhälfte aufsetzen. Kühl aufbewahren und möglichst bald verspeisen.

Nährwerte pro Portion/Stück	
Kilokalorien	620
Kilojoule	2590
Eiweiß/g	8
Kohlenhydrate/g	65
Fett/g	34
Ballaststoffe/g	2,8

Liebesknochen

6 Stück

Teig:
170 ml Wasser
1 Prise Salz
40 g Butter
85 g Mehl
2 Eier

Füllung:
2 Orangen
250 g Schlagsahne
1 Päckchen Sahnesteif
50 g Zucker
1 Päckchen Vanillinzucker
1–2 EL Orangenlikör

In einem Topf Wasser mit Butter und Salz zum Kochen bringen. Die Hitze zurückschalten und das gesiebte Mehl auf einmal zuschütten. Das Mehl mit einem Holzlöffel gründlich einrühren und den Herd auf mittlere Hitze hochschalten. Rühren, bis sich ein dicker Kloß gebildet hat und der Topfboden mit einem weißen Film überzogen ist. Den Teigkloß in eine kalte Rührschüssel umfüllen. Mit dem elektrischen Rührgerät oder dem Schneebesen die Eier einzeln unterrühren. Jedes Ei muß vollkommen von dem Teig aufgenommen sein, bevor das nächste Ei eingearbeitet wird.

Das Backblech mit Backtrennpapier auslegen. Den Teig in einen Spritzsack mit der größten Sterntülle füllen. 6 sehr langgezogene Knochenformen dicht nebeneinander auf das Papier spritzen, Länge mindestens 25 cm, der Teig geht noch auseinander.

Den Liebesknochen im vorgeheizten Backofen bei 220 °C ca. 30 Minuten auf der mittleren Schiene backen.

Das Gebäck noch warm waagrecht aufschneiden und auskühlen lassen.

Inzwischen die Orangen samt der weißen Innenhaut schälen und die Filets aus den Häutchen schneiden. Das Orangenfleisch gut abtropfen lassen.

Schlagsahne mit Sahnesteif, Zucker und Vanillinzucker sehr steif schlagen und mit Orangenlikör abschmecken. Die Sahne in den Spritzsack mit großer Sterntülle füllen und gut die Hälfte davon in den Boden des Gebäcks spritzen.

Die Orangenfilets mit Küchenpapier abtupfen und auf das Sahnebett legen (siehe Abbildung). Die restliche Sahne über die Orangen spritzen und die obere Gebäckhälfte leicht aufdrükken. Den Liebesknochen möglichst bald verspeisen – Brandteig schmeckt frisch am besten!

Variation:
Den Liebesknochen zuletzt mit Puderzucker bestäuben oder die Oberfläche mit glattgerührter Aprikosenkonfitüre bestreichen.

Tip:
Mit Sahne gefülltes Gebäck läßt sich am besten mit dem elektrischen Messer aufschneiden.

Nährwerte pro Portion/Stück	
Kilokalorien	340
Kilojoule	1410
Eiweiß/g	5
Kohlenhydrate/g	27
Fett/g	21
Ballaststoffe/g	1,0

BRANDTEIG

Saint-Honoré-Torte

Diese Torte ist das Paradestück der Brandteigbäckerei. Sie ist in einer Pariser Bäckerei in der Rue Saint Honoré zum ersten Mal in den Backofen geschoben worden.

10 Stück

2 Platten TK-Blätterteig
Brandteig:
¼ l Wasser
1 Prise Salz
60 g Butter
125 g Mehl
3 Eier
Karamel:
150 g Zucker
5 EL Wasser
Vanillecreme:
6 Eigelb
125 g Zucker
40 g Mehl
½ l Milch
1 Vanilleschote
Außerdem:
2–3 EL Puderzucker

Die Blätterteigplatten getrennt auftauen lassen. Den Brandteig, wie auf Seite 156 beschrieben, zubereiten und die Hälfte in einen Spritzbeutel mit großer Lochtülle füllen.

Den Blätterteig einmal kurz kneten, damit er nicht so stark aufgeht. Auf bemehlter Arbeitsfläche zu einem Kreis mit 20 cm Durchmesser ausrollen.

Auf ein mit Backpapier ausgelegtes Blech legen und mit einer Gabel mehrmals einstechen.

Den Brandteig mit dem Spritzbeutel spiralförmig auf den Blätterteigboden spritzen.

Den restlichen Teig in den Spritzbeutel füllen und 20 walnußgroße Häufchen mit Abstand auf das Blech spritzen.

In dem auf 200 °C vorgeheizten Backofen auf der mittleren Schiene in 20 Minuten goldbraun backen.

Die Häufchen herausnehmen und den Kreis weitere 10 Minuten backen. Alles auf einem Kuchengitter auskühlen lassen.

Für den Karamel den Zucker und das Wasser in einem Topf verrühren und bei mittlerer Hitze unter ständigem Rühren zu einem goldfarbenen Karamel kochen. Vom Herd nehmen.

Für die Verzierung mit einem Löffel etwas Karamel abnehmen und damit ein Gitter mit etwa 15 cm Durchmesser auf einer Marmorplatte oder einem kalten Backblech ziehen. Dazu den Karamel langsam, aber zügig vom Löffel laufen lassen, dabei schlangenförmig ein Gitter formen. Auf der Fläche auskühlen lassen.

Gleich anschließend die Brandteigbällchen in den Karamel tauchen. Mit der Unterseite auf den Rand der Teigspirale kleben.

Für die Creme das Eigelb mit dem Zucker zu einer dicklich weißen Creme aufschlagen. Das Mehl und ⅛ l Milch unterrühren.

Die restliche Milch mit der aufgeschlitzten Vanilleschote aufkochen. Die Vanilleschote entfernen, Eimasse zugeben und unter ständigem Rühren 2 Minuten kochen.

Creme in die Torte füllen und fest werden lassen. Dann den Puderzucker darübersieben und auf der obersten Schiene des Backofens unter dem Grill 2 bis 5 Minuten bräunen. Dabei ständig beobachten, damit die Torte nicht verbrennt.

Die Torte sollte – gekühlt – möglichst bald verspeist werden.

Nährwerte pro Portion/Stück	
Kilokalorien	*370*
Kilojoule	*1560*
Eiweiß/g	*8*
Kohlenhydrate/g	*48*
Fett/g	*15*
Ballaststoffe/g	*0,5*

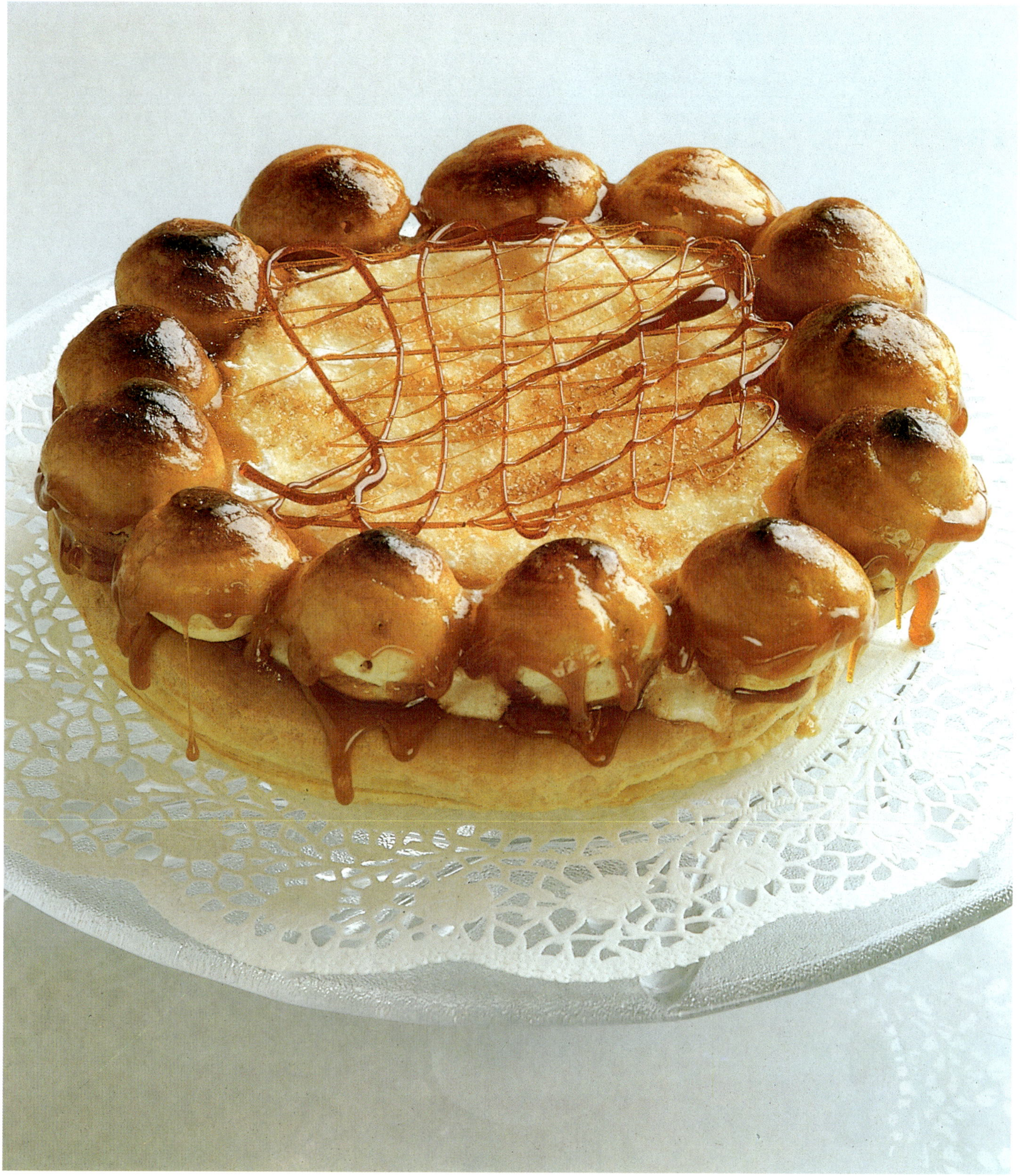

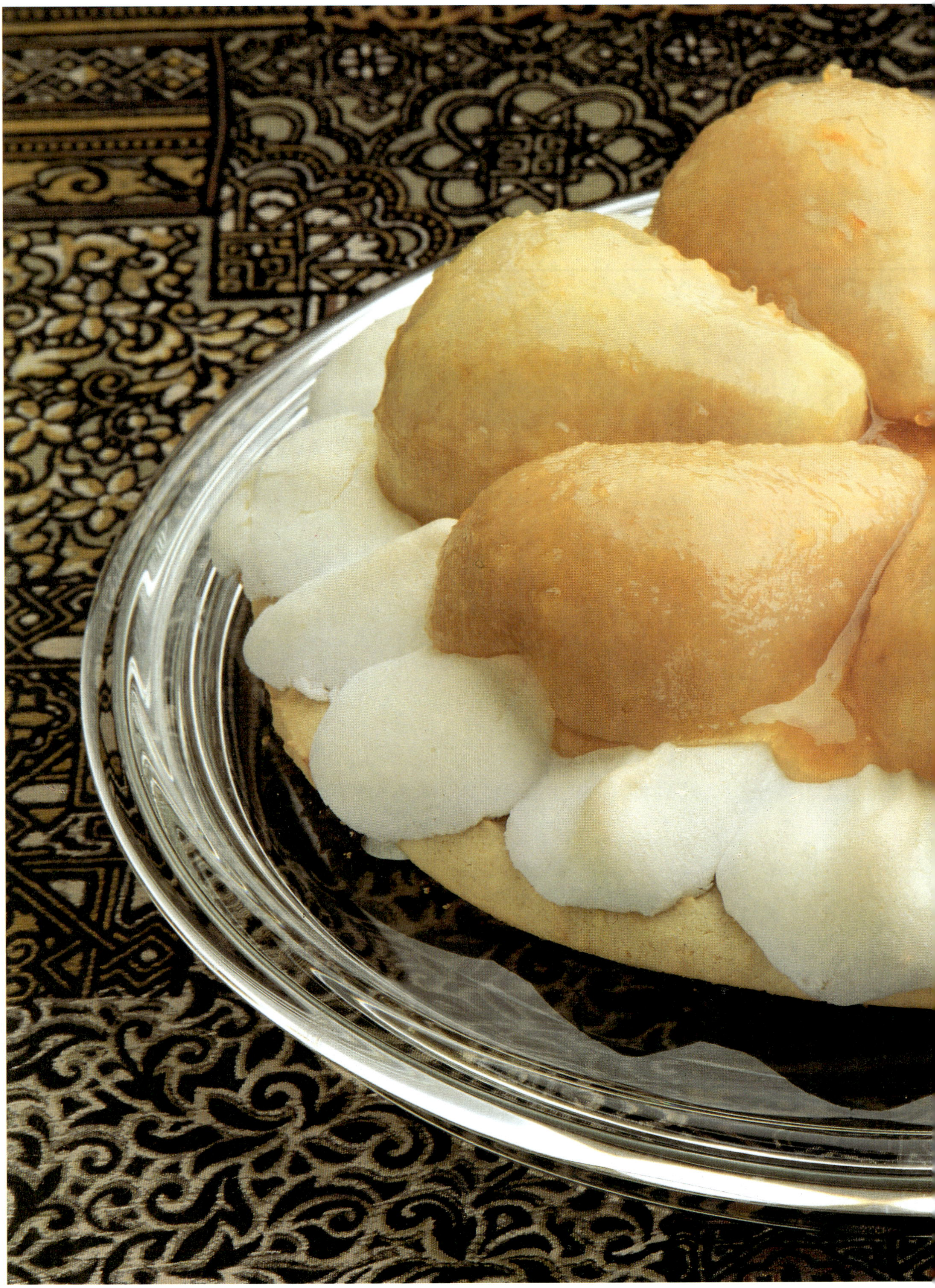

165

BAISER

Baiser – süß wie Küsse

Baiser oder Meringe – je nach Gegend steht der eine oder andere Begriff im Vordergrund. Es geht aber immer um dasselbe luftige Gebäck aus Eischnee und Zucker, das angeblich 1720 zum erstenmal gebacken wurde. Als ihr Erfinder gilt der Schweizer Zuckerbäcker Gasparini aus dem Städtchen Meiringen.

Die Wissenschaft von Ei und Zucker

Wieviel Zucker verkraftet ein Eiweiß, und wie schlägt man beide zugleich schaumig und stabil?

Darüber haben sich Generationen von Konditoren den Kopf zerbrochen und sind zu so vielen verschiedenen Ergebnissen gekommen, daß man es sich als Hausfrau und Hobbykoch sparen kann, die 1000 Baiser-Geheimnisse ergründen zu wollen. Die vielen Varianten, auf zwei bis drei einfache Nenner gebracht, ermöglichen uns ein zufriedenstellendes Ergebnis, das ohnehin bald verspeist wird.

Profis kennen im wesentlichen drei Zubereitungsformen: **leichte Eiweißmasse, Meringues suisses:** Die gesamte angegebene Eiweißmenge wird mit einem Drittel der angegebenen Zuckermenge (in Form von feinem Kristallzucker) zu standfestem Schnee geschlagen. Zwei Drittel des Zuckeranteils (in Form von Puderzucker) werden in den Schnee meliert.

Baisermasse, auf warmem Weg hergestellt, Meringues cuites: Gesamte Eiweiß- und Zuckermenge (Puderzucker) in einem Schneekessel auf das heiße Wasserbad setzen. Schlagen, bis die Masse warm und fest wird, den Kessel vom Herd nehmen und weiterschlagen, bis die Masse sehr fest und abgekühlt ist.

Schwere Baisermasse, mit heißem Zuckersirup zubereitet, Meringue à l'italienne: Eiweiß mit einem Drittel der Zuckermenge zu steifem Schnee schlagen. Zwei Drittel der Zuckermenge »zum Flug kochen«, also auf etwa 110 °C. Den heißen Zuckersirup zum Schluß in dünnem Strahl unter den Eischnee melieren und bis zum Abkühlen der Masse weiterschlagen.

Die leichte Eiweißmasse, die kalt zubereitet wird, ist im Haushalt am gebräuchlichsten. Mit ihr werden Obstkuchen, Torten und Torteletts überzogen und verziert. Solche Baiserdecken oder -häubchen werden im sehr heißen Backofen »abgeflämmt«, das heißt, sie sollen nur eine appetitliche Farbe annehmen, innen aber saftig bleiben.

Für Gebäckstücke, die haltbarer und durchgebakken sein sollen bzw. getrocknet werden, eignen sich die Baisermassen, die auf warmem Weg zubereitet werden, besser. Zur Stabilisierung empfehlen manche Rezepte auch einen Anteil Speisestärke, die unter den fertigen Eischnee meliert, also gezogen wird.

Aroma und Farbe

erhält die Baisermasse durch Zugabe von Vanille, Rum, Kaffee, Schokolade, durch feingemahlene Nüsse oder Mandeln. Alle Geschmackszutaten erst unterziehen, wenn die Masse steif ist.

»Schaumschlagen« will gelernt sein

Damit die Baisermasse gelingt, muß der Schneekessel (Rührschüssel) unbedingt fettfrei sein, weil das Eiweiß sonst keinen Schaum bildet. Ebenso muß der Schlagbesen fettfrei sein, er sollte viele dünne Drähte haben.

Achtung beim Aufschlagen der Eier: Sie brauchen nicht frischer als fünf Tage alt zu sein. Beim Trennen darf kein Teilchen Eigelb ins Eiweiß gelangen. Die Eier möglichst schon mehrere Stunden (auch am Vorabend) vor der Verarbeitung trennen. So ist das Eiweiß entspannter.

Wichtig ist langsames Anschlagen, von Hand oder bei mittlerer Drehzahl in der Rührmaschine. Wenn der Schnee locker und weiß ist, bei höchster Tourenzahl weiterschlagen.

Während der restliche Zucker zugegeben wird, auf die kleinste Stufe zurückschalten, weil sonst der rotierende Besen den Zucker herausschleudert. Zuletzt bei mittlerer Drehzahl laufen lassen, bis keine Zuckerkristalle mehr zu sehen sind. Die fertige Baisermasse soll mattweiß und schnittfest sein. Falls sie nicht sofort verarbeitet wird, den Kessel in den Kühlschrank stellen.

Meringues à l'italienne

Eine stabile Baisermasse, die leicht herzustellen ist, wenn man ein Zuckerthermometer hat.

Baisermasse backen

»Kalt aufs heiße Blech« heißt die Devise! Die Baisermasse muß kalt sein und bleiben, sonst setzt sich das Eiweiß ab. Ein erstes Anzeichen dafür ist, wenn die Masse stark zu glänzen beginnt.

Die Masse in der gewünschten Form auf Papier spritzen oder streichen. Das Papier mit der aufgetragenen Masse auf das heiße Backblech heben. Dabei stockt die untere Schicht der Eimasse sofort, und das Gebäck läßt sich später leichter vom Papier lösen.

Mehr trocknen als backen: Böden für Torten und Desserts, Schalen für Desserts, Baisertaler und -ringe und kleine flache Formen für Verzierungen werden bei 120 °C auf der zweiten Schiene von unten mehr getrocknet als gebacken. So bleiben die Gebäckstücke weiß.

Voluminösere Gebäckstücke wie die typischen Meringen werden bei 150 °C in den Backofen gestellt. Temperatur abschalten und die Meringen über Nacht im Backofen trocknen lassen.

Baiserböden spritzt man mit der Lochtülle von innen nach außen in konzentrischen Kreisen. Für die verschiedenen kleinen Gebäckstücke wird meist eine mittlere Sterntülle verwendet.

Hat man die Baisermasse erst einmal im Griff, macht es Spaß, mit Formen, Farben und verschiedenen Geschmacksrichtungen zu spielen. Wer gerne bastelt, hat hier ein breites Betätigungsfeld. Ein Teil der fertigen weißen Baisermasse wurde hier mit Kakao gefärbt.

---

300 g Eiweiß
600 g feiner Kristallzucker

Eiweiß mit 200 g Zucker steif schlagen. 400 g Zucker in einem Topf schmelzen und »zum Flug kochen«. Zucker im dünnen Strahl unter den Schnee melieren. Dabei darf die Rührmaschine nur auf mittlerer Drehzahl laufen.

BAISER

Himmelstochter

8 Stück

Teig:
| 100 g weiche Butter und Fett für die Form |
| 300 g Zucker |
| 1 Päckchen Vanillinzucker |
| 4 Eier, getrennt |
| 125 g Mehl und Mehl für die Form |
| ½ Päckchen Backpulver |
| 100 g Mandelblättchen |

Füllung:
| 500 g Schlagsahne |
| 1 Päckchen Vanillinzucker |
| 2 Päckchen Sahnesteif |
| 1 große Dose Mandarinen |

Die Butter, 100 g Zucker und den Vanillinzucker schaumig rühren. Das Eigelb unter Rühren einzeln zugeben.

Das Mehl mit dem Backpulver mischen und löffelweise unterrühren.

Die Böden von zwei Springformen mit 24 cm Durchmesser fetten und mit Mehl bestäuben. Den Teig auf die beiden Formen verteilen, glattstreichen. (Wenn nur eine Form zur Verfügung steht, müssen die Zutaten für den zweiten Kuchen kühl gestellt und die Böden nacheinander gebacken werden.)

Das Eiweiß ½ Minute auf der mittleren Stufe des Handrührgeräts schaumig schlagen, den restlichen Zucker einrieseln lassen und auf der höchsten Stufe zu einem glänzenden Schnee schlagen.

Auf den Teig in den beiden Formen streichen, Mandelblättchen daraufstreuen.

In dem auf 175 °C vorgeheizten Backofen auf der mittleren Schiene 30 Minuten backen. Auf einem Kuchengitter auskühlen lassen.

Die Sahne mit Vanillinzucker und Sahnesteif schlagen.

Den ersten Kuchen auf eine Tortenplatte setzen, die Hälfte der Mandarinen darauf verteilen. Die Sahne aufstreichen, restliche Mandarinen auf die Sahne legen.

Den zweiten Kuchen in 8 Tortenstücke schneiden und auf der Sahnetorte wieder zusammensetzen.

Nährwerte pro Portion/Stück	
Kilokalorien	670
Kilojoule	2790
Eiweiß/g	9
Kohlenhydrate/g	64
Fett/g	40
Ballaststoffe/g	2,6

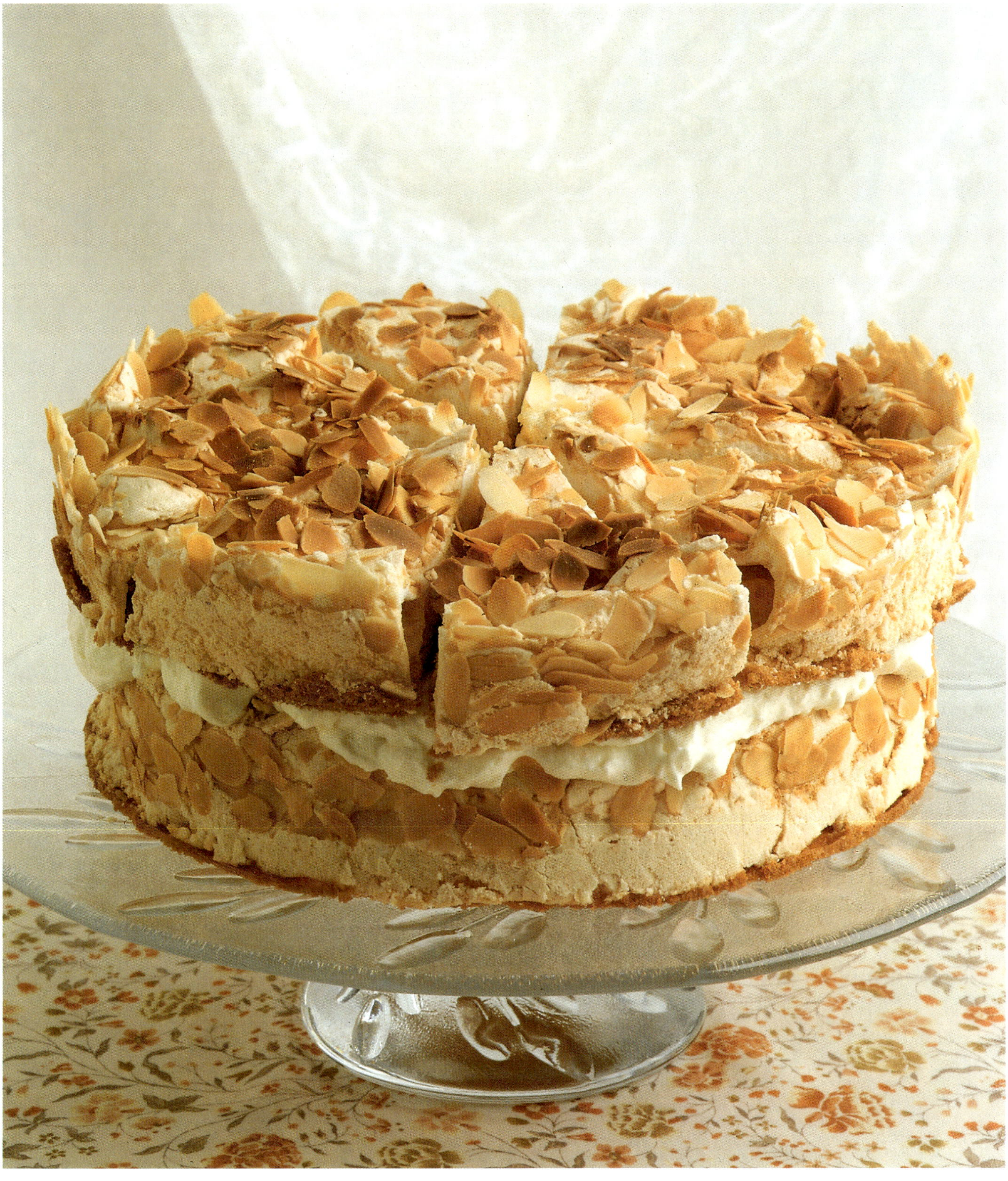

Fragilité

Die Baisermasse für die Böden nacheinander von jeweils der halben Menge herstellen, da die Backzeit so lange dauert, daß der empfindliche Eiweißteig inzwischen zusammenfallen könnte.

Die Schokosahne am Vortag oder 4 Stunden vor dem Backen mischen.

20 Stück

Füllung:

| 500 g Zartbitterschokolade |
| 500 g Schlagsahne |
| 1 EL lösliches Kaffeepulver |
| 2 EL Cognac |

Zum Backen und Stürzen:

| 4 Blätter Backtrennpapier, in der Größe des Backblechs zugeschnitten |
| weitere 4 Blätter Backtrennpapier oder Butterbrotpapier in derselben Größe, mit Puderzucker besiebt |

Böden:

| 125 g Marzipanrohmasse |
| 2 EL Milch |
| 8 Eiweiß |
| 425 g Zucker |
| 100 g Mandelblättchen |

Garnierung:

| 100 g Blockschokolade |

Die Schokolade für die Füllung fein hacken. Die Schlagsahne einmal aufkochen lassen und das Kaffeepulver und die Schokolade unter Rühren darin auflösen. Mit Cognac abschmecken. Die Schokosahne abkühlen lassen und dann in den Kühlschrank stellen, mindestens 4 Stunden, am besten über Nacht.

Auf vier Backtrennpapieren Rechtecke von 20 × 25 cm markieren.

Die Marzipanrohmasse zerbröckeln und mit der Milch glattrühren. Das Eiweiß zu steifem Schnee schlagen. Nach und nach unter weiterem Schlagen den Zucker einrieseln lassen.

Zunächst die Hälfte des Eischnees mit der Marzipanmasse vermischen, dann den restlichen Schnee vorsichtig unterziehen. Die Masse zu gleichen Teilen auf die Backpapiere verteilen und innerhalb der Markierungen gleichmäßig glattstreichen. Mit Mandelblättchen bestreuen.

Die Böden nacheinander im vorgeheizten Backofen bei 150 °C auf der mittleren Schiene gut 20 Minuten backen, bis die Masse trocken ist und leicht Farbe annimmt. Die Böden breiten sich dabei über die Markierungen aus.

Jeden Boden sofort nach dem Backen auf ein mit Puderzucker bestäubtes Papier stürzen und das Backpapier abziehen. Falls es klebt, von der Rückseite her mit einem Pinsel befeuchten.

Während die Böden auskühlen, die Schokosahne für die Füllung mit dem elektrischen Handquirl schaumig aufschlagen.

Den schönsten Boden als Tortendeckel reservieren, die drei anderen Böden gleichmäßig mit Schokosahne bestreichen und aufeinandersetzen, den Deckel auflegen.

Zum Garnieren die Blockschokolade grob hacken und im Wasserbad schmelzen. Die Schokolade in einen Spritzbeutel mit sehr feiner Lochtülle füllen und die Torte nach Belieben oder wie auf dem Bild verzieren. Zum Aufschneiden das Rechteck der Länge nach halbieren und jede Hälfte quer in 10 schmale Streifen schneiden.

Nährwerte pro Portion/Stück	
Kilokalorien	390
Kilojoule	1650
Eiweiß/g	6
Kohlenhydrate/g	40
Fett/g	22
Ballaststoffe/g	3,4

Eis-Baisertorte

12 Stück

Teig:

250 g gemahlene Mandeln

250 g Zucker

8 Eiweiß

Butter und Semmelbrösel für die Form

Füllung:

1 l Vanilleeis

Garnierung:

250 g Schlagsahne

1 Päckchen Sahnesteif

1 Päckchen Vanillinzucker

200 g frische Himbeeren

Die gemahlenen Mandeln mit dem Zucker vermischen. Das Eiweiß zu sehr steifem Schnee schlagen und vorsichtig unter die Mandel-Zuckermischung heben.

Eine gefettete Springform, Durchmesser 22 cm, mit Semmelbröseln ausstreuen. Die Hälfte der Baisermasse darauf etwa 2 cm dick verteilen und im vorgeheizten Backofen bei 175 °C ca. 25 Minuten auf der mittleren Schiene goldbraun backen.

Das gebackene Baiser vorsichtig aus der Form lösen und auskühlen lassen. Den zweiten Baiserboden ebenso backen.

Das Vanilleeis aus der Packung nehmen und kurz antauen lassen, es soll streichfähig, aber nicht flüssig sein! Die Springform waschen, trocknen und einen der beiden ausgekühlten Böden wieder hineinsetzen. Das Vanilleeis gleichmäßig darauf verstreichen und die Form ins Tiefkühlgerät stellen, bis das Eis wieder ganz fest ist.

Inzwischen die Sahne mit Sahnesteif und Vanillinzucker sehr steif schlagen. Die Himbeeren verlesen. Die Schlagsahne dekorativ auf den zweiten Baiserboden häufen, in der Mitte eine Mulde formen und die Himbeeren leicht hineindrücken.

Die Eistorte aus der Springform lösen, auf eine Tortenplatte setzen und den Tortendeckel auf dem Eis leicht andrücken. Sofort servieren!

Variation:
Die Torte mit Nußeis füllen, mit Mokkasahne krönen und mit Krokant bestreuen.

Nährwerte pro Portion/Stück	
Kilokalorien	420
Kilojoule	1770
Eiweiß/g	10
Kohlenhydrate/g	44
Fett/g	21
Ballaststoffe/g	4

BAISER

Johannisbeer-Baisertorte

12 Stück

Teig:
250 g Mehl
50 g Zartbitterschokolade
50 g grob geriebene Mandeln
1 Messerspitze Zimt
200 g Butter
100 g Zucker
2 Eigelb
750 g Johannisbeeren
Butter für die Form

Belag:
8 Eiweiß
500 g Zucker
20 g Mandelblätter
30 g Puderzucker

Das Mehl auf ein Backbrett oder die Arbeitsfläche sieben. Die Schokolade reiben und die geriebenen Mandeln dazugeben, Zimt darüberstreuen. Vermischen und in die Mitte eine Vertiefung drücken. Die Butter in Flöckchen in die Mitte geben, ebenso den Zucker und das Eigelb. Von außen nach innen schnell einen Teig kneten. Etwa 1 Stunde an einem kühlen Ort ruhen lassen.

Die Johannisbeeren waschen, verlesen und von den Stielen streifen.

Eine Springform mit einem Durchmesser von 30 cm ausbuttern.

Den Teig ausrollen, die Form damit auslegen, Teig am Rand etwas hochziehen, andrücken und mehrmals einstechen. Im vorgeheizten Backofen auf der mittleren Schiene 12 Minuten bei 180 °C backen.

Eiweiß in einer Schüssel sehr steif schlagen, dabei nach und nach 250 g Zucker dazugeben. Mit einem Kochlöffel vorsichtig die Johannisbeeren und den restlichen Zucker unterheben.

Für kurze Zeit nochmals in den Backofen schieben und bei 180 °C Oberhitze so lange überbacken, bis die Baisermasse hellbraun ist.

Die Schaummasse leicht kuppelförmig auf den Teigboden aufstreichen und unregelmäßige Spitzen hochziehen – Mandelblätter darüberstreuen und mit Puderzucker bestäuben.

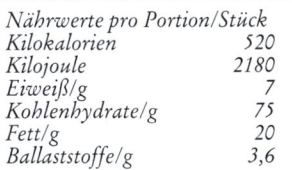

Marzipanbaiser mit Ingwerbirnen

6 Stück

Boden:
200 g Marzipanrohmasse
3 Eiweiß

Baiser:
2 Eiweiß
125 g Puderzucker

Belag:
6 Birnenhälften aus der Dose
4 EL Orangenmarmelade
1 in Sirup eingelegte Ingwerpflaume

Das Marzipan grob raffeln, das Eiweiß zu steifem Schnee schlagen und beides miteinander vorsichtig verrühren.

Den Marzipanteig auf Backtrennpapier zu einem runden Boden von 24 cm Durchmesser ausstreichen.

Im vorgeheizten Backofen bei 175 °C 15 Minuten auf der mittleren Schiene vorbacken.

Inzwischen 2 Eiweiß sehr steif schlagen und den Puderzucker unterziehen.

Den Marzipanboden aus dem Backofen nehmen und die Baisermasse darauf verteilen (siehe Abbildung).

Den Kuchen weitere 20 Minuten bei derselben Temperatur backen, dann auskühlen lassen.

Die Birnenhälften aus der Dose abtropfen lassen. Die Orangenmarmelade, möglichst ohne große Schalenstücke, bei schwacher Hitze geschmeidig rühren. Den Ingwer fein hacken und in die Marmelade rühren.

Die trockengetupften Birnenhälften dick mit der Marmelade bestreichen. Die restliche Marmelade in den inneren Kreis des ausgekühlten Kuchens geben. Die Birnenhälften gleichmäßig darauf anordnen (siehe Abbildung) und leicht in die Marmelade drücken.

Diesen Kuchen noch am selben Tag essen.

Tip:
Statt mit Birnen kann der Kuchen auch mit Pfirsichhälften oder Mangospalten belegt werden.

Nährwerte pro Portion/Stück	
Kilokalorien	520
Kilojoule	2180
Eiweiß/g	7
Kohlenhydrate/g	75
Fett/g	20
Ballaststoffe/g	3,6

Nährwerte pro Portion/Stück	
Kilokalorien	360
Kilojoule	1490
Eiweiß/g	8
Kohlenhydrate/g	52
Fett/g	12
Ballaststoffe/g	3,2

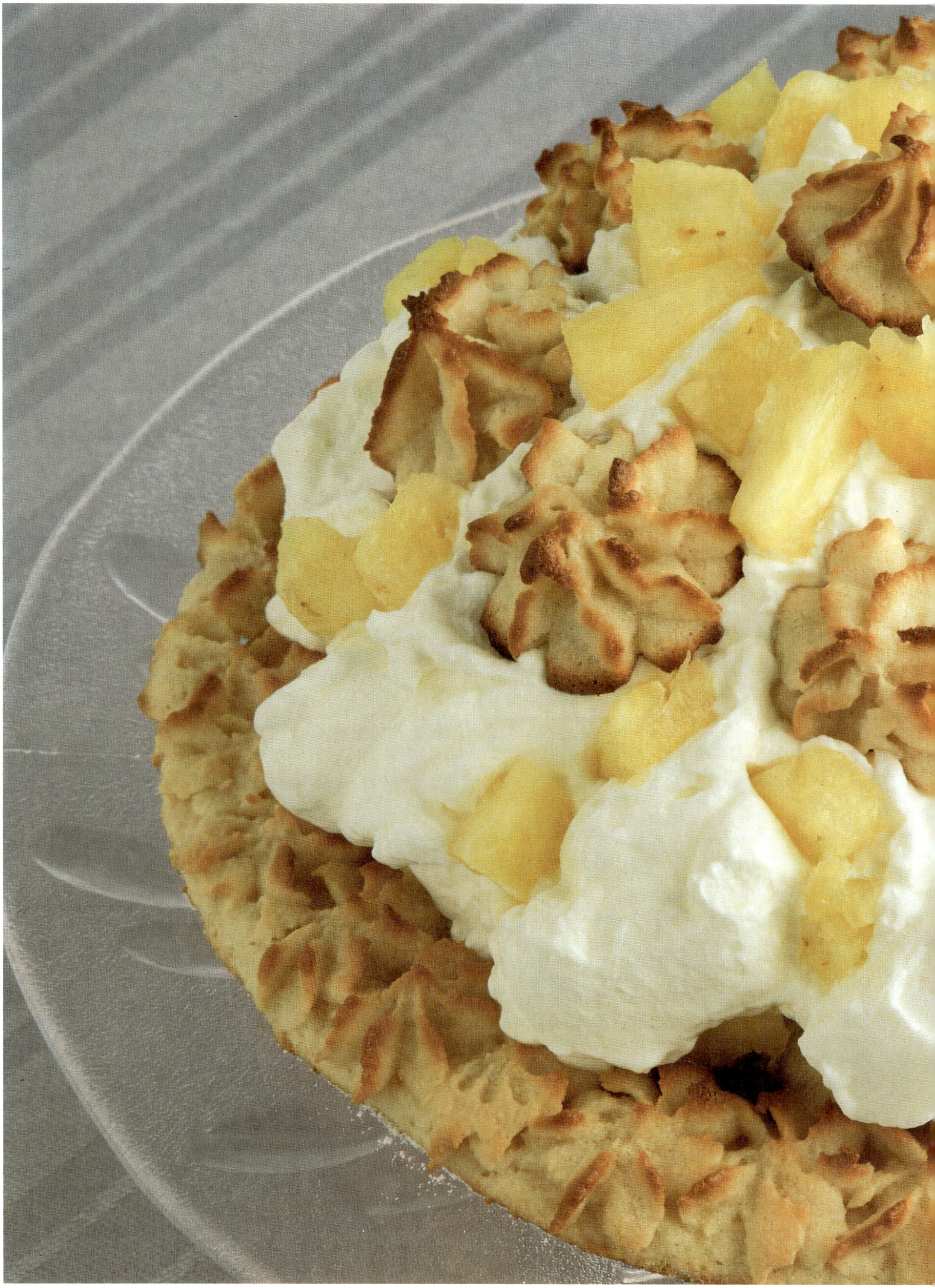

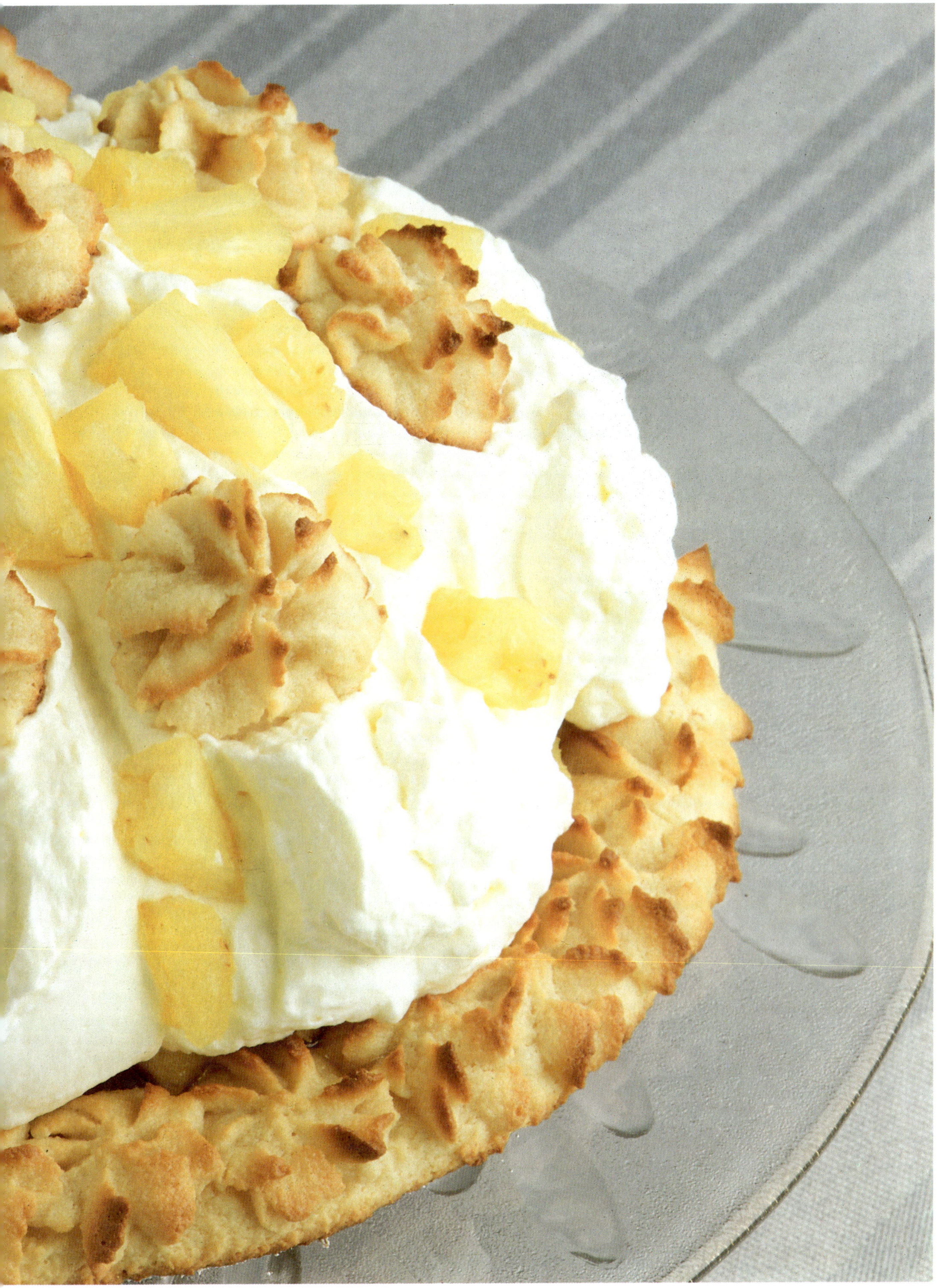

QUARKÖLTEIG

Quarkölteig kann für alle Bäckereien verwendet werden, die man sonst aus Hefeteig zubereitet.

Quarkölteig, süß

150 g Quark
3 EL Milch
6 EL Öl
75 g Zucker
1 Päckchen Vanillinzucker
1 Prise Salz
300 g Mehl
1 Päckchen Backpulver

Quarkölteig, salzig

125 g Quark
2 EL Milch
1 Ei
4 EL Öl
1 gestrichener TL Salz
300 g Mehl
1 Päckchen Backpulver

Quark mit Milch und allen anderen Zutaten inklusive dem Salz in der angegebenen Reihenfolge verrühren.

Das Mehl mit Backpulver vermischen, sieben und gut die Hälfte davon in die Quarkmasse einrühren.

Den Teig mit dem restlichen Mehl gründlich, aber rasch verkneten.

Beerenkuchen mit Eiersahne

Je nach Beerensaison können Sie diesen Kuchen mit den verschiedensten Beeren belegen. Sie zaubern so immer wieder eine neue Geschmacksvariante. Im Winter können auch tiefgekühlte Beeren verwendet werden, die gleich gefroren auf den Teig kommen.

20 Stück

Quarkölteig:
150 g Magerquark
3 EL Milch
6 EL Öl
75 g Zucker
1 Päckchen Vanillinzucker
300 g Mehl
1 Päckchen Backpulver
1 Prise Salz

Belag:
1 kg Beeren (hier Preiselbeeren und Holunder)
etwas Zucker
3 Eier
300 g Schlagsahne
2 Päckchen Vanillinzucker

Den Quark mit Milch und Öl verrühren. Zucker und Vanillinzucker mit dem Handrührgerät untermischen.

Das Mehl mit Backpulver und Salz vermischen (eventuell sieben), die Hälfte unter die Quarkmasse rühren.

Das restliche Mehl zugeben und alles gründlich zu einem glatten Teig verkneten.

Ein Blech mit Backpapier auslegen, den Teig darauf ausrollen. Einen kleinen Rand hochziehen.

Den Teig mehrmals mit einer Gabel einstechen. Die verlesenen Beeren darauf verteilen. Besonders dekorativ sieht es aus, wenn die Früchte in diagonalen Streifen angeordnet werden.

Nach Geschmack und Fruchtart zuckern. Die Eier, Sahne und Vanillinzucker verquirlen und über die Beeren gießen.

In dem auf 200 °C vorgeheizten Backofen auf der mittleren Schiene 30 bis 35 Minuten backen (Garprobe).

Auskühlen lassen, dann in Stücke schneiden.

Nährwerte pro Portion/Stück	
Kilokalorien	250
Kilojoule	1050
Eiweiß/g	5
Kohlenhydrate/g	33
Fett/g	10
Ballaststoffe/g	3

177

QUARKÖLTEIG

Adventskranz

16 Stück

Quarkölteig:

180 g Magerquark
4 EL Milch
8 EL Öl
80 g Zucker
1 Päckchen Vanillinzucker
1 Prise Salz
abgeriebene Schale von 1 Zitrone
400 g Mehl
1 Päckchen Backpulver

Füllung:

300 g Marzipanrohmasse
150 ml Milch
4 EL Rum
300 g Rosinen
100 g Korinthen
200 g gemischte kandierte Früchte
100 g gemahlene Mandeln
200 g gemahlene Haselnüsse
1 Kranzform von 26 cm Durchmesser, Butter und Semmelbrösel für die Form

Garnierung:

1 Eigelb
50 g Mandelblättchen

Quark mit Milch und allen anderen Zutaten inklusive der Zitronenschale verrühren. Das Mehl mit dem Backpulver mischen und gut die Hälfte davon in die Quarkmasse sieben, den Teig vermengen und auf der Arbeitsfläche mit dem restlichen Mehl gründlich, aber rasch verkneten.

Das Marzipan zerbrökkeln und mit Milch und Rum cremig rühren.

Die Rosinen und Korinthen heiß brühen und trocknen. Die kandierten Früchte fein hacken.

Den Quarkölteig auf ein bemehltes Tuch legen und rechteckig ausrollen. Darauf die Marzipancreme nicht ganz bis zum Rand verstreichen. Die gemahlenen Mandeln und Haselnüsse darüberstreuen und dann die Früchte aufstreuen. Die Teigplatte mit Hilfe des Tuchs wie einen Strudel locker aufrollen.

Die Kranzform fetten und mit Semmelbröseln ausstreuen. Die Rolle in die Form legen und die Enden gut aneinanderdrücken. Die Teigoberfläche mit Eigelb bestreichen und mit Mandelblättchen bestreuen.

Den Adventskranz im vorgeheizten Backofen bei 200 °C gut 50 Minuten auf der unteren Schiene backen. In der Form auskühlen lassen.

Nährwerte pro Portion/Stück	
Kilokalorien	550
Kilojoule	2320
Eiweiß/g	11
Kohlenhydrate/g	60
Fett/g	27
Ballaststoffe/g	5,9

Strudelteig

Grundrezept

Zutaten für einen 1 m langen Strudel, süß oder salzig zu füllen:

250 g Mehl
1 gestrichener TL Salz
⅛ l lauwarmes Wasser
1 TL Essig
1 Ei
2 EL Öl
125 g Butter zum Bestreichen

Süßer Strudelteig

200 g Mehl
40 g Zucker
1 Prise Salz
1 Ei
120 g flüssige, lauwarme Butter
⅛ l lauwarmes Wasser
1 TL Essig
Mehl zum Verarbeiten
80 g Butter für die Form und zum Bestreichen

Blech oder Form buttern, den Strudel auf dem Tuch darüberheben und mit der Naht nach unten hineingleiten lassen. Mit Butter bestreichen und, falls nicht anders angegeben, ca. 45 Minuten bei 200 °C backen.

STRUDEL

Tip:
Sie werden verschiedene Strudelteigrezepte finden, mit Milch oder mit Butter. Auf jeden Fall sollten Sie etwas Essig zugeben, das macht den Teig elastischer. Strudelteig kann nach dem Ruhen in einem Plastikbeutel eingefroren werden. Bei Zimmertemperatur im Beutel langsam auftauen lassen. Ausrollen und ausziehen wie üblich. Einen großen Strudel kann man in eine runde Form als Kranz legen oder als U oder S aufs Blech, oder Sie formen mehrere kleine Strudel. Strudel wird entweder »trocken« auf dem gebutterten Blech gebacken, oder man legt ihn in eine tiefere Form und gießt nach etwas mehr als der halben Backzeit Milch und Sahne darüber (Millirahmstrudel).

Andere Füllungen, andere Teige

Falls man eine etwas dickere Teighülle möchte, genügt es, den Teig nur auszurollen. Dasselbe empfiehlt sich bei sehr feuchten Füllungen. Oder man läßt den Teig fertig ausgezogen oder ausgerollt 10 bis 15 Minuten antrocknen, damit er nicht durchweicht. Man kann ihn auch mit einer dünnen Schicht Semmel- oder Zwiebackbröseln bestreuen, die etwas Feuchtigkeit aus der Füllung aufsaugen. Bei einem süßen Strudel passen Biskuitbrösel, geriebene Mandeln oder Haselnüsse zum Bestreuen.

Selbstverständlich kann man Strudel auch mit anderen Teigen zubereiten, zum Beispiel mit Nudel- oder Mürbteig. Aber ersterer wird nicht knusprig und blättrig, und Mürbteig läßt sich nicht allzu dünn ausrollen und bricht leicht beim Backen.

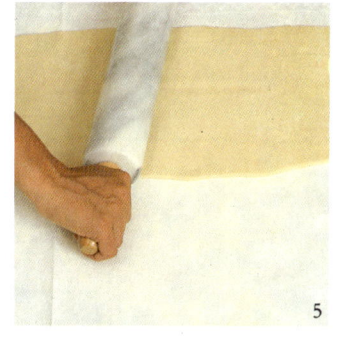

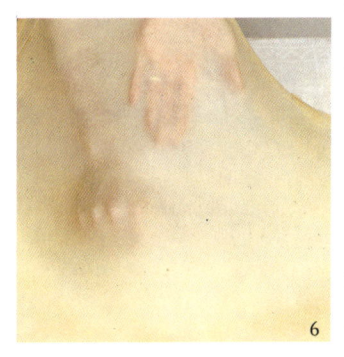

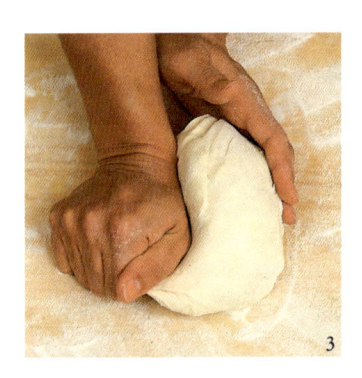

Mehl und Salz sieben und eine Mulde hineindrücken. Lauwarmes Wasser mit Essig, Ei und Öl verquirlen und zugießen. Alle Zutaten vermischen.

Der Teig ist zunächst weich und klebrig. Den Teig mit der Hand vom Schüsselrand ziehen und so lange durcharbeiten, bis er sich löst.

Den Teig auf der bemehlten Arbeitsfläche 10 Minuten kneten, dabei kräftig dehnen, falten, pressen und schlagen – je »schlechter« Sie ihn behandeln, desto besser wird er!

Wenn er elastisch, glatt und seidig wirkt, eine Kugel formen und mit Öl bepinseln. Schüssel oder Topf mit kochendem Wasser ausspülen, trocknen und über den Teig stülpen. 30 bis 60 Minuten ruhen lassen.

Einen Tisch mit einem Leinentuch von ca. 120 × 70 cm vorbereiten. Das Tuch gleichmäßig mit Mehl bestäuben, die Teigkugel in die Mitte legen und erst längs, dann in die Breite zu einem Rechteck ausrollen.

Zum Ausziehen mit beiden Händen unter den Teig greifen und ihn von der Mitte nach außen über den Handrücken ziehen und dabei vorsichtig dehnen. Ringsum fortfahren, bis der Teig so groß wie das Tuch und durchsichtig ist. Die dickeren Teigränder abschneiden.

Den Teig mit der flüssigen, aber nur lauwarmen Butter bestreichen. Belegt wird nur ein Drittel bis die Hälfte des Teiges, und zwar an der einen Längsseite. Rundum einen schmalen Rand lassen, der über die Füllung geschlagen wird. Den Strudel durch Anheben des Tuches zügig aufrollen.

STRUDEL

Apfel-Nußstrudel

8 Stück

Teig:
250 g Mehl
⅛ l lauwarmes Wasser
1 Prise Salz
1 EL Essig
1 EL Öl
1 Ei

Füllung:
100 g Sultaninen und Korinthen
3 EL Weinbrand
1 kg Äpfel
abgeriebene Schale von ½ ungespritzten Zitrone
100 g Walnußkerne
100 g Zucker
1 Päckchen Vanillinzucker
1 TL Zimt
60 g Butter
3 EL Semmelbrösel

Das Mehl auf die Arbeitsfläche sieben. Das lauwarme Wasser mit Salz, Essig und Öl verrühren und in das Mehl mischen. Das Ei zugeben. Den Teig so lange kneten, bis er geschmeidig ist und glänzt. Zur Kugel formen und unter einer angewärmten Schüssel 30 Minuten ruhen lassen.

Sultaninen und Korinthen waschen, trocknen und in dem Weinbrand einweichen. Die Äpfel schälen, achteln und entkernen, dann in dünne Scheibchen schneiden. Abgeriebene Zitronenschale, grob gehackte Walnüsse, Zucker, Vanillinzucker, Zimt, abgetropfte Sultaninen und Korinthen unter die Äpfel mischen.

Den Teig auf einem großen bemehlten Tuch zum Rechteck ausrollen und dann mit den Händen vorsichtig papierdünn ausziehen.

Die Butter schmelzen und auf den Teig streichen, mit den Semmelbröseln gleichmäßig bestreuen und 5 Minuten antrocknen lassen.

Die Apfel-Nußmischung darauf verteilen. An drei Rändern etwa 5 cm freilassen, am Ende 15 cm. Die schmale Kante über die Füllung schlagen und den Strudel mit Hilfe des Tuchs aufrollen. Von der restlichen Butter etwas auf das Blech streichen, den Strudel daraufrollen und die Teigenden einschlagen. Die Oberfläche des Strudels mit Butter bepinseln.

Den Apfel-Nußstrudel im vorgeheizten Backofen bei 200 °C etwa 45 Minuten auf der mittleren Schiene backen.

Tip:
Den Strudel in etwa 5 cm dicke Stücke aufschneiden und heiß oder lauwarm servieren. Eventuell Vanillesauce dazu reichen oder den Strudel dick mit Puderzucker bestäuben.

Diesen Strudel kann man sehr gut einfrieren. Den eingefrorenen Strudel im Backofen bei 150 °C auftauen lassen.

Nährwerte pro Portion/Stück	
Kilokalorien	*400*
Kilojoule	*1690*
Eiweiß/g	*7*
Kohlenhydrate/g	*60*
Fett/g	*12*
Ballaststoffe/g	*5,2*

SPEZIALITÄTEN

Schweizer Rüblitorte

12 Stück

Teig:
6 Eier
6 EL Wasser
10 cl Kirschwasser
200 g Zucker
250 g gemahlene Haselnüsse
1 Päckchen Backpulver
50 g Semmelbrösel
1 Messerspitze Zimt
1 ungespritzte Orange
250 g Möhren
Butter für die Form

Garnierung:
250 g Marzipanrohmasse
gelbe und rote Speisefarbe
50 g geschälte Pistazienkerne

Glasur:
250 g Puderzucker
Saft von 1 Zitrone

Die Eier trennen und das Eigelb mit Wasser, 6 cl Kirschwasser und 100 g Zucker schaumig schlagen, bis es fast weiß ist. Dann nach und nach gemahlene Haselnüsse, Backpulver, Semmelbrösel und Zimt unterrühren.

Orangenschale fein abreiben, Orange auspressen, Schale und Saft der Masse zufügen.

Möhren waschen und putzen, sehr fein reiben und sofort unter den Teig mischen, damit die Möhren nicht trocken werden und an Aroma verlieren.

Das Eiweiß mit dem restlichen Zucker sehr steif schlagen und vorsichtig unter die Masse heben.

Eine Springform mit 24 cm Durchmesser ausfetten, den Teig hineingeben und glattstreichen.

Im vorgeheizten Backofen bei 180 °C auf der mittleren Schiene 45 Minuten backen. Herausnehmen und auf einem Kuchengitter ganz auskühlen lassen.

Für die Rübli das Marzipan mit je 1 Tropfen gelber und roter Speisefarbe verkneten. Eventuell noch einen kleinen Tropfen Farbe nachgeben. Um die Finger nicht zu verfärben, mit Kunststoffhandschuhen arbeiten. Aus dem gefärbten Marzipan lange, fingerdicke Würste formen, in 4 cm lange Stücke teilen und zu Rübli drehen. In das dicke Ende zwei Pistazienhälften stecken, mit einem Messerrücken Rillen ziehen. Die restlichen Pistazien grob hacken.

Für die Glasur das restliche Kirschwasser mit dem Puderzucker und dem Saft einer Zitrone glattrühren. Die erkaltete Rüblitorte mit der Glasur überziehen. Einen Papierstreifen zu einem Ring mit 15 cm Durchmesser schließen und in die Mitte der Torte setzen. Den inneren Kreis mit den gehackten Pistazien ausstreuen.

Nährwerte pro Portion/Stück	
Kilokalorien	500
Kilojoule	2080
Eiweiß/g	10
Kohlenhydrate/g	53
Fett/g	25
Ballaststoffe/g	3,7

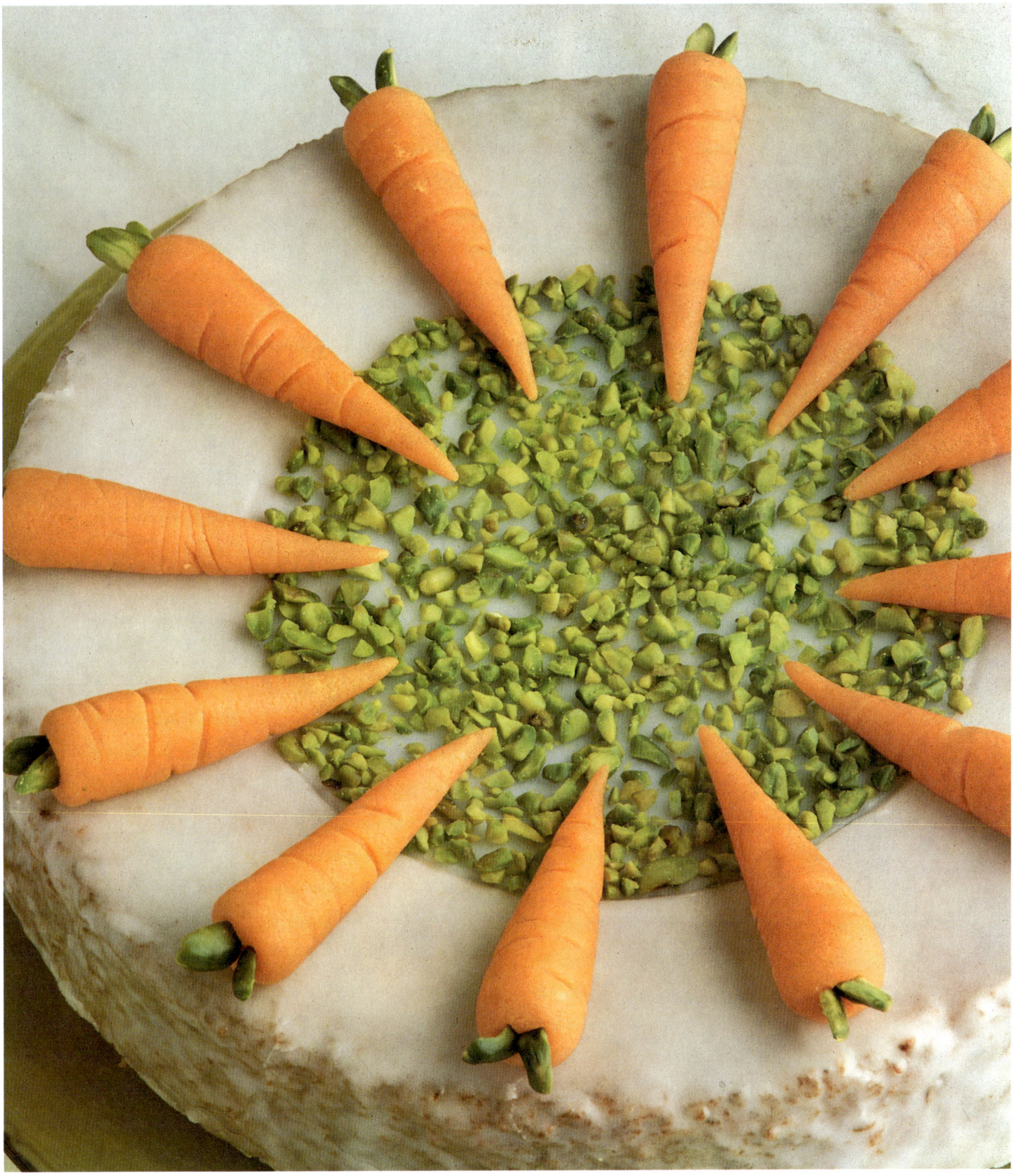

SPEZIALITÄTEN

Möhren-Käsekuchen

Den gebackenen Kuchen am besten 1 Tag lang ruhen lassen.

12 Stück

1 kg Möhren
Salz
¼ l Milch
2 EL Zucker
7 Eier
250 g Butter
250 g geriebenen Emmentaler
100 g Semmelbrösel
200 g Sultaninen
1 Messerspitze geriebene Muskatnuß
1 TL Zimt
Butter und Mehl für die Form

Die Möhren waschen, schälen und in ca. 1 cm dicke Scheiben schneiden. In Salzwasser ca. 30 Minuten kochen, bis sie weich sind. Abgießen und abkühlen lassen.

Die Möhren mit der Milch im Mixer pürieren.

Das Eigelb vom Eiweiß trennen und mit dem Zucker schaumig schlagen. Die Butter in kleine Stücke schneiden und unter die Eimasse arbeiten. Möhrenpüree, Käse, Semmelbrösel, Rosinen, Muskatnuß und Zimt zufügen und gut vermischen.

Eiweiß mit 1 Prise Salz sehr steif schlagen. Vorsichtig unter die Teigmasse heben.

Eine Springform mit 24 cm Durchmesser ausfetten und mit etwas Mehl bestäuben. Kuchenteig hineingeben und im vorgeheizten Backofen bei 220 °C ca. 1 Stunde auf der zweiten Schiene von unten backen. Garprobe!

Den Kuchen 10 Minuten in der Form abkühlen lassen, dann auf ein Kuchengitter stürzen.

Nährwerte pro Portion/Stück	
Kilokalorien	420
Kilojoule	1760
Eiweiß/g	13
Kohlenhydrate/g	25
Fett/g	28
Ballaststoffe/g	3,8

Kartoffeltorte

Kartoffeln schon am Vortag kochen.

12 Stück

500 g mehlige Kartoffeln
6 Eier
250 g Zucker
1 ungespritzte Zitrone
100 g gemahlene Mandeln
Butter und Semmelbrösel für die Form

Am Vortag die Kartoffeln schälen, waschen und vierteln. Ohne Salz kochen, abgießen und noch warm durch eine Kartoffelpresse drücken. Die Masse im Kühlschrank aufbewahren.

Die Eier trennen. Das Eigelb mit dem Zucker schaumig schlagen.

Die Zitrone unter heißem Wasser gut abwaschen, die Schale fein reiben und die Zitrone auspressen. Saft, Schale und die Mandeln zur Eimasse geben.

Das Eiweiß sehr steif schlagen.

Die Kartoffeln mit der Eimasse mischen, zuletzt den Eischnee vorsichtig unterziehen.

Eine Springform mit 26 cm Durchmesser fetten, mit Semmelbröseln ausstreuen und den Kuchenteig einfüllen.

Im vorgeheizten Backofen bei 175 °C ca. 1 Stunde auf der mittleren Schiene backen.

Nährwerte pro Portion/Stück	
Kilokalorien	210
Kilojoule	890
Eiweiß/g	6
Kohlenhydrate/g	29
Fett/g	7
Ballaststoffe/g	2,1

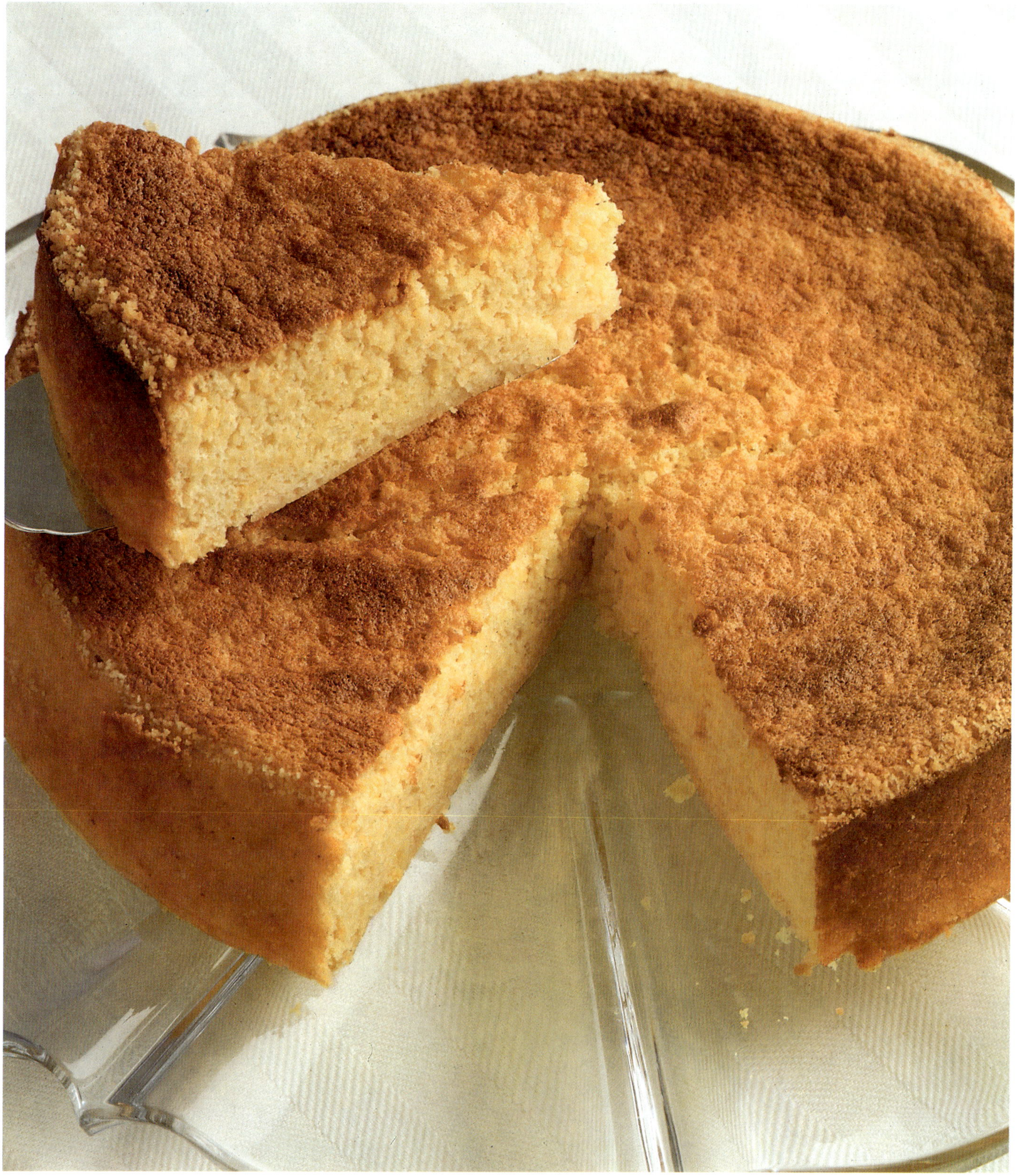

SPEZIALITÄTEN

Makronentorte

12 Stück

Teig:
500 g Marzipanrohmasse
125 g Puderzucker
3 Eiweiß
Butter und Mehl für die Form

Füllung:
3 EL rotes Johannisbeergelee
1 kleine frische Ananas, ca. 500 g
400 g Schlagsahne
2 Päckchen Sahnesteif
50 g Zucker
2 Päckchen Vanillinzucker

Die Marzipanrohmasse zerbröckeln oder grob reiben, den Puderzucker darübersieben und nach und nach das Eiweiß zugeben. Alles gut verkneten und im Wasserbad bei schwacher Hitze und unter ständigem Rühren erwärmen, bis die Masse geschmeidiger wird.

Den losen Boden einer Springform mit 24 cm Durchmesser einfetten, mit Mehl bestäuben und die Hälfte der Masse schnell und gleichmäßig darauf verteilen. Den Rest der noch warmen Marzipanmasse in einen Spritzbeutel mit Sterntülle füllen und rund um den Boden einen Rand spritzen. Die übrige Masse auf Backpapier zu kleinen Makronen spritzen und getrennt bakken. Den Boden im vorgeheizten Backofen bei 220 °C gut 15 Minuten, die Makrönchen 7 Minuten auf der mittleren Schiene backen.

Den gebackenen Boden vom Blech lösen und auskühlen lassen. Das Johannisbeergelee schmelzen und innerhalb des Randes auf dem Boden verteilen, im Kühlschrank fest werden lassen.

Inzwischen die Ananas schälen, achteln, den holzigen Strunk aus der Mitte entfernen und das Fleisch in mundgerechte Stückchen schneiden. Die Sahne mit Sahnesteif, Zucker und Vanillinzucker steif schlagen. Die Hälfte der Sahne mit der Hälfte der Ananasstückchen vermischen und kuppelförmig auf den Tortenboden häufen. Die restliche Sahne darüberstreichen und mit den übrigen Ananasstückchen verzieren. Die Makrönchen daraufsetzen.

Tip:
Statt Ananas können Sie auch Beeren oder gut abgetropfte Kompottfrüchte verwenden. Wenn Sie die Sahne mit 1 Eßlöffel löslichem Kaffeepulver vermischen, erhalten Sie Mokkasahne, zu der als Obst Aprikosen-, Zwetschgen- oder Kirschkompott paßt.

Nährwerte pro Portion/Stück	
Kilokalorien	420
Kilojoule	1780
Eiweiß/g	7
Kohlenhydrate/g	40
Fett/g	25
Ballaststoffe/g	3,1

Pischinger Torte

12 Stück

Creme:
140 g weiche Butter
140 g Puderzucker
140 g Blockschokolade
75 g gehackte Mandeln

Außerdem:
4 große Karlsbader Oblaten
150 g Schokoladenglasur

Die Butter mit dem Puderzucker schaumig rühren. Die Blockschokolade fein reiben, unter die Butter-Zuckermischung mischen.

Die Mandeln in einer Pfanne ohne Fett unter Rühren goldbraun rösten, die Hälfte mit der Creme vermengen.

Drei Oblaten mit je einem Drittel der Creme bestreichen. Aufeinandersetzen, leicht andrücken. Die letzte Oblate darauflegen.

Die Schokoladenglasur nach Packungsanleitung schmelzen. Die Oberfläche und die Seiten mit einem Pinsel gleichmäßig damit bestreichen.

Den Guß 10 Minuten antrocknen lassen, restliche Mandeln darauflegen. Glasur mindestens 4 Stunden, am besten über Nacht, fest werden lassen.

Nährwerte pro Portion/Stück	
Kilokalorien	310
Kilojoule	1300
Eiweiß/g	2
Kohlenhydrate/g	26
Fett/g	21
Ballaststoffe/g	1,5

FACHAUSDRÜCKE

Fachausdrücke von A–Z

Aprikotieren: Einen Kuchen vor dem Glasieren mit Aprikosenkonfitüre bestreichen. Dadurch haftet die Glasur besser auf dem Kuchen und verhindert, daß die Glasur den Teig durchfeuchtet.

Abbrennen: Bei ständiger Wärmezufuhr einen Mehl- oder Grießbrei so lange rühren, bis sich die Masse als Kloß vom Topfboden löst. Dies ist die Technik bei der Brandteigherstellung.

Blindbacken: Backen von Teigen, meist Mürbteigen, ohne Füllung. Um zu verhindern, daß der Rand abrutscht, werden Trockenhülsenfrüchte als Füllung mitgebacken, die anschließend wieder entfernt werden.

Dressiersack oder Spritzbeutel: Ein tütenförmiger Stoffsack, der am spitzen Ende ein Loch hat, durch das die Spritztülle gesteckt wird. Teige und Massen werden in diesen Sack gefüllt und zum Beispiel auf das Backblech oder auf eine Torte gespritzt. Dieses Spritzen bezeichnet man als »Dressieren«. Daher stammt auch der Name Dressiersack.

Garprobe: Um zu prüfen, ob ein Teig oder eine Masse durchgebacken ist, sticht man an der dicksten Stelle mit einem Holz- oder Metallspieß (Schaschlikspieß oder Rouladennadel) in das Gebäck. Beim Herausziehen darf sich der Spieß nicht feucht oder klebrig anfühlen.

Da die verschiedenen Backofenmodelle sehr unterschiedlich arbeiten, empfiehlt es sich, am Ende der im Rezept angegebenen Backzeit jedenfalls eine Garprobe vorzunehmen. Der Kuchen muß eventuell noch 5 bis 10 Minuten länger backen.

Glasieren (Überglänzen): Überziehen von Gebäck mit Gelee, Zucker- oder Schokoladenglasur.

Karamelisieren: Schmelzen und Bräunen von Zucker, eventuell zusammen mit Wasser oder Butter.

Kneten: Feste Teige werden unter Druck per Hand oder mit der Küchenmaschine mit dem Knethaken vermengt.

Mahlen: Zerkleinern von festen Lebensmitteln, zum Beispiel Getreide, zwischen Mahlkegeln, -walzen oder -scheiben. Auch Zerschlagen mit Hilfe eines rotierenden Schlagkreuzes, wie in der Kaffeemühle, zählt zum Mahlen.

Mazerieren: Tränken von geschnittenen, auch getrockneten oder kandierten Früchten, vorwiegend in Spirituosen oder Likören.

Mixen: Mischen von Flüssigkeiten und festen Zutaten. Mit dem rotierenden Messerkreuz des Mixers oder Pürierstabes lassen sich gleichzeitig die festen Zutaten zerkleinern oder fein pürieren.

Passieren (Durchstreichen, Durchschlagen): Pressen von weichen, meist gegarten Lebensmitteln durch ein Sieb. Um Kerne und Schalen von gekochtem Obst zu entfernen, wird es passiert.

Pürieren: Zerkleinern weicher, roher oder gegarter Lebensmittel zu einer einheitlichen Masse.

Quellen: Ein Lebensmittel nimmt Flüssigkeit auf und vergrößert dadurch sein Volumen. Zum Beispiel quillt das Mehl im Teig.

Raspeln: Auf der gelochten Fläche eines Hobels oder einer Reibscheibe wird das Lebensmittel in grobe Streifen zerkleinert.

Reiben: Auf einer aufgerauhten Fläche wird das Lebensmittel fein zerkleinert.

Rösten: Bräunung durch Wärmebehandlung, zum Beispiel von Nüssen.

Rühren (Mischen, Quirlen): Vermengen von Lebensmitteln je nach ihrem Flüssigkeitsanteil, zu einer flüssigen, breiartigen, teigigen oder trockenen Konsistenz. Alle Zutaten werden dadurch gleichmäßig verteilt.

Schlagen (Aufschlagen): Einarbeiten von Luft in Lebensmittel, wie zum Beispiel Eier, Sahne, Teige.

Schmelzen: Verflüssigen von bei Raumtemperatur festen Lebensmitteln wie Fetten, Schokolade oder Gelatine durch Erwärmen.

Tourieren oder Touren geben: Technik zur Herstellung von Blätter- und Plunderteig. Hierbei wird kalte Butter in Schichten in den Teig eingearbeitet. Abhängig vom Zusammenlegen der Teigschichten spricht man von »einfachen« und »doppelten Touren«.

TABELLEN

Temperaturtabelle

Gas-Backofen, Thermostateinstellung	elektrischer Backofen, °C (ca.)
1	140–160
2	160–180
3	180–200
4	200–220
5	220–240
6	240–260
7	260–280
8	280

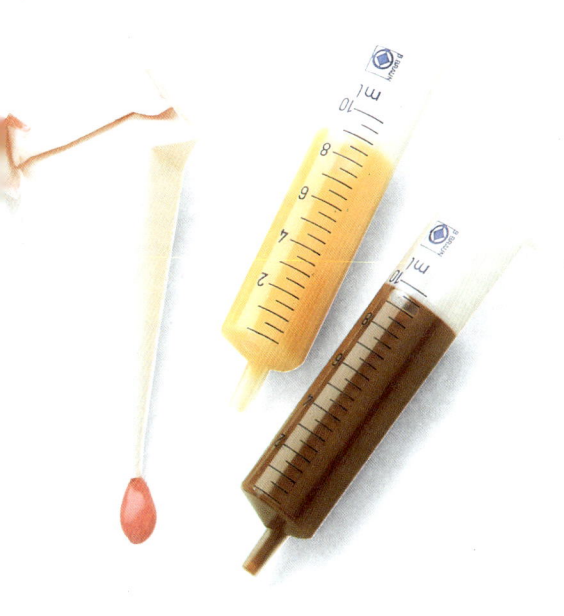

Maße und Gewichte

Lebensmittel	Gewicht in g 1 EL	1 TL
Wasser, Milch, Saft	15	5
Backpulver	10	3
Butter	15	5
Crème fraîche	15	5
Gelatine, gemahlen	10	3
Grieß	12	3
Haferflocken	8	2
Haselnüsse, gerieben	7	2
Honig	20	6
Kakao	6	2
Mandeln, gerieben	8	3
Mehl, Type 405	10	3
Öl	12	4
Puderzucker	10	3
Rosinen	10	5
Salz	15	5
saure Sahne	17	6
Schlagsahne	15	5
Semmelbrösel	10	3
Speisestärke	9	3
Zimt	6	2
Zucker	15	5

Die Menge von 1 gestrichenen Eßlöffel = ca. 3 gestrichene Teelöffel
Die Menge von 2 gestrichenen Eßlöffeln = ca. 1 gehäufter Eßlöffel

REGISTER

A

Adventskranz	178
Ananaskuchen	61
Apfelkuchen, Glasierter	76
Apfelkuchen, Schwäbischer	57
Apfel-Nußstrudel	180
Apfelsäckchen	138
Apfeltorte, Großmutters	79
Aprikosenkuchen mit Guß	55
Aprikosentorte, Schnelle	95

B

Baba-O-Rum	133
Bäckerhefe macht's möglich	122
Baiser	166
Baiserkuchen, Rhabarber-	51
Baisermasse backen	167
Baisertorte, Eis-	171
Baisertorte, Johannisbeer-	172
Beeren im goldenen Käfig	52
Beerenkuchen mit Eiersahne	176
Bienenstich	129
Bischofsbrot	105
Biskuit	92
Biskuit, Einfacher	92
Biskuitmasse mit Zusätzen	98
Blätterteig	142
Blätterteig backen	147
Blätterteig, Deutscher	142
Blechkuchen: Genuß vom laufenden Meter	126
Blindbacken	35
Blitzbiskuit oder Wasserbiskuit	95
Blitzblätterteig	146
»Bomben«-Torte	107
Brandteig	156
Brüsseler Schokoladenkuchen	87
Buttercreme	24
Buttercreme, Einfache	24
Buttercreme, mit Grenadine gefärbt	25
Butterkuchen	126

C

Cassis-Quarkschnitten	117
Cremes zum Füllen und Garnieren	24
Croquembouche Profiteroles-Pyramide	158

D

Der ganz schnelle Rührteig	67
Deutscher Blätterteig	142
Die Süßen	15
Die Zutaten und ihre offenen Geheimnisse	8
Diplomatentorte	149
Dobostorte	118

E

Eier – unentbehrlich und vielseitig	11
Eierlikörgugelhupf	74
Einfache Buttercreme	24
Einfacher Biskuit	92
Eis-Baisertorte	171
Engadiner Nußtorte	60
Erdbeerkuchen	107
Erdbeerroulade	92
Erdbeertorte, Mascarpone-	110
Essenzen und Gewürze	18

F

Fachausdrücke von A–Z	188
Festtagskuchen	76
Fette – nicht nur Energieträger	14
Flockentorte	157
Florentiner Kirschkuchen	46
Fragilité	170
Frankfurter Kranz	70
Frischetest	13
Früchte	23
Früchtekuchen	84
Fruchtiger Zimtkuchen	73

G

Gänsefuß-Torte	112
Gedeckter Rhabarberkuchen	32
Gefüllter Honigkuchen	71
Gefüllter Kokoskuchen	86
Gefüllter Mandelkuchen	40
Geliermittel und Teiglockerer	17
Geriebener Teig	31
Gestreifte Rouladentorte	108
Gewürze und Essenzen	18
Gewürzter Mürbteig	31
Gewürztorte	83
Glasierter Apfelkuchen	76
Großmutters Apfeltorte	79
Gugelhupf mit Nußfüllung	124

H

Halbblätterteig	147
Haselnußtorte, Mandarinen-	80
Hefeteig	122
Hefeteig formen und backen	124
Hefeteig, Süßer	122
Hefe will verwöhnt sein	16
Himbeerkuchen	44
Himbeer-Vanilletorte	42
Himmelstochter	168
Holländer Kirschschnitten	153
Honigkuchen, Gefüllter	71

I

Ingwerstamm	82

J

Joghurt	16
Johannisbeer-Baisertorte	172

SPEZIALITÄTEN

K

Käsekuchen mit Kirschen	50
Käsekuchen, Möhren-	184
Käsesahne	26
Kakaotorte, Pistazien-	78
Kakao und Schokolade	23
Kartoffeltorte	184
Kernbeißer Quarktorte	45
Kirschen, Käsekuchen mit	50
Kirschkuchen, Florentiner	46
Kirschschnitten, Holländer	153
Kirschtorte, Schwarzwälder	104
Kokoskuchen, Gefüllter	86
Kokosmilch	22
Konditorcreme mit Nougat	25
Kulitsch – Russischer Osterkuchen	132
Kuvertüre, Röllchen und Späne aus	101

L

Liebesknochen	161
Linzer Torte	58

M

Makronentorte	186
Mandarinen-Haselnußtorte	80
Mandelkuchen, Gefüllter	40
Mandel-Orangenkuchen	40
Mangokuchen	34
Marmorkuchen	65
Maronentorte	150
Marzipanbaiser mit Ingwerbirnen	173
Marzipanrohmasse	22
Mascarpone-Erdbeertorte	110
Maße und Gewichte	189
Mehl	10
Mehl – in tragender Rolle	8
Meringues à l'italienne	167
Milch und Co.	16
Mit Cremes garnieren	27
Möhren-Käsekuchen	184
Mohnkranz, Schlesischer	73
Mohnkuchen, Napf-	89
Mohnzopf	136
Moldauische Quarktorte	49

Mürbteig	30
Mürbteig backen	31
Mürbteigboden, in einer Tarteform blindgebacken	36
Mürbteig, Gewürzter	31
Mürbteig, Süßer	31
Muttertagsherz	160

N

Napf-Mohnkuchen	89
Nüsse	19
Nußstrudel, Apfel-	180
Nußtorte, Engadiner	60
Nußtorte Gabriella	113

O

Orangenkuchen, Mandel-	40

P

Persipan	22
Pflaumenkuchen	69
Pflaumentarte	36
Pischinger Torte	187
Pistazien-Kakaotorte	78
Plunderteig	136
Prasselkuchen	148
Profiteroles-Pyramide, Croquembouche	158
Puddingschnitten	152
Punschtorte Marinka	116

Q

Quark	16
Quarkblätterteig	147
Quarkkuchen à la Rákóczi	54
Quarkölteig, salzig	176
Quarkölteig, süß	176
Quarkschnitten, Cassis-	117
Quarktorte, Kernbeißer	45
Quarktorte, Moldauische	49

R

Rehrücken, Walnuß-	68
Rhabarber-Baiserkuchen	51
Rhabarberkuchen, Gedeckter	32
Röllchen und Späne aus Kuvertüre	101
Rosentorte	134
Roulade mit Orangencreme	103
Rouladentorte, Gestreifte	108
Rüblitorte, Schweizer	182
Rührteig	64
Rührteig, Der ganz schnelle	67
Russischer Osterkuchen, Kulitsch-	132

S

Sachertorte	74
Saint-Honoré-Torte	162
Salz	15
Sauerkirschkuchen	67
Savarin mit Früchten	131
Schachbrett-Torte	100
Schlagsahne	16
Schlesischer Mohnkranz	73
Schneidertorte	80
Schnelle Aprikosentorte	95
Schokoladenbiskuit	98
Schokoladenkuchen, Brüsseler	87
Schokolade und Kakao	23
Schokosahne	27
Schwäbischer Apfelkuchen	57
Schwarzwälder Kirschtorte	104
Schweizer Rüblitorte	182
So kommt das Gebäck groß heraus	16
So weicht der Boden nicht durch	38
Spezialitäten	182
Sterntorte	114
Strudel	179
Strudelteig	178
Strudelteig, Süßer	178
Süßen, Die	15
Süßer Hefeteig	122
Süßer Mürbteig	31
Süßer Strudelteig	178

T

Tabellen	189
Tarte	36
Tarte Tatin	37
Teig, Geriebener	31
Teiglockerer und Geliermittel	17
Temperaturtabelle	189

V

Vanille-Flammeri	26
Vom Brotteig bis zum Feingebäck	122
Vorwort	7

W

Walnuß-Rehrücken	68
Wasserbiskuit, Blitzbiskuit oder	95
Wiener Masse	96
Würze, Süße und Pfiff	18

Z

Zimtkuchen, Fruchtiger	73
Zitronentorte	96
Zucker und Salz	15
Zutaten und ihre offenen Geheimnisse, Die	8
Zwetschgendatschi	130